职业教育·城市轨道交通类专业教材

城市轨道交通
电工电子技术及应用

单永欣　主　编

严如珏　主　审

（第3版）

人民交通出版社

北京

内 容 提 要

本教材为职业教育城市轨道交通类专业教材。本教材结合轨道交通相关专业所必须具备的基础涉电知识进行编写，主要内容有绪论、直流电路、正弦交流电路、磁路与变压器、电动机、城市轨道交通供电及用电知识、电工常用仪表、常用半导体器件、交流放大电路、集成运算放大器及其应用、直流电源、数字电路12个模块。

本教材是城市轨道交通相关专业的专业基础课教材，可供职业院校相关专业教学使用，可作为城市轨道交通行业岗位技能培训或自学用书，也可供城市轨道交通行业工程技术人员学习参考。

本教材教学课件请加入"职教轨道教学研讨群"获取（教师专用QQ群号：129327355）。

图书在版编目（CIP）数据

城市轨道交通电工电子技术及应用/单永欣主编
. —3版. —北京：人民交通出版社股份有限公司，
2024.1（2025.7重印）
　　ISBN 978-7-114-19148-0

　　Ⅰ.①城… Ⅱ.①单… Ⅲ.①城市铁路—轨道交通—电工技术—职业教育—教材②城市铁路—轨道交通—电子技术—职业教育—教材 Ⅳ.①U239.5

中国国家版本馆CIP数据核字（2023）第246117号

职业教育·城市轨道交通类专业教材
Chengshi Guidao Jiaotong Diangong Dianzi Jishu ji Yingyong

书　　　名	**城市轨道交通电工电子技术及应用**（第3版）
著 作 者	单永欣
责任编辑	司昌静
责任校对	赵媛媛
责任印制	张　凯
出版发行	人民交通出版社
地　　　址	（100011）北京市朝阳区安定门外外馆斜街3号
网　　　址	http：//www.ccpcl.com.cn
销售电话	（010）85285911
总 经 销	人民交通出版社发行部
经　　　销	各地新华书店
印　　　刷	北京印匠彩色印刷有限公司
开　　　本	787×1092　1/16
印　　　张	17
字　　　数	381千
版　　　次	2011年6月　第1版
	2018年8月　第2版
	2024年1月　第3版
印　　　次	2025年7月　第3版　第2次印刷
书　　　号	ISBN 978-7-114-19148-0
定　　　价	49.00元

（有印刷、装订质量问题的图书，由本社负责调换）

前　言
PREFACE

近年来，我国城市轨道交通发展快速，已呈现出城市轨道交通网络化、智能化的发展趋势，需要大量的轨道交通行业相关技术技能型人才。

城市轨道交通行业是一个多工种行业，涉及工程、车辆、供电、机电、通信信号、运营管理等多个专业门类，而电力的供应和保障、用电设备的正常运行是城市轨道交通安全运营的关键所在。

本教材再版以培养技术技能型人才为目标，对教学内容进行了设计，以必须、够用为度，尽量减少数理论证，以掌握概念、突出应用、培养技能为教学重点，结合职业岗位和后续专业课程的需要，对原教材内容进行了调整，删除了城市轨道交通中远动系统的内容，增加了电工常用仪表模块和实验实训项目，注重培养学生的动手操作能力，理论联系实际，将电工电子的知识内容贯穿于城市轨道交通应用，使学生通过学习能把电工电子理论知识应用于实际，具备电工电子操作技能，为后续专业课程的学习打下坚实的基础。

本教材按照知识点进行模块设计，共12个模块，分别为绪论、直流电路、正弦交流电路、磁路与变压器、电动机、城市轨道交通供电及用电知识、电工常用仪表、常用半导体器件、交流放大电路、集成运算放大器及其应用、直流电源、数字电路。

本教材编写工作分工如下：上海交通职业技术学院单永欣主

编及统稿，并编写绪论、模块2、模块3、模块4、模块6、模块11；西安交通工程学院届宝丽编写模块7至模块10；上海交通职业技术学院黄艳飞编写模块1及所有实验项目；上海铁路局孙连庆、上海现代交通建设发展有限公司韩祥、上海交通职业技术学院单永欣合编模块5。本教材由上海地铁第一运营有限公司严如珏主审。

本教材再版得到了上海地铁的大力支持，在此表示衷心的感谢。本教材在编写过程中参考了许多专家的研究成果和有关文献资料，在此谨向各位专家、作者表示衷心的感谢。

由于编者水平有限，书中难免有不足之处，敬请读者批评指正。

作　者
2024 年 1 月

2

数字资源索引

目 录
CONTENTS

实 验 手 册

教学目标

1. 了解课程基本内容；
2. 了解课程的特点与学习方法。

建议学时

1 学时

一、城市轨道交通用电需求

城市轨道交通是"用电大户"，其用电负荷按其功能不同可分为两大用电群体：一是城市轨道交通车辆，其运行需要牵引负荷；二是车站、区间、车辆段、控制中心等其他建筑物中，如通风机、空调、自动扶梯、电梯、水泵、照明、自动售检票系统（AFC）、防灾报警自动控制系统（FAS）、环境与设备监控系统（BAS）、通信系统、信号系统等，其运行需要动力照明用电。

上述用电群体中，有不同电压等级的直流负荷、不同电压等级的交流负荷，有固定负荷、时刻在变化的运动负荷。每种用电设备都有自己的用电要求和技术标准，而且这种要求和标准相差甚远。城市轨道交通供电系统就是要发挥各自的功能与作用，满足不同用户对电能的不同需求。

二、城市轨道交通电气设备

城市轨道交通是个复杂的运输系统，城市轨道交通领域中非常重要的技术之一——自动化技术对城市轨道交通的运营起着至关重要的作用。嵌入式系统、数据采集与监控（SCADA）系统、可编程控制器（PLC）、现场总线、变频器、传感器、人机界面、工控机等自动化产品被广泛应用于城市轨道交通。电气设备的正常运行在车辆管理、安全监控、电力检测以及保障轨道交通正常运营等方面发挥着重要作用。

三、课程特点与学习方法

电工电子学是一门理论性、抽象性强，实践性要求高的学科。

1. 了解学科的发展概况

本课程具有覆盖面广、知识面宽的特点。课程内容浓缩了电工基础、电机与拖动、模拟电子技术、数字电子技术、电工与电子测量等电类课程的知识，涉及强电、弱电的各个学科及其应用的基础知识；同时，与各行各业的生产及管理、与人们的日常生活联系紧密。科学技术及工业，特别是电子技术的发展日新月异，使得该课程具有新知识多、新产品多、新技术多、新工艺多的特点。因此，它是一门覆盖面广、知识面宽、实践性强、适用性强、知识更新快的课程。

2. 课程的目的与任务

本课程的目的与任务是使学生获得电工和电子技术方面的基本理论、基本知识和基本技能，同时使学生具备电工电子操作技能，掌握"电"在城市轨道交通中的应用。

3. 抓"三基"——基本概念、基本理论、基本分析方法

学习时，要抓住基本概念、基本理论、基本分析方法；学习中，要处理好一般内容与重点内容的关系。

4. 找出"引入"和"结论"

找出前后内容的联系，理解问题的提出和解决方法。学会归纳总结，找规律，抓相互联系。课程内容庞杂，要学会以俯视的角度看问题，保持清晰的思路，找出彼此间的内在联系。只有这样才能举一反三、触类旁通，在不同的条件下灵活运用所学知识。

5. 适量练习、巩固知识

通过练习习题，学生可以巩固和加深对所学理论的理解，并培养分析能力和运算能力。解题前，要基本掌握所学内容；解题时，要看懂题意，注意分析。

6. 理论联系实际

通过试验，验证和巩固所学理论，训练试验技能，学会正确使用常用的电工电子仪器，并培养严谨的科学作风。

7. 了解电工电子技术新动态

经常浏览相关期刊、网站，了解电工电子技术的最新发展动态和新近推出的产品及其大致功能特点，了解城市轨道交通行业自动化产品的应用。

模块1 直流电路

教学目标

1. 掌握电路的组成、主要物理量的概念；
2. 掌握欧姆定律的应用以及电压源和电流源；
3. 掌握基尔霍夫电压、电流定律，正确使用电压表、电流表；
4. 掌握电阻串联、并联的等效变换；
5. 了解电路的三种工作状态以及直流电流法；
6. 掌握电路中电位的计算与测量；
7. 掌握叠加定理和戴维南定理。

建议学时

19 学时

单元 1.1　电路及其基本物理量

一、电路的组成和作用

电，在人们的生活中无处不在，无论是在工业、农业、国防科技，还是在日常生活中，都得到广泛应用。小到手电筒、电话、电视机等，大到电车、飞机等，都与电息息相关。那什么是电？电又是如何使它们工作的呢？一个灯泡看似很简单，但为什么有了元件设备就能亮起来呢？这是因为有电流回路的存在。

电路的组成

电路是指电流所流经的路径，也就是将电气设备和元件按一定方式连接起来，为电荷流通提供了路径的总体，简称回路。例如，电阻、电容、电感、二极管、三极管和开关等构成的回路。

电路图

实际应用的电路都比较复杂，因此，为了便于分析电路的实质，通常用规定的图形符号表示，组成电路实际元件及其连接线，即画成电路图。

其中，导线和辅助设备合称中间环节。

电路由电源、负载、连接导线和辅助设备四个基本部分组成。

1. 电源

电源是提供电能的设备。电源的功能是把非电能转变成电能。例如，电池是把化学能转变成电能，发电机是把机械能转变成电能。由于非电能的种类很多，转变成电能的方式也很多，因此目前使用的电源类型也很多，最常用的电源是干电池、蓄电池和发电机等。

2. 负载

电路中使用电能的各种设备统称为负载。负载的功能是把电能转变为其他形式的能。例如，电炉把电能转变为热能、电动机把电能转变为机械能等。我们通常使用的照明器具、家用电器、机床等都可称为负载。

3. 连接导线

连接导线能把电源、负载和其他辅助设备连接成一个闭合回路，起着传输电能的作用。

4. 辅助设备

辅助设备是用来实现对电路的通断、控制、保护及测量的，包括各种开关（控制电路接通和断开的装置）、熔断器及测量仪表等。

二、电路的主要物理量

1. 电流

（1）电流的形成

电荷的定向移动称为电流。在金属导体中，电流是电子在外电场作用下有规则地运动形成的。在某些液体或气体中，电流则是正离子或负离子在电场力作用下有规则地运动形成的。

（2）电流的方向

在不同的导电物质中，形成电流的运动电荷可以是正电荷，也可以是负电荷，甚至两者都有。规定以正电荷移动的方向为电流的方向。

在分析或计算电路时，常常需要求出电流的方向。但当电路比较复杂时，某段电路中电流的实际方向很难确定，此时通常先假定电流的参考方向，然后列方程求解。若求出的电流为正值，则说明电流的实际方向与参考方向一致，如图1-1a）所示；反之，若电流为负值，则说明电流的实际方向与参考方向相反，如图1-1b）所示。

图1-1 电流的方向

注：虚线为电流实际方向，实线为电流参考方向。

若电流的方向和大小恒定不变，称为稳恒电流，简称直流，用 DC 表示；若电流的方向和大小都随着时间的变化而变化，则称为交变电流，简称交流，用 AC 表示。由直流电源供电的电路，称为直流电路。由交流电源供电的电路，称为交流电路。

（3）电流的大小

电流的大小取决于在一定时间内通过导体横截面的电荷量的多少。通常规定用单位时间（1s）内通过导体横截面的电量来表示电流的大小，以字母 I 表示。若在 t 秒内通过导体横截面的电量是 Q，则电流 I 可以用式（1-1）表示：

$$I = \frac{Q}{t} \qquad (1\text{-}1)$$

电流的单位是安培，简称安，用符号 A 表示；电量的单位是库仑，简称库，用符号 C 表示。电流的单位还有 kA、mA、μA，其换算关系为

$$1kA = 1 \times 10^3 A \qquad 1A = 1 \times 10^3 mA \qquad 1mA = 1 \times 10^3 \mu A$$

2. 电压与电动势

（1）电压

带电体的周围存在电场，电场对处在电场中的电荷有力的作用。当电场力使电荷移动时，电场力对电荷做了功。规定：电场力把单位正电荷由 a 点移向 b 点所做的功，称为 a、b 两点间的电压，用符号 U_{ab} 表示。电压的单位是伏特，用符号 V 表示。电压常用的单位还有 kV、mV、μV，其换算关系如下：

$$1kV = 1 \times 10^3 V \qquad 1V = 1 \times 10^3 mV \qquad 1mV = 1 \times 10^3 \mu V$$

规定电压的实际方向为高电位端指向低电位端。在电路中用"→""＋""－"或者双下标 U_{ab} 表示，如图 1-2 所示。

图 1-2　电压的方向

电压的参考方向也可以任意选定，但在外电路中常选择电压电流方向相同，称为关联参考方向，在电路图中只需标明一个参考方向（电压或电流）。若计算结果为正，则实际方向与参考方向相同；若计算结果为负，则实际方向与参考方向相反。

小要点

安 全 电 压

不带任何防护设备，对人体各部分组织均不造成伤害的电压值称为安全电压。安全电压决定于人体允许的电流和人体电阻。国际电工委员会（International Electro Technical Commission，IEC）规定，接触电压（相当于安全电压）的限定值为50V或无纹波直流120V。在特殊情况下，接触电压上限值为交流25V或无纹波直流60V。

我国根据不同的环境条件，规定安全电压为：在干燥、无导电粉末等危险程度较低的建筑物中是50V，一般情况下是36V，在特别潮湿的环境或在金属构架上工作时是24V或12V。

各国的安全电压值规定各不相同，如美国为40V，法国交流为24V、直流为50V，荷兰和瑞典为24V。

（2）电动势

电动势是描述电源性质的重要物理量，即电源把正电荷从负极移到正极所做的功与该电荷电量的比值，称为电源的电动势。用公式表示为

$$E = \frac{W}{q} \tag{1-2}$$

电动势用符号 E 表示，单位常用伏（V）表示。

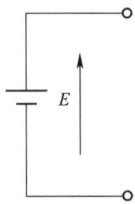

电动势只存在于电源内部，数值上等于电源没有接入电路时两极间的电压，其方向是由电源负极指向正极，与电压方向相反，如图1-3所示。

（3）电动势与端电压的关系

电源的端电压是指电源加在外电路两端的电压，是静电力把单位正电荷从正极经外电路移到负极所做的功。电源的电动势对一个固定电源来说是不变的，而电源的端电压却是随外电路的负载而变化的。

图1-3　电动势的方向

小要点

端电压与电动势的关系

当电源电路在开路状态时（此时 $I=0$），端电压和电动势在数值上是相同的，并且有相同的单位（V），但它们的物理意义不同。电动势仅仅存在于电源内部，而电压不仅存在于电源两端，也存在于电源外部。

3. 电功率与电功

（1）电功率

单位时间电流所做的功称为电功率，用于表示电场力做功的快慢。其用字母 P 表示，单位为瓦（W）。

$$P = \frac{W}{t} = UI = I^2 R = \frac{U^2}{R} \tag{1-3}$$

式中，P、W、t 的单位分别为 W、J、s。

在实际应用中，电功率的单位还有 kW，它和 W 的换算关系为

$$1\text{kW} = 10^3 \text{W}$$

【例1-1】　一个 100Ω 的电阻流过 50mA 的电流时，求电阻上的电压降和电阻消耗的功率；当电流通过时间为 1min 时，电阻消耗的电能为多少？

解： 由欧姆定律得电压降：

$$U = IR = 0.05 \times 100 = 5 \text{（V）}$$

消耗的功率：

$$P = UI = 5 \times 0.05 = 0.25 \text{（W）}$$

消耗的电能：

$$W = Pt = 0.25 \times 60 = 15 \text{（J）}$$

（2）电功

电流所做的功，简称电功（电能），用字母 W 表示。例如，当电流流过日光灯管时，

日光灯发光；当电流流过电阻时，电阻会发热。这说明当电流流过用电设备时，用电设备将电源提供的电能转变成其他形式的能量，电流做功。

电流在一段电路上所做的功等于这段电路两端的电压 U、电路中的电流 I 和通电时间 t 三者的乘积，即

$$W = UIt \tag{1-4}$$

式中，W、U、I、t 的单位分别为 J、V、A、s。

在实际应用中，电能的另一个常用单位是千瓦时（kW·h），即通常所说的 1 度电，$1 度 = 1kW·h = 3.6 \times 10^6 J$。

（3）电流的热效应

电流通过导体时使导体发热的现象称为电流的热效应。电流与它流过导体时所产生的热量之间的关系可用式（1-5）表示：

$$Q = I^2 Rt \tag{1-5}$$

式中，Q 的单位是 J，这种热也称焦耳热。

当电阻元件通过电流时，由于电流的热效应，导体和周围空气的温度升高。电流的热效应也有有害的一面，如电流通过输电线、电动机、变压器等时，会使元件本身线圈发热，不仅会使能量浪费，还会因温度过高而烧毁设备。所以，电气设备安全工作时所允许的最大电流、最大电压和最大功率分别称为它们的额定电流、额定电压和额定功率。例如，常见的灯泡上标注的 220V 60W 或电阻上标注的 100Ω 2W 等都是额定值。

三、直流电在城市轨道交通中的应用

在城市轨道交通供电系统中，直流牵引供电系统直接给列车提供动力，其好坏直接影响整个地铁供电系统质量的高低。如果牵引供电系统出现问题，小则影响某个变电站、几个供电区间的输送电，大则造成整个牵引供电系统崩溃，给地铁列车的安全运营造成影响。图 1-4 为双机组双边供电方式，分别向上行、下行车辆进行主备供电，两个相邻的牵引变电站同时向站内同一馈电区间供电。

图 1-4　城市轨道交通变电站直流牵引供电系统典型主接线图

7

单元 1.2 电 路 模 型

一、理想电路元件

1. 部分电路欧姆定律

只含有负载而不包含电源的一段电路称为部分电路，如图 1-5 中虚线框中所示电路。

通过试验可以知道，流过电阻的电流 I 与电阻两端的电压 U 成正比，与电阻成反比，这称为部分电路欧姆定律，用式（1-6）表示。

$$I = \frac{U}{R} \quad 或 \quad U = IR \tag{1-6}$$

从图 1-5 可以看出，电阻两端的电压方向是由高点位指向低点位，并且点位是逐点降低的。

图 1-5 部分电路欧姆定律

【例 1-2】 某白炽灯接在 220V 电源上，正常工作时流过的电流为 273mA，试求此电灯的电阻。

解：

$$R = \frac{U}{I} = \frac{220}{273 \times 10^{-3}} \approx 805.9 \ （\Omega）$$

如果以电流为横坐标、电压为纵坐标，可以画出电阻的电压与电流的关系曲线，称为此电阻的伏安特性曲线。伏安特性曲线是直线的电阻元件，称为线性电阻，如图 1-6 所示，其电阻值是不变的常数；否则，该电阻为非线性电阻，如图 1-7 所示。

图 1-6 线性电阻的伏安特性曲线

图 1-7 非线性电阻的伏安特性曲线

2. 全电路欧姆定律

全电路是指含有电源的闭合电路，如图 1-8 所示。电源内部的电路称为内电路（图 1-8 虚线框中为内电路）。电源内部一般都是有电阻的，这个电阻称为内电阻，简称内阻，用 r 表示。电源外部的电路称为外电路，外电路中的电阻称为外电阻。

图 1-8 全电路

通过试验可以验证，在一个闭合电路中，电流 I 与电源的电动势 E 成正比，与电路中内电阻和外电阻之和成反比，这个规律称为全电路欧姆定律，用式 (1-7) 表示。

$$I = \frac{E}{r+R} \quad 或 \quad U = E - Ir \tag{1-7}$$

【例1-3】 有一电源，电动势 $E = 6\text{V}$，内阻 $r = 0.8\Omega$，外接负载电阻 $R = 19.2\Omega$，求电源端电压和内压降。

解：

$$I = \frac{E}{r+R} = \frac{6}{0.8+19.2} = 0.3 \text{ (A)}$$

端电压：

$$U = IR = 0.3 \times 19.2 = 5.76 \text{ (V)}$$

内压降：

$$U_r = Ir = 0.3 \times 0.8 = 0.24 \text{ (V)}$$

二、电压源和电流源

1. 电压源

（1）理想电压源

理想电压源（恒压源）具有端电压保持恒定不变，而输出电流大小由负载决定的特性。其外特征，极端电压 U 与输出电流 I 的关系 $[U = f(I)]$ 是一条平行于 I 轴的直线，如图 1-9 所示。当使用的恒压源在规定的电流范围内，具有很小的内阻（ $r = 0\Omega$ ）时，可以将它视为一个理想电压源。

（2）实际电压源

实际上，任何电源内部都存在电阻，通常称为内阻。因而，实际电压源可以用一个内阻 r 和电压源 U_S 串联表示，其端电压 U 随输出电流 I 增大而降低，如图 1-10 所示。r 越大，斜线越陡。

图 1-9 理想电压源及其外特性　　　图 1-10 实际电压源及其外特性

2. 电流源

（1）理想电流源

理想电流源（恒流源）具有输出电流保持恒定不变，而端电压的大小由负载决定的特性。其外特征，即输出电流 I 与端电压 U 的关系 $[I = f(U)]$ 是一条平行于 U 轴的直线，如图 1-11 所示。

（2）实际电流源

实际电流源可以用一个内阻 r 和电压源 U_S 并联表示，其输出电流 I 随端电压 U 增大而减小，如图 1-12 所示。

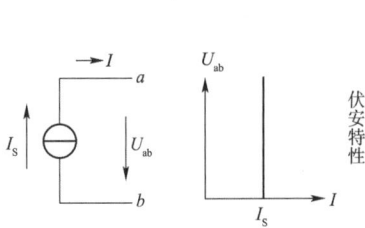

图 1-11 理想电流源及其外特性

图 1-12 实际电流源及其外特性

小要点

电压源和电流源的使用注意事项

（1）在使用中，不能将理想电压源短路，且不能并联使用。

（2）在试验中，可以用一个小阻值的电阻与恒压源串联来模拟一个实际电压源。

（3）恒流源在使用时应在规定的电流范围内，具有很大的内阻（$r \approx \infty$），可以将它视为一个理想电流源。

（4）在使用中，不能将理想电流源开路，且不能串联使用。

（5）在试验中，可以用一个大阻值的电阻与恒流源并联来模拟一个实际电流源。

---

3. 实际电压源和实际电流源的等效互换

一个实际的电源，就其外部特征而言，既可以看作一个电压源，又可以看作一个电流源。若视为电压源，则可用一个电压源与一个电阻相串联来表示；若视为电流源，则可用一个电流源与一个电阻相并联来表示。若它们向同样大小的负载供出同样大小的电流和端电压，则称这两个电源是等效的，即具有相同的外特性。

小要点

实际电压源和实际电流源等效变换的条件

（1）取实际电压源与实际电流源的内阻均为 r。

（2）已知实际电压源的参数为 U_S 和 r，则实际电流源的参数为 $I_S = \dfrac{U_S}{r}$ 和 r。

若已知实际电压源的参数为 I_S 和 r，则实际电流源的参数为 $U_S = I_S r$ 和 r，如图 1-13 所示。

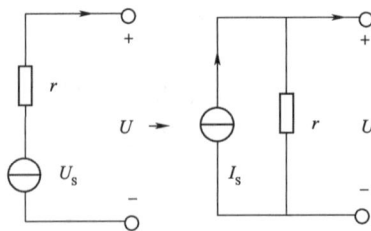

图 1-13 实际电压源和实际电流源的等效变换

小要点

电压源与电流源等效变换的注意事项

（1）"等效"是指"对外"等效（等效互换前后对外伏安特性一致），内部不等效。

（2）理想电压源和理想电流源不能等效互换。

（3）电源等效互换时，恒压源 E 与电源内阻 r 串联，恒流源 I_S 与电源内阻 r 并联，并且转换前后 E 与 I_S 的方向保持不变。

（4）一个电动势为 E 的理想电压源和某个电阻 R 的串联电路，都可以化为一个电流为 I_S 的理想电流源和这个电阻的并联电路。

【例1-4】 将图 1-14a）中的电压源转化为等效电流源，并画出等效电路图。

解：
$$I_S = \frac{U_S}{R_S} = \frac{100}{47} \approx 2.13 \text{（A）}$$

电路图如图 1-14b）所示。

图 1-14　例 1-4 图

【例1-5】 将图 1-15a）中的电流源转化为等效电压源，并画出其等效电路图。

解：
$$U_S = I_S R_S = 10\text{mA} \times 1.0\text{k}\Omega = 10 \text{（V）}$$

电路图如图 1-15b）所示。

图 1-15　例 1-5 图

【例1-6】 用电源等效变换的方法求图 1-16a）电路中的电流 I_1 和 I_2。

解：（1）将电压源等效为一个电流源和一个电阻的并联，电路如图 1-16b）所示，求出 I_2。

（2）将两个并联的电流源等效为一个电流源，电路如图 1-16c）所示，求出 I_1。

图 1-16　例 1-6 图

$$I_2 = \frac{5}{10+5} \times 3 = 1 \ (\text{A})$$
$$I_1 = I_2 - 2 = 1 - 2 = -1 \ (\text{A})$$

单元 1.3 基尔霍夫定律

一、有关概念

支路：由一个或几个元件首尾相连构成的一段无分支电路。可以从下列三个方面来说明：

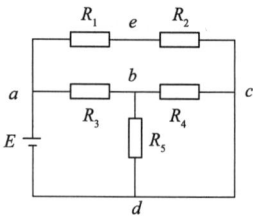

图 1-17 简单电路

（1）每个元件就是一条支路，如图 1-17 中的 ab、bd。

（2）将串联的元件视为一条支路，如图 1-17 中的 aec。

（3）流入等于流出的电流的支路。

节点：指三条或三条以上支路的连接点，如图 1-17 中的 a、b、c、d 点。

回路：电路中任意一个闭合路径称为回路，如图 1-17 中的 $abda$、$bcdb$。

网孔：内部不含支路的回路，如图 1-17 中的 $abcea$。

> **小要点**
>
> **网孔与回路的联系和区别**
>
> 网孔一定是回路，但回路不一定是网孔，图 1-17 中 $abcda$ 是回路，但不是网孔。因为 $abcda$ 含有支路 bd。

二、基尔霍夫电流定律

基尔霍夫电流定律又称基尔霍夫第一定律（KCL），其内容为：电路中任意一个节点上，流入节点的电流之和等于流出该节点的电流之和，即

$$\sum I_\text{进} = \sum I_\text{出} \tag{1-8}$$

图 1-18 基尔霍夫电流定律

如图 1-18 所示，有六条支路汇于 O 点，其中，I_1、I_2 和 I_6 流入该节点，I_3、I_4 和 I_5 流出该节点，则可得：

$$I_1 + I_2 + I_6 = I_3 + I_4 + I_5$$

或

$$I_1 + I_2 + I_6 - I_3 - I_4 - I_5 = 0$$

规定流入节点的电流为正，流出节点的电流为负，则基尔霍夫电流定律的内容可以改为：电路中任意一个节点上，电流的代数和恒等于零，即

$$\sum I = 0 \tag{1-9}$$

在应用基尔霍夫电流定律求解未知电流时，可先任意假设支路电流的参考方向，列出节点电流方程。通常可将流进节点的电流取正，将流出节点的电流取负，再根据计算值的

正负来确定未知电流的实际方向。有些支路的电流可能是负，这是由于所假设的电流方向与实际方向相反。

【例1-7】　如图1-19所示，两个电阻都为3Ω，电源为3V，求电流I的值。

分析：因为A点接地，所以$U_A = 0$，可根据基尔霍夫电流定律来求解。

图1-19　例1-7图

解：先求得：

$$I_1 = \frac{3}{3} = 1 \text{（A）} \qquad I_2 = \frac{3}{3} = 1 \text{（A）}$$

再由基尔霍夫电流定律得：

$$-I = I_1 + I_2 = 1 + 1 = 2 \text{（A）}$$

则

$$I = -2 \text{（A）}$$

基尔霍夫电流定律规定了节点上支路电流的约束关系，而与支路上元件的性质无关，不论元件是线性的还是非线性的、含源的还是无源的、时变的还是非时变的，都是适用的。在解此类题目时，一定要注意流进等于流出和正负号问题。

想一想

如果电路中包含二极管或晶闸管，节点上的支路电流是否还满足基尔霍夫电流定律？

三、基尔霍夫电压定律

基尔霍夫电压定律又称基尔霍夫第二定律（KVL），其内容为：对于电路中任意一回路，沿回路绕行方向的各段电压的代数和为零，即

$$\sum U = 0 \tag{1-10}$$

此时，凡电流的参考方向与回路循环方向一致者，该电流在电阻上所产生的电压降取正，反之取负。电动势也作为电压来处理，即从电源的正极到负极，电压取正，反之取负。

基尔霍夫电压定律也可以描述为：在任一回路循环方向上，回路中电动势的代数和恒等于电阻上电压降的代数和，即

$$\sum E = \sum IR \tag{1-11}$$

此时，电阻上电压的规定与$\sum U = 0$时相同，而电动势的正负号则恰好相反。

【例1-8】　如图1-20所示，根据基尔霍夫电压定律，则有：

$$U_1 + U_2 - U_3 - U_4 + U_5 = 0$$

【例1-9】　图1-21所示电路中，$E_1 = E_2 = 17\text{V}$，$R_1 = 2\Omega$，$R_2 = 1\Omega$，$R_3 = 5\Omega$，求各支路电流。

解：（1）根据基尔霍夫电流定律列出节点电流方程。

$$I_1 + I_2 = I_3$$

图1-20　例1-8图

（2）根据基尔霍夫电压定律列出回路电压方程。

图1-21　例1-9图

对于回路1：

$$E_1 = I_1 R_1 + I_3 R_3$$

对于回路2：

$$E_2 = I_2 R_2 + I_3 R_3$$

（3）代入数据，整理得联立方程：

$$\begin{cases} I_2 = I_3 - I_1 \\ 2I_1 + 5I_3 = 17 \\ I_2 + 5I_3 = 17 \end{cases}$$

（4）解联立方程得：

$$\begin{cases} I_1 = 1\text{A} \\ I_2 = 2\text{A} \\ I_3 = 3\text{A} \end{cases}$$

从计算结果可以看出，由于电流值均大于零，电流的实际方向都和假设的方向相同。

小要点

电压与路径的关系

基尔霍夫电压定律是电压与路径无关的反映，只与电路的结构有关，而与支路中元件的性质无关，适用于任何情况。在列回路基尔霍夫电压定律方程时，应设定一个绕行方向，其电压参考方向与回路绕行方向相同的支路电压取正号，与绕行方向相反的支路电压取负号。

四、电压表、电流表的使用

1. 电压表的使用

（1）电压表有直流和交流之分，分别用于测量直流电和交流电。

（2）电压表并联在电路中。

（3）直流电压表有"＋"和"－"两个接线柱，应与被测两点的电位一致。

（4）直流电压表应保证"＋"接线柱接被测电路的高电位端，"－"接线柱接被测电路的低电位端；否则指针反偏，会损坏电压表。

（5）在测量时，要注意量程的选择，量程选择要适当，通常应使指针指在满刻度的2/3处；量程的选择同电流表一样。

2. 电流表的使用

（1）电流表有直流和交流之分，分别用于测量直流电和交流电。

（2）电流表又称安培表，用来测电路中电流的大小，必须串接在被测电路中。电流表本身内阻非常小，所以绝对不允许不通过任何用电器而直接把电流表接在电源两极。否则会使通过电流表的电流过大，烧毁电流表。

（3）直流电流表外壳有"＋"和"－"接线柱，应和电路的极性相一致，不能接错。否则，指针偏转，容易损害电流表。

（4）每个电流表都有一定的量程，即所能测得的最大值，称为电流表的量程。一般被测电流的数值在电流表量程的一半以上，读数较为准确。因此，在测量之前应先估计被测电流的大小，以便选择合适的量程。若无法估计，可先用最大量程测量，若指针偏转不到1/3刻度，再改用小挡量程去测量，直到测量数值较为准确为止。

单元 1.4　电阻串并联连接的等效变换

一、单口网络等效电路的概念

等效电路也是单口网络的一种描述方式。如果一个单口网络 N 的伏安关系和另一个单口网络 N' 的伏安关系完全相同，则这两个单口网络 N 和 N' 是等效的。尽管这两个单口网络可以具有完全不同的结构，但对任一外电路 M 来说，它们却具有完全相同的影响，没有丝毫的区别。这使得在研究分析单口网络 M 的性能时，可以用 N' 来置换 N，即用 N' 来等效，以达到简化电路结构、便于分析计算的目的。

最简单也是最基本的等效便是电阻的串联等效和并联等效，分别可以用与其具有相同伏安关系的单一电阻等效。

单口网络的等效电路注意事项如下：

（1）等效是指对任意的外电路等效，而不是指对某一特定的外电路等效。

（2）等效就是要求在外接任何电路时，都要求具有相同的端口电压和端口电流，即要求 N' 与 N 的电压、电流和电阻完全相同。

（3）运用等效的概念和方法，可以把一个结构复杂的单口网络用一个结构简单的单口网络去置换，从而简化电流的分析计算。

二、电阻的串联及分压

把两个或两个以上的电阻一个接一个地连成一串，使电流只有一条通路的连接方式为串联，如图 1-22 所示。

串联电路的特点如下：

（1）电路中流过每个电阻的电流都相等，即

$$I = I_1 = I_2 = I_3 = \cdots = I_n \qquad (1-12)$$

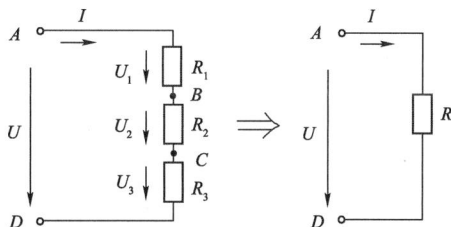

图 1-22　电阻的串联及其等效电路

（2）电路两端的总电压等于各电阻两端的电压之和，即

$$U = U_1 + U_2 + U_3 + \cdots + U_n \qquad (1\text{-}13)$$

（3）电路的等效电阻（总电阻）等于各串联电阻之和，即

$$R = R_1 + R_2 + R_3 + \cdots + R_n \qquad (1\text{-}14)$$

串联电路示意图

（4）电路中各电阻的电压与各电阻的阻值成正比，即

$$\frac{U_n}{U} = \frac{R_n}{R} \qquad (1\text{-}15)$$

分压电路

【例1-10】 有一只万用表，表头等效内阻 $R_a = 10\text{k}\Omega$，满刻度电流（允许通过的最大电流）$I_a = 50\mu\text{A}$，如改装成量程为 10V 的电压表，应串联多大的电阻？

解：按题意，当表头满刻度时，表头两端电压 U_a 为

$$U_a = I_a R_a = 50 \times 10^{-6} \times 10 \times 10^3 = 0.5 \ (\text{V})$$

设量程扩大到10V需要串入的电阻为 R_x，则：

$$R_x = \frac{U_x}{I_a} = \frac{U - U_a}{I_a} = \frac{10 - 0.5}{50 \times 10^{-6}} = 190 \ (\text{k}\Omega)$$

三、电阻的并联及分流

把两个或两个以上的电阻并列连接在两点之间，使每一电阻两端都承受同一电压的连接方式称为并联，如图 1-23 所示。

并联电路的特点如下：

（1）电路中各电阻两端的电压相等，并且等于电路两端的电压，即

$$U = U_1 = U_2 = U_3 = \cdots = U_n \qquad (1\text{-}16)$$

（2）电路的总电流等于各电阻中的电流之和，即

$$I = I_1 + I_2 + I_3 + \cdots + I_n \qquad (1\text{-}17)$$

图 1-23 并联电路及其等效电路

（3）电路的等效电阻（总电阻）的倒数等于各并联电阻的倒数之和，即

$$\frac{1}{R} = \frac{1}{R_1} + \frac{1}{R_2} + \frac{1}{R_3} + \cdots + \frac{1}{R_n} \qquad (1\text{-}18)$$

并联电路示意图

（4）在电阻并联电路中，各支路分配的电流与支路的电阻值成反比，即

$$\frac{I_n}{I} = \frac{R}{R_n} \qquad (1\text{-}19)$$

分流法则

四、混联电路等效电阻的计算

电路中电阻元件既有串联又有并联的连接方式称为混联。图 1-24 所示的电路就是一些电阻的混联电路。

对于电阻混联电路的计算，只需根据电阻串、并联的规律逐步求解即可，但对于某些较为复杂的电阻混联电路，比较有效的方法就是画出等效电路图，然后计算其等效电阻。

图 1-24 电阻混联电路

等效电路如何画出？以下面具体的例子说明。

【例 1-11】 电路如图 1-25a) 所示，求电路 AB 两点间的等效电阻 R_{AB}，其中，$R_1 = R_2 = R_3 = 2\Omega$，$R_4 = R_5 = 4\Omega$。

解：（1）按要求在原电路中标出字母 C，如图 1-25b) 所示。

（2）将 A、B、C 各点沿水平方向排列，并将 $R_1 \sim R_5$ 依次填入相应的字母之间。R_1 与 R_2 串联在 A、C 之间，R_3 在 B、C 之间，R_4 在 A、B 之间，R_5 在 A、C 之间，即可画出等效电路图，如图 1-25c) 所示。

图 1-25 例 1-11 图

（3）由等效电路可求出 AB 间的等效电阻，即

$$R_{12} = R_1 + R_2 = 2 + 2 = 4 \ (\Omega)$$

$$R_{125} = \frac{R_{12} \times R_5}{R_{12} + R_5} = \frac{4 \times 4}{4 + 4} = 2 \ (\Omega)$$

$$R_{1253} = R_{125} + R_3 = 2 + 2 = 4 \ (\Omega)$$

$$R_{AB} = \frac{R_{125} \times R_4}{R_{125} + R_4} = \frac{4 \times 4}{4 + 4} = 2 \ (\Omega)$$

以上介绍的等效变换方法并不是唯一求解等效电阻的方法，其他的方法还有如利用电流的流向及电流的分、合，画出等效电路图的方法；利用电路中各等电位点分析电路，画出等效电路的方法；等等。无论哪一种方法，都是将不易看清串、并联关系的电路，等效为可直接看出串、并联关系的电路，然后求出其等效电阻。

在混联电路中，已知电路总电压，若求解各电阻上的电压、电流，其步骤一般如下：

（1）求出该电路的等效电阻；

（2）应用欧姆定律求出总电流；

（3）应用电流分流公式和电压分压公式，分别求出各电阻上的电压和电流。

图1-26　例1-12图

【例1-12】　灯泡 A 的额定电压 $U_1 = 6V$，额定电流 $I_1 = 0.5A$；灯泡 B 的额定电压 $U_2 = 5V$，额定电流 $I_2 = 1A$。现有的电源电压 $U = 12V$，如何接入电阻使两个灯泡都能正常工作？

解：利用电阻串联的分压特点将两个灯泡分别串上 R_3 与 R_4 再予以并联，然后接上电源，如图1-26所示。

下面分别求出使两个灯泡正常工作时，R_3 与 R_4 的额定值。

（1）R_3 两端电压为

$$U_3 = U - U_1 = 12 - 6 = 6 \text{（V）}$$

R_3 的阻值为

$$R_3 = \frac{U_3}{I_1} = \frac{6}{0.5} = 12 \text{（}\Omega\text{）}$$

R_3 的额定功率为

$$P_3 = U_3 I_1 = 6 \times 0.5 = 3 \text{（W）}$$

所以，R_3 应选 $12\Omega/3W$ 的电阻。

（2）R_4 两端电压为

$$U_4 = U - U_2 = 12 - 5 = 7 \text{（V）}$$

R_4 的阻值为

$$R_4 = \frac{U_4}{I_2} = \frac{7}{1} = 7 \text{（}\Omega\text{）}$$

R_4 的额定功率为

$$P_4 = U_4 I_2 = 7 \times 1 = 7 \text{（W）}$$

所以，R_4 应选 $7\Omega/7W$ 的电阻。

想一想

混联电路中，电路消耗的总功率与各元件消耗的功率存在什么样的关系？是否等于各电阻上的功率之和？

单元1.5　电路的三种状态

一、开路

开路也称为断路，是指电源与负载之间未接成闭合回路。因为电路中某一处由于中断，没有导体连接，电流无法通过，所以电路中电流消失。开路一般对电路无损害。

电路的工作状态

二、短路

短路是指电源未经过任何负载而直接由导线接通成闭合回路。短路时，电路中电流比正常工作时大很多，易造成电路损坏、电源瞬间损坏，如温度过高烧坏导线、电源等，所以应避免短路的发生。

三、有载工作状态

有载工作状态即通路，是指处处连通的电路，即电源与负载连成回路，电路中有电流存在。但要注意，处于通路状态的各种电气设备的电压、电流、功率等数值不能超过其额定值。

想一想

电路的三种工作状态有什么区别？哪种工作状态最危险，是应该绝对避免的？

单元 1.6　支路电流法

一、定义

支路电流法是以支路电流为未知量，利用基尔霍夫定律和欧姆定律列出所需的方程组，并解出各个未知电流的一种电路分析计算方法。

二、利用支路电流法解题的步骤

（1）任意标定各支路电流的参考方向和网孔绕行方向。

（2）用基尔霍夫电流定律列出节点电流方程。有 n 个节点，就可以列出 $n-1$ 个独立电流方程。

（3）用基尔霍夫电压定律列出 $L=b-(n-1)$ 个网孔方程。其中，L 指网孔数，b 指支路数，n 指节点数。

（4）代入已知数据求解方程组，确定各支路电流及方向。

【例 1-13】　试用支路电流法求图 1-27 中的两台直流发电机并联电路中的负载电流 I 及每台发电机的输出电流 I_1 和 I_2。已知：$R_1=1\Omega$，$R_2=0.6\Omega$，$R=24\Omega$，$E_1=130V$，$E_2=117V$。

解：（1）假设各支路电流的参考方向和网孔绕行方向如图 1-27 所示。

（2）根据基尔霍夫电流定律，列出节点电流方程。

该电路有 A、B 两个节点，故只能列一个节点电流方程。对于节点 A，有：

$$I_1+I_2=I$$

（3）根据基尔霍夫电压定律，列出回路电压方程。

图 1-27　例 1-13 图

该电路中共有两个网孔，故可以列出如下两个回路电压方程：

$$I_1 \times R_1 - I_2 \times R_2 + E_2 - E_1 = 0$$

$$I \times R + I_2 \times R_2 - E_2 = 0$$

（4）代入数据，整理得联立方程：

$$\begin{cases} -I_1 - I_2 + I = 0 \\ I_1 - 0.6I_2 = 13 \\ 0.6I_2 + 24I = 117 \end{cases}$$

解得各支路电流为

$$\begin{cases} I_1 = 10\text{A} \\ I_2 = -5\text{A} \\ I = 5\text{A} \end{cases}$$

从计算结果可以看出，发电机 E_1 输出 10A 的电流，发电机 E_2 输出 −5A 的电流，负载电流为 5A。由此可知：两个电源并联时，并不都是向负载供给电流和功率的，当两电源的电动势相差较大时，某电源不但不输出功率，反而吸收功率成为负载。因此，在实际供电系统中，直流电源并联时，应使两电源的电动势相等，内阻相近。所以，当具有并联电池的设备换电池的时候，要全部同时换新的，不能换成一新一旧。

单元 1.7 电路中电位的分析与计算

一、概述

在电路中任意选一点为参考点，那么电路中某点的电位就是该点到参考点的电压，即将单位正电荷从该点移动到参考点所做的功。电位用 ϕ 表示，单位为伏（V）。

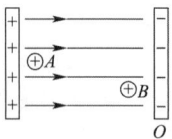

参考点的电位等于零，即 $\phi_0 = 0$，所以，参考点又称为零电位点。高于参考点的电位是正电位，低于参考点的电位是负电位。

在图 1-28 中，以 O 为参考点，则 A 与 B 两点的电位分别为

$$\phi_A = U_{AO}$$

$$\phi_B = U_{AO}$$

图 1-28 电场与电位

U_{AO} 表示电场力把单位正电荷从 A 点移动到 O 点所做的功，在数值上等于电场力把单位正电荷从 A 点移动到 B 点所做的功（U_{AB}），再加上从 B 点移动到 O 点所做的功（U_{BO}），即

$$U_{AO} = U_{AB} + U_{BO}$$

移项整理，得：

$$U_{AB} = U_{AO} - U_{BO}$$

所以

$$U_{AB} = \phi_A - \phi_B$$

小要点

电压与电位的区别

电路中任意两点间的电压等于两点间的电位之差，所以电压又称电位差。但注意：电路中某点的电位与参考点的选择有关，但两点间的电位差与参考点的选择无关。

【例1-14】　在图1-29所示电路中，以 O 为参考点，$\phi_A = 10V$，$\phi_B = 5V$，$\phi_C = -5V$，试求 U_{AB}、U_{BC}、U_{AC}、U_{CA}。

解：以 O 为参考点，则 $\phi_0 = 0V$。

$$U_{AB} = \phi_A - \phi_B = 10 - 5 = 5 \ (V)$$

$$U_{BC} = \phi_B - \phi_C = 5 - (-5) = 10 \ (V)$$

$$U_{AC} = \phi_A - \phi_C = 10 - (-5) = 15 \ (V)$$

$$U_{CA} = \phi_C - \phi_A = -5 - 10 = -15 \ (V)$$

图1-29　例1-14图

电路中，参考点可以任意选择。在电力工程中，常取大地为参考点。因此，凡是外壳接大地的电气设备，其外壳都是零电位。有些不接大地的设备，在分析其工作原理时，常用许多元件汇集的公共点作为零电位，即参考点并在电路图中，用符号"⊥"表示；接大地则用符号"⏚"表示，以示区别。

二、电压、电位的测定

（1）测量前的准备

①直流电压表，量程选取20V。

②调整电压源，使 $U_A = 5V$，$U_B = 12V$。

（2）连接线路

根据实际电路连接线路，电路如图1-30所示。

（3）测量电位

①以 A 为参考点，分别测量 B、C、D、E、F 各点的电位，将数据填入表1-1。

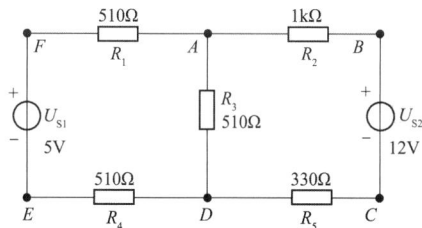

图1-30　测量电路

②以 D 为参考点，重复上述步骤，将数据填入表1-1。

电位的测量数据　　　　　　　　　　　　　　　　　　　　表1-1

点位参考点	U_A	U_B	U_C	U_D	U_E	U_F	U_{AB}	U_{BC}	U_{CD}	U_{DE}	U_{EF}	U_{FA}
A	0											
D				0								

（4）测量电压

①测量 U_{AB} 两端之间的电压。

②以同样的方法测量 U_{BC}、U_{CD}、U_{DE}、U_{EF}、U_{FA}，将测量数据填入表1-1。

电位、电压的测量方法及读数

（1）电位的测量。若以 A 为参考点测量各点电位，应将电压表的黑笔端插入 A 点，将红笔端分别插入 B、C、D、E、F 各点进行测量。

（2）电压的测量。测量 U_{AB} 两端之间的电压时，将电压表的黑笔端插入 B 点，将红笔端插入 A 点进行测量，电压表的读数即为 U_{AB} 两端之间的电压。

（3）使用电压源 $U_A = 5V$、$U_B = 12V$，防止电源输出端短路。

（4）使用数字直流电压表测量电位时，黑笔端插入参考点，红笔端插入被测点。若显示正值，则表明该点电位为正（即高于参考点电位）；若显示负值，则表明该点电位为负（即低于参考点电位）。

想一想

（1）电位参考点不同，各点电位是否相同？任意两点之间的电压是否相同？为什么？

（2）在测量电压、电位时，为何数据前面会出现"＋""－"号，它们表示什么意义？

单元 1.8 叠 加 原 理

一、叠加原理概述

在线性电路中，任一支路的电流（或电压）可以看成电路中每一个独立电源单独作用于电路时，在该支路产生的电流（或电压）的代数和，这就是叠加原理。其反映线性电路基本性质。线性的正弦稳态电路也满足叠加原理。

下面通过例题来介绍用叠加原理解题的步骤。

【例1-15】 如图 1-31a）所示电路，已知 $E_1 = 42V$，$E_2 = 21V$，$R_1 = 12\Omega$，$R_2 = 3\Omega$，$R_3 = 6\Omega$，试应用叠加原理求各支路电流 I_1、I_2、I_3。

解：（1）当电源 E_1 单独作用时，将 E_2 视为短路，画出等效电路图，如图 1-31b）所示。

$$R' = R_1 + \frac{R_2 \times R_3}{R_2 + R_3} = 12 + \frac{3 \times 6}{3 + 6} = 14 \ (\Omega)$$

$$I_1' = \frac{E_1}{R'} = \frac{42}{14} = 3 \ (A)$$

$$I_2' = \frac{R_3}{R_2 + R_3} I_1' = \frac{6}{3 + 6} \times 3 = 2 \ (A)$$

$$I_3' = \frac{R_2}{R_2 + R_3} I_1' = \frac{3}{3 + 6} \times 3 = 1 \ (A)$$

（2）当电源 E_2 单独作用时，将 E_1 视为短路，画出等效电路图，如图1-31c）所示。

图1-31　例1-15图

$$R'' = R_2 + \frac{R_1 \times R_3}{R_1 + R_3} = 3 + \frac{12 \times 6}{12 + 6} = 7 \quad (\Omega)$$

$$I_2'' = \frac{E_2}{R''} = \frac{21}{7} = 3 \quad (A)$$

$$I_1'' = \frac{R_3}{R_1 + R_3} I_2'' = \frac{6}{12 + 6} \times 3 = 1 \quad (A)$$

$$I_3'' = -\frac{R_1}{R_1 + R_3} I_2'' = -\frac{12}{12 + 6} \times 3 = -2 \quad (A)$$

（3）当电源 E_1、E_2 共同作用时（叠加），若各电流分量与原电路电流参考方向相同，则在电流分量前面选取"+"号；反之，则选取"-"号。

$$I_1 = I_1' + I_1'' = 3 + 1 = 4 \quad (A)$$

$$I_2 = I_2' + I_2'' = 2 + 3 = 5 \quad (A)$$

$$I_3 = I_3' + I_3'' = 1 - 2 = -1 \quad (A)$$

小要点

叠加原理运用注意事项

（1）叠加原理适用于线性电路，不适用于非线性电路。

（2）叠加的各分电路中，不作用的电源置零。电路中的所有线性元件（包括电阻、电感和电容）都不予变动，受控源则保留在各分电路中。

（3）叠加时各分电路的电压和电流的参考方向可以与原电路中的相同。取和时，应该注意各分量前的"+""-"号。

（4）原电路的功率不等于按各分电路计算所得功率的叠加。因为功率与电压或电流是平方关系，而不是线性关系。

（5）电压源不作用时短路，电流源不作用时断路。

二、叠加原理的验证

验证线性电路叠加原理的正确性，加深对线性电路的叠加性和齐次性的认识与理解。

（1）试验设备

试验设备见表1-2。

试验设备 表1-2

序号	名称	型号与规格	数量	备注
1	直流稳压电源	0～30V 可调	二路	DG04
2	直流数字电压表	0～200V	1	D31
3	直流数字毫安表	0～200mV	1	D31
4	叠加原理实验电路板		1	DG05

（2）试验内容

试验电路如图1-32所示。

图1-32 验证叠加原理的试验电路

①将两路稳压源的输出分别调节为12V和6V，接入 U_1 和 U_2 处。

②令 U_1 电源单独作用（将开关 K_1 投向 U_1 侧，开关 K_2 投向短路侧）。用直流数字电压表和毫安表（接电流插头）测量各支路电流及各电阻元件两端的电压，数据记入表1-3。

③令 U_2 电源单独作用（将开关 K_1 投向短路侧，开关 K_2 投向 U_2 侧），重复试验步骤②的测量和记录，数据记入表1-3。

④令 U_1 和 U_2 共同作用（开关 K_1 和 K_2 分别投向 U_1 和 U_2 侧），重复上述的测量和记录，数据记入表1-3。

⑤将 U_2 的数值调至 +12V，重复步骤③的测量和记录，数据记入表1-3。

⑥将 R_5（330Ω）换成二极管1N4007（将开关 K_3 投向二极管1N4007侧），重复步骤①～⑤的测量过程，数据记入表1-3。

叠加原理的验证数据 表1-3

试验内容	测量项目									
	U_1 (V)	U_2 (V)	I_1 (mA)	I_2 (mA)	I_3 (mA)	U_{AB} (V)	U_{CD} (V)	U_{AD} (V)	U_{DE} (V)	U_{FA} (V)
U_1 单独作用										
U_2 单独作用										
U_1、U_2 共同作用										
$2U_2$ 单独作用										

⑦任意按下某个故障设置按键，重复步骤④的测量并记录，再根据测量结果判断出故障的性质。

小要点

（1）用电流插头测量各支路电流时，或者用电压表测量电压降时，应注意仪表的极性，正确判断测得值的 + 、 – 后，记入数据表格。

（2）注意仪表量程的及时更换。

想一想

（1）根据试验数据表格进行分析、比较，归纳、总结试验结论，即验证线性电路的叠加性与齐次性。

（2）各电阻器所消耗的功率能否用叠加原理计算得出？试用上述试验数据进行计算并得出结论。

（3）通过试验步骤⑥及分析表 1-3 的数据，你能得出什么样的结论？

单元 1.9　戴维南定理

一、戴维南定理概述

戴维南定理又称等效电压源定律，是由法国科学家戴维南于 1883 年提出的一个电学定理。

其内容是：任一线性有源二端网络都可用一个电压源与一个阻抗的串联支路来等效地加以置换，此电压源的电压等于有源二端网络的开路电压，此阻抗等于有源二端网络内全部独立电源置零后的输入阻抗。此定理不仅适用于电阻，也适用于广义的阻抗。

此定理陈述出一个具有电压源及电阻的电路可以被转换成戴维南等效电路，这是用于电路分析的简化技巧。戴维南等效电路对于电源供应器及电池（包含一个代表内阻抗的电阻及一个代表电动势的电压源）来说是一个很好的等效模型，此电路包含了一个理想的电压源串联一个理想的电阻。

在计算戴维南等效电路时，必须由下列步骤来获得：

（1）在 AB 两端开路（在没有任何外电流输出，即当 AB 点之间的阻抗无限大）的状况下计算输出电压 U_{AB}，此输出电压就是 U_{Th}。

（2）在 AB 两端短路（负载电阻为零）的状况下计算输出电流 I_{AB}，此时 R_{Th} 等于 U_{Th} 除以 I_{AB}。其中，将原始电路系统中的电压源以短路取代，电流源以开路取代。此时，用一个电阻计从 AB 两端测得系统的总电阻 R，即等效电阻 R_{Th}。

（3）此等效电路由一个独立电压源 U_{Th} 与一个电阻 R_{Th} 串联而成。

戴维南等效电路只是从负载的观点来看待电路系统，在戴维南等效电路中的功率耗损并不代表在真实系统中的功率耗损。

【例1-16】 如图1-33所示，计算 AB 端口的等效电压。

图1-33 例题1-16图

解：

$$U_{AB} = \frac{R_2 + R_3}{(R_2 + R_3) + R_4} U_1 = \frac{1+1}{(1+1)+2} \times 15 = 7.5 \ (\text{V})$$

$$R_{AB} = R_1 + \left[(R_2 + R_3) /R_4 \right] = 1 + \left[(1+1) /2 \right] = 2 \ (\text{k}\Omega)$$

小要点

等效电路计算时的注意事项

（1）计算输出电压时，应将端口看作短路，没有外出电流存在，即端口之间电阻无穷大。

（2）计算输出电流时，应将原始电路系统中的电压源以短路取代，电流源以开路取代。

（3）若电路中存在没有任何电流流过的电阻，即该电阻上没有电压降，在计算中并不将该电阻列入计算其等效电阻。

二、戴维南定理的验证

（1）测量前的准备

①将恒压源调为 $U_S = 12\text{V}$，将恒流源调为 $I_S = 20\text{mA}$。

②备好一个可变电阻器 R_L。

（2）连接线路

根据实际电路连接线路，电路如图1-34所示。

图1-34 连接线路

（3）测量

①测开路电压 U_{OC}：在图 1-34 所示电路中，断开负载 R_{L}，用电压表测量开路电压 U_{OC}，将数据记入表 1-4。

②测短路电流 I_{SC}：在图 1-34 所示电路中，将负载 R_{L} 短路，用电流表测量短路电流 I_{SC}，将数据记入表 1-4。

测量数据 表 1-4

U_{OC}（V）	I_{SC}（mA）	$R_{\mathrm{S}} = U_{\mathrm{OC}}/I_{\mathrm{SC}}$

做一做

测量有源二端网络的外特性：在图 1-34 所示电路中，改变负载电阻 R_{L} 的阻值，逐点测量对应的电压、电流，将数据记入表 1-5，并计算有源二端网络的等效参数 U_{S} 和 R_{S}。

测量数据 表 1-5

R_{L}（Ω）	990	900	800	700	600	500	400	300	200	100
U（V）										
I（mA）										

（4）验证戴维南定理

①测量有源二端网络等效电压源的外特性：图 1-35a）所示电路是图 1-34 的等效电压源电路，图中电压源 U_{S} 用恒压源的可调稳压输出端，调整到表 1-4 中的 U_{OC} 数值，内阻 R_{S} 按表 1-4 中计算出来的 R_{S}（取整）选取固定电阻。然后，用电阻箱改变负载电阻 R_{L} 的阻值，逐点测量对应的电压、电流，将数据记入表 1-6。

图 1-35 有源二端网络等效电路

有源二端网络等效电压源的外特性数据 表 1-6

R_{L}（Ω）	990	900	800	700	600	500	400	300	200	100
U（V）										
I（mA）										

②测量有源二端网络等效电流源的外特性：图 1-35b）所示电路是图 1-34 的等效电流

源电路，图中电流源 I_S 用恒流源，并调整到表1-4中的 I_{SC} 数值，内阻 R_S 按表1-4中计算出来的 R_S（取整）选取固定电阻。然后，用电阻箱改变负载电阻 R_L 的阻值，逐点测量对应的电压、电流，将数据记入表1-7。

有源二端网络等效电流源的外特性数据 表1-7

R_L（Ω）	990	900	800	700	600	500	400	300	200	100
U_{AB}（V）										
I（mA）										

（5）测定有源二端网络等效电阻（又称入端电阻）的其他方法

将被测有源二端网络内的所有独立源置零（将电流源 I_S 去掉，也去掉电压源，并在原电压端所接的两点用一根短路导线相连），然后用伏安法或者直接用万用表的欧姆挡去测定负载 R_L 开路后 A、B 两点间的电阻，此即为被测网络的等效内阻 R_{eq} 或称网络的入端电阻 R_1。

小要点

（1）测量时，注意电流表量程的更换。

（2）改接线路时，要关掉电源。

想一想

（1）如何测量有源二端网络的开路电压和短路电流？在什么情况下不能直接测量开路电压和短路电流？

（2）说明测量有源二端网络开路电压及等效内阻的几种方法，并比较其优缺点。

（3）试验中用各种方法测得的 U_{OC} 和 R_S 是否相等？试分析其原因。

本模块实验

通过本模块理论学习，完成以下实验，详见本书实验手册。

实验1 电位和电位差的测量

实验2 叠加原理的验证

实验3 戴维南定理的验证

复习与思考

1-1 若一直流电源为12V，当外部电路不接任何负载时，其电源端电压为多少伏？

1-2 电路如题图1-1所示，已知 $E=110V$，$r=10Ω$，负载 $R=100Ω$，求：

（1）电路电流；

（2）负载上的电压降；

（3）电源内阻上的电压降。

题图 1-1

1-3 一只"220V 60W"的灯泡正常发光时，通过的电流 I 为多少？灯泡电阻 R 为多大？若灯泡每天使用 5h，以一个月 30d 计算，一个月用多少度电？

1-4 把"220V 40W"灯泡接在 110V 电压上，功率还是 40W 吗？

1-5 已知：电阻 $R_1 = R_2 = 100\Omega$，$R_3 = 200\Omega$，串联后接在 $U = 8V$ 的直流电源上，试求：

（1）电路中的电流；

（2）各电阻上的电压；

（3）各个电阻消耗的功率。

1-6 将电流源等效为电压源或将电压源等效为电流源，电路如题图 1-2 所示。

1-7 已知电路如题图 1-3 所示，试用电源模型等效变换方法求题图 1-3a）中的电压 U 及图 1-3b）中的电流 I。

题图 1-2   题图 1-3

1-8 试利用分流原理，将一个 5mA 的电流表量程扩大 10 倍，已知电流表的内阻 $R_g = 1k\Omega$，求分流电阻的阻值。

1-9 给内阻为 9kΩ、量程为 1V 的电压表串联电阻后，量程扩大为 10V，则串联电阻为多少？

1-10 试利用分压原理，将一个电阻 $R_g = 1k\Omega$、满偏电流 $I_g = 1mA$ 的电流计，改装成量程为 3V 的电压表。

1-11 电路如题图 1-4 所示，$U_{ab} = 30V$，总电流 $I = 75mA$，$R_1 = 1.2k\Omega$。试求：

（1）通过 R_1、R_2 的电流 I_1、I_2 的值；

（2）电阻 R_2。

1-12 电路如题图 1-5 所示：$E = 8V$，$R_1 = 1.6\Omega$，$R_2 = 4\Omega$，$R_3 = 6\Omega$，求每个电阻中流过的电流。

1-13 电路如题图 1-6 所示，已知 $R_1 = R_2 = R_3 = 18\Omega$，求 A、B 两点之间的总电阻 $R_{总}$。

1-14 电路如题图 1-7 所示，求电路中 E 的大小。

1-15 电路如题图 1-8 所示，其节点数、支路数、回路数及网孔数各为多少？

1-16 电路如题图 1-9 所示，已知：$R_1 = 2\Omega$，$R_2 = 1.2\Omega$，$R = 48\Omega$，$E_1 = 65V$，$E_2 = 58.5V$。试用支路电流法求解各支路的电流。

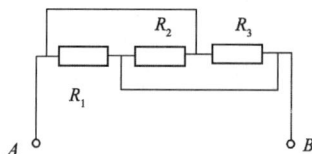

题图 1-4　　　　　　　　　题图 1-5　　　　　　　　　题图 1-6

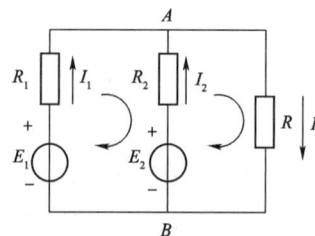

题图 1-7　　　　　　　　　题图 1-8　　　　　　　　　题图 1-9

1-17　电路如题图 1-10 所示，已知：$E_1 = 40V$，$E_2 = 5V$，$E_3 = 25V$，$R_1 = 5\Omega$，$R_2 = R_3 = 10\Omega$，试用支路电流法求解各支路的电流。

1-18　电路如题图 1-11 所示。

（1）说明电路的独立节点数和独立回路数；

（2）选出一组独立节点和独立回路，列出 $\sum I = 0$ 和 $\sum U = 0$ 的方程。

1-19　在题图 1-12 中，当选 c 为参考点时，已知：$U_a = -5V$，$U_b = -3V$，$U_d = -2V$，$U_e = -4V$，则 U_{ab}、U_{cd}、U_{de} 的电压各是多少？若选 d 为参考点，则各点电位是多少？

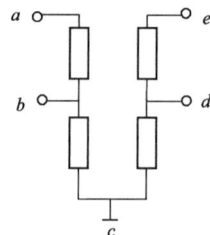

题图 1-10　　　　　　　　题图 1-11　　　　　　　　题图 1-12

1-20　试用叠加原理计算题图 1-13 所示电路中的各支路电流，已知：$E_1 = 12V$，$R_1 = 3\Omega$，$E_2 = 3V$，$R_2 = 1\Omega$，$R_3 = 68\Omega$。

1-21　电路如题图 1-14 所示，试用叠加原理求解电流源两端的电压 U。

题图 1-13　　　　　　　　　　　题图 1-14

1-22　求解题图 1-15 所示电路中有源二端网络的等效电压源。

1-23　电路如题图 1-16 所示，已知：$E_1 = 12\text{V}$，$E_2 = 15\text{V}$，电源内阻忽略不计，$R_1 = 6\Omega$，$R_2 = 3\Omega$，$R_3 = 2\Omega$。试用戴维南定理求流过 R_3 的电流 I_3 及 R_3 两端的电压 U_3。

题图　1-15　　　　　　　　题图　1-16

模块2 正弦交流电路

📝 **教学目标**

1. 掌握正弦交流电的三要素以及相位差的概念；
2. 掌握电阻、电感、电容元件的电压-电流关系的相量表示及基尔霍夫定律的相量形式；
3. 掌握阻抗的基本概念及其应用；
4. 了解正弦交流电路中的功率及能量转换；
5. 了解正弦交流电路中谐振的基本概念；
6. 掌握三相交流电源的概念；
7. 掌握交流电的测量方法。

🧭 **建议学时**

12 学时

单元2.1　正弦交流电

一、交流电与交流电路

电路中输送电能和传递电信号的电流、电压，就其对时间的变化规律来看，主要分为两大类：一类是直流电，另一类是交流电，如图 2-1 所示。

a) 稳恒直流电　　b) 脉动直流电　　c) 正弦交流电　　d) 交流方波

图 2-1　直流电和交流电的波形图

大小和方向随时间作周期性变化的电动势、电压和电流分别称为交变电动势、交变电压和交变电流，统称为交流电。在交流电作用下的电路称为交流电路。

常用的交流电是随时间作正弦规律变化的，称为正弦交流电。本单元仅讨论正弦交流电，以下所称的交流电均指正弦交流电。

正弦交流电广泛应用在日常生产和生活中，主要是因为：第一，交流电易于产生、传输和转换，从而具有成本低廉的优势；第二，就用电设备看，由三相交流电源供电的三相异步电动机结构简单、价格低、使用维护方便，是使用最多的动力设备；第三，在需要使用直流电的地方，利用整流设备可以方便地将交流电转换为直流电。

在城市轨道交通中，电能是城市轨道车辆电力牵引系统必需的能源，电动车辆以及为轨道交通运营服务的机电设备也都依赖并消耗电能。

想一想

（1）城市轨道交通供电电源一般取自哪里？

（2）城市轨道交通用电使用的是什么形式的电能？是交流电还是直流电？

二、正弦交流电的瞬时值表示

正弦电量在任一瞬时的值称为瞬时值，用小写字母 u、i、e 分别表示正弦电压、电流、电动势的瞬时值。

图 2-2 所示为一个正弦电流 i 的波形图，其对应的数学表达式为

$$i = I_m \sin (\omega t + \varphi_i) \qquad (2\text{-}1)$$

图 2-2　正弦电流波形图

1. 正弦交流电的三要素

式（2-1）就是正弦电流的瞬时值表示式，该式表明一个正弦电量随时间变化的特征是由三个物理量决定的：最大值（I_m）、角频率（ω）和初相位（φ_i）。这三个物理量通常又被称为正弦电量的三要素。

（1）最大值

正弦电量瞬时值中的最大数值称为最大值，又称峰值、振幅值等，用带 m 下标的大写字母 I_m、U_m、E_m 等表示。对于一个确定的正弦电量，其最大值是常数，表示正弦电量数值大小的特征。

（2）周期、频率和角频率

正弦交流电循环变化一周的时间称为周期，用 T 表示，单位为秒（s）。单位时间（1s）内包含的周期数称为频率，用 f 表示，单位为赫兹（Hz）。频率和周期互为倒数，即

$$f = \frac{1}{T} \qquad (2\text{-}2)$$

我国电网交流电的频率是 50Hz，称为工业标准频率，简称工频，其周期为 0.02s。

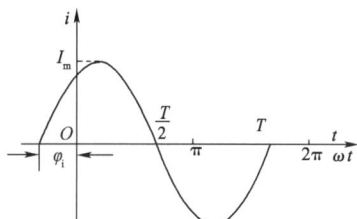

正弦交流电的瞬时值、最大值和有效值

正弦交流电的周期、频率和角频率

角频率 ω 表示在单位时间内正弦量所经历的电角度（α），即

$$\omega = \frac{\alpha}{t} \tag{2-3}$$

式中，ω 表示角频率，单位为 rad/s。

在一个周期 T 内，正弦量经历的电角度为 2π 弧度，即

$$\omega = 2\pi f = \frac{2\pi}{T} \tag{2-4}$$

（3）初相位

在式（2-1）中，$(\omega t + \varphi_i)$ 是正弦函数随时间变化的角度，称为相位角，简称相位。相位表示正弦量在某一时刻所处状态的物理量。对于某一给定的时间 t，就有一对应的相位。把 $t=0$ 时的相位角称为初相位角。初相位用 φ_i 表示。

正弦交流电的
相位、初相位
和相位差

【例2-1】 正弦电压 $u = 150.12\sin(314t + 60°)$ V，试求：

（1）最大值、频率和初相位；

（2）当 $t=0$ 时，电压 u 的瞬时值是多少？

解：（1）根据瞬时值表示式可知：

最大值

$$U_m = 150.12\text{V}$$

角频率

$$\omega = 314\text{rad/s}$$

频率

$$f = \frac{\omega}{2\pi} = 50\text{Hz}$$

初相位

$$\varphi_u = 60°$$

（2）当 $t=0$ 时，$u = 150.12\sin(314t + 60°) = 150.12\sin 60° \approx 130$ （V）

2. 相位差

为了比较两个同频率正弦交流电在变化过程中的相位关系和先后顺序，引入相位差的概念。相位差是指两个同频率正弦交流电的相位之差，用 $\Delta\phi$ 表示。例如：

正弦电压

$$u = U_m\sin(\omega t + \varphi_u)$$

正弦电流

$$i = I_m\sin(\omega t + \varphi_i)$$

同频率正弦电压 u、正弦电流 i 之间的相位差为

$$\Delta\phi = (\omega t + \varphi_u) - (\omega t + \varphi_i) = \varphi_u - \varphi_i \tag{2-5}$$

即两个同频率正弦量的相位差等于它们的初相位之差。如果 $\Delta\phi = 0$，即两者初相位相同，则称它们同相，如图2-3a）所示；如果 $\Delta\phi = 180°$，则称它们的相位相反，简称反相，如图2-3b）所示；如果 $\Delta\phi > 0$，u 比 i 先达到最大值，则称 u 超前 i，或 i 滞后 u，如图2-3c）所示。

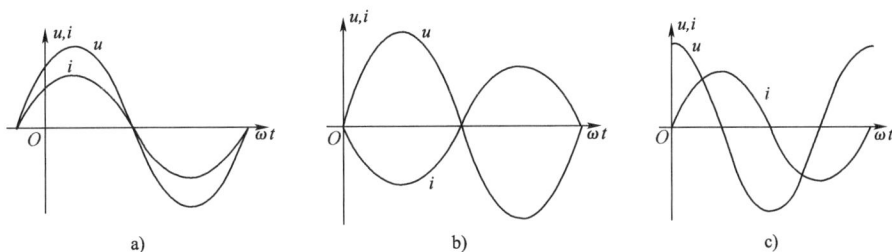

图2-3 同频率正弦量的相位及其关系

3. 有效值

交流电是在不断变化的, 瞬时值和最大值均不能反映交流电实际做功的效果。因此, 工程上常用有效值来衡量做功能力的大小。有效值是按照周期变化的交流电与某个直流电热效应相等的观点来定义的, 即把热效应相等的直流电流 (或电压、电动势) 定义为交流电流 (或电压、电动势) 的有效值。交流电流、电压和电动势有效值的符号分别是 I、U 和 E。

可以证明, 正弦交流电的有效值和最大值之间有以下关系:

$$\begin{cases} I = \dfrac{I_m}{\sqrt{2}} \approx 0.707 I_m \\[2mm] U = \dfrac{U_m}{\sqrt{2}} \approx 0.707 U_m \\[2mm] E = \dfrac{E_m}{\sqrt{2}} \approx 0.707 E_m \end{cases} \tag{2-6}$$

小要点

电路中的有效值

在交流电路中, 一般所讲的电压或电流的大小都是指有效值。一般交流电压表和电流表的读数也是被测电量的有效值。输电、配电导线截面的大小也应按工作电流的有效值查表选用。

【例2-2】 照明电源的额定电压为220V, 动力电源的额定电压为380V, 它们的最大值各为多少?

解: 额定电压均为有效值, 根据式 (2-6), 可得:

$$U_m = \sqrt{2}\,U$$

照明电的最大值为

$$U_m = \sqrt{2} \times 220 \approx 311 \ (\text{V})$$

动力电的最大值为

$$U_m = \sqrt{2} \times 380 \approx 537 \ (\text{V})$$

三、正弦交流电的相量表示

瞬时值表示式（三角函数式）和波形图是表示正弦电量随时间变化规律的基本形式，但是用这两种形式进行正弦电路的分析、计算则比较烦琐。正弦交流电的相量表示法可以大大地简化电路的分析与计算。

相量表示法就是用复数表示正弦电量，并以此为基础，产生了在电路理论中被广泛应用的相量计算法。

正弦交流电
表示法

1. 相量

设有一正弦电量 $i = I_m \sin(\omega t + \varphi_i)$，正弦电量可以用直角坐标平面上的一个旋转矢量表示。取该旋转矢量的模等于正弦电压的最大值 I_m，与横轴的夹角等于正弦电压的初相角 φ_i，令其逆时针旋转，旋转的角速度就是该正弦电压的角频率 ω，该旋转矢量在任意瞬时 t 的辐角是 $(\omega t + \varphi_i)$。满足以上条件后，该正弦电压在任意瞬时的数值 i 就等于旋转矢量在纵轴上的投影，如图2-4所示。

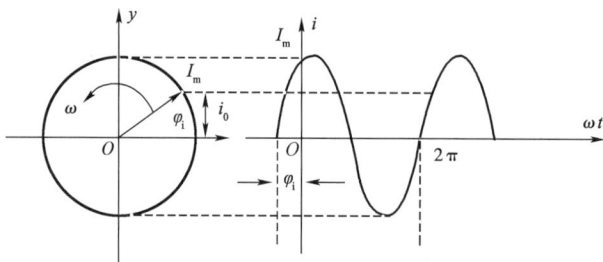

图2-4　正弦交流电的相量表示法

求解一个正弦量必须求得它的三要素。但在分析正弦交流电路时，电路中所有的电压、电流都是同一频率的正弦量，而且它们的频率与正弦电源的频率相同，往往是已知的，因此，只要分析另两个要素——幅值（或有效值）及初相位即可。

图2-4中，$t = 0$ 时，对应静止矢量的复数表示式为

$$\dot{I}_m = I_m e^{j\varphi_i} = I_m \angle \varphi_i \tag{2-7}$$

在工程实践中大多使用有效值表示正弦电量的大小，为此取复数的模等于正弦电量的有效值，即

$$\dot{I} = I e^{j\varphi_i} = I \angle \varphi_i \tag{2-8}$$

把这种表示正弦电量有效值和初相的复数称为相量，并在电量的大写字母上加"·"，以便与普通复数进行区别。式（2-7）所表示的称为最大值相量。

小要点

正弦电量瞬时值表达式与相量表达式的关系

正弦电量与表示它的相量之间有单一的对应关系，但两者并不相等。

$$i = I_m \sin(\omega t + \varphi_i) \Longleftrightarrow \dot{I} = I \angle \varphi_i$$

---

2. 相量图

相量在复数平面上的几何图形就是相量图。

已知正弦电压

$$u = 100\sqrt{2}\sin\ (\omega t + 60°) \Leftrightarrow \dot{U} = 100\angle 60° \ (V)$$

已知正弦电流

$$i = 40\sqrt{2}\sin\ (\omega t - 45°) \Leftrightarrow \dot{I} = 40\angle -45° \ (A)$$

电压相量和电流相量的模可按照各自确定的比例选取，相量图如图 2-5 所示。

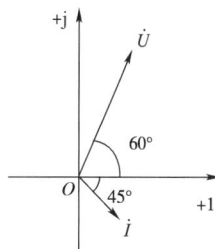

图 2-5 相量图

小要点

相量图表示正弦电量的注意事项

（1）只有正弦周期量才能用相量表示；

（2）只有同频率的正弦量才能画在同一相量图上；

（3）有时可不必画出复平面上的实轴和虚轴。

3. 相量计算法

相量计算法是分析计算交流电路的工具，可避免烦琐的三角函数运算。

多个同频率正弦电量进行加、减运算，其运算结果仍是同频率的正弦电量。运算过程可表示为

已知 i_1、$i_2 \rightarrow \dot{I}_1$、$\dot{I}_2$（相量表示）$\rightarrow \dot{I}_1 + \dot{I}_2 = \dot{I}$ （相量求和）$\rightarrow i$（ω 不变）。

【例 2-3】 已知 $i_1 = 15\sqrt{2}\sin\ (314t + 45°)$ A，$i_2 = 10\sqrt{2}\sin\ (314t - 30°)$ A，求 $i_1 + i_2$ 的值，并画相量图。

解： 首先将 i_1 和 i_2 转换为相量形式：

$$\dot{I}_1 = 15\angle 45° = 15\ (\cos 45° + j\sin 45°)\ = 10.61 + j10.61\ (A)$$

$$\dot{I}_2 = 10\angle -30° = 10\ [\cos\ (-30°)\ + j\sin\ (-30°)]\ = 8.66 - j5\ (A)$$

总电流量为

$$\dot{I}_1 + \dot{I}_2 = (10.61 + j10.61)\ + \ (8.66 - j5)$$

$$= 19.27 + j5.61 = 20.07\angle 16.23°\ (A)$$

最后将总电流的相量形式变换成正弦函数表达式：

$$i = 20.07\sqrt{2}\sin\ (314t + 16.23°)\ (A)$$

相量图如图 2-6 所示。

图 2-6 例 2-3 的相量图

四、正弦交流电信号的观察与测量

学习了正弦交流电信号的表示方法后，再来了解一下在工程检测、试验中如何观测正

弦交流电信号。

1. 函数信号发生器

正弦交流信号可由函数信号发生器提供。如图 2-7 所示，某数字函数信号发生器输出波形有正弦波、方波、三角波、脉冲和锯齿波。信号频率可调范围为 $0.1Hz \sim 2MHz$，分 7 个挡级，信号最大幅度可达 $20V_{P-P}$，五种信号均可加 $\pm 10V$ 的直流偏置电压等多种功能。

可以根据实际需要，调节频率粗调和细调旋钮，设置"频率挡级"于所需要的挡级；调节"幅度控制器"到所需要的信号幅度，向外输出一定频率和幅值的正弦交流信号。

2. 交流毫伏表

交流毫伏表是用于测量正弦交流电压有效值的常用仪表，具有高灵敏度、高输入阻抗及高稳定性等优点。图 2-8 为某交流毫安表。

图 2-7　某数字函数信号发生器

图 2-8　某交流毫伏表

交流毫伏表的使用方法如下：

（1）估计被测电压值的大小，选择合适的量程。若是测量未知电压，则应选最大量程进行试测，再逐渐下降到合适的量程挡。一般选择量程时，使电表指针偏转满度的 2/3 以上为佳。

（2）连接测量线路时，先接地线，再接信号线；测量完毕拆线时，应先拆信号线，再拆地线。

（3）测量完毕时，应将量程开关转至交流最大电压挡，关闭电源开关。

> **做一做**
>
> 接通信号发生器的电源，选择正弦波输出。通过相应调节，使输出频率分别调为 50Hz、1.5kHz 和 20kHz，再使输出幅值分别调为有效值 0.1V、1V、3V（由交流毫伏表读得）。

3. 示波器

示波器是一种用途很广的电子测量仪器，它能够直观显示各种信号的波形，测量信号幅度、频率，比较相位等。某二踪示波器的面板布置如图 2-9 所示。

（1）示波器使用前的自校

把探极分别接到 CH 输出端和校准信号输出端，仪器各控制机件按表 2-1 所示设置。

示波器自校方法——控制机件设置　　　　　　　　表 2-1

面板控制件	作用位置	面板控制件	作用位置
垂直方式	CH1	扫描方式	自动
AC、⊥、DC	AC 或 DC	触发源	CH1
V/div	0.1mV/div	极性	+
X、Y 微调	校准	t/div	0.5ms/div
X、Y 位移	居中		

接通电源后，仪器应显示如图 2-10 所示的方波波形。

图2-9　某二踪示波器

图2-10　示波器自校准信号显示图

（2）示波器测量交流电压的方法

示波器测量交流电压的具体方法如表 2-2 所示。

示波器测量交流电压的具体方法　　　　　　　　表 2-2

测量交流电压	
测量交流电压值	测量周期和频率
①在调出扫描基线后，将"Y轴被测信号输入耦合方式开关"置于"AC"位置； ②将被测输入信号送入，根据被测信号的幅度与频率选择合适的 V/div 和 t/div 的挡位，保证微调旋钮顺时针方向旋足，让波形的振幅与数量在屏幕上适中； ③通过调节电平旋钮使波形稳定； ④根据荧光屏坐标刻度读出整个波形所占 Y 轴方向的 H（几个 div）； ⑤根据 $U_{P-P} = V/div \times H \, div$ 算出交流电压的峰-峰值	①选择合适的 t/div，使波形适中且易读； ②根据荧光屏坐标刻度读出整个波形所占 X 轴方向的距离 D（几个 div）； ③读取扫描时间因数开关对应的 t/div 标称值； ④根据 $T = t/div \times D \, div$ 算出周期
V/div 挡标称值为 0.5V/div，H 为 4div，则： $U_{P-P} = 0.5V/div \times 4div = 2V$	选用扫描速率为 0.2ms/div，D 为 8div，则： $T = 0.2ms/div \times 8div = 1.6ms$ $f = 1/T = 625Hz$

注：如果使用 10∶1 的衰减探极，计算的电压值应增加 10 倍。

小要点

示波器使用注意事项

（1）调节示波器时，要注意触发开关和电平调节旋钮的配合使用，以使显示的波形稳定。

（2）做定量测定时，"t/div"和"V/div"的微调旋钮应旋置"标准"位置。

（3）为防止外界干扰，信号发生器的接地端与示波器的接地端要相连（称共地）。

做一做

（1）使函数信号发生器向外输出幅值为1V、频率为50Hz，幅值为3V、频率为1500Hz的正弦交流电，调节示波器Y轴和X轴的偏转灵敏度至合适的位置，从荧光屏上读得幅值及周期，记入表2-3。

示波器测量值 表2-3

正弦交流信号	正弦波信号频率的测定				正弦波信号幅值的测定			
	示波器"t/div"位置	一个周期占有的格数	信号周期（s）	计算所得频率（Hz）	示波器"V/div"位置	峰-峰值波形格数	峰-峰值（V）	计算所得有效值（V）
$U_m=1\,V$ $f=50\,Hz$								
$U_m=3\,V$ $f=1500\,Hz$								

（2）若输入方波信号，其电压幅值为5V，频率为5kHz，要求在荧光屏上所显示波形在Y轴方向是5格及约5个周期的波形，试问显示上述要求波形时示波器的V/div、t/div的挡级如何设置？

想一想

（1）使用示波器测量波形时，若显示波形不稳定，该怎样调节？

（2）输入两个同幅值、同频率的正弦信号，但荧屏上显示两个波形的幅值都不一样，这是为什么？

（3）在二踪显示时，荧光屏只显示一个波形和一条水平光迹，这是为什么？（电路输入信号正常）

单元2.2 单一参数的正弦交流电路

在正弦交流电路中，由电阻、电感和电容中任一个元件组成的电路，称为单一参数正弦交流电路。单一参数的电压、电流关系是分析交流电路的基础。

方便起见，在讨论正弦交流电路时，可以在几个同频率正弦量中，令其中某一个正弦量的初相位为零，这个正弦量称为参考正弦量，它的相量称为参考相量。选定参考正弦量后，并不改变各正弦量之间的联系，因此，不会影响电路分析的结果。

一、纯电阻电路

生活中使用的电灯、电炉、电热器、电烙铁等都属于电阻性负载，它们与交流电源连接，构成纯电阻电路。

1. 电压与电流关系

在交流电路中，通过电阻元件的电流与其两端的电压，在任何瞬时都遵循欧姆定律，如图 2-11 所示。在 u、i 参考方向一致时，两者的关系为

$$i = \frac{u}{R}$$

设电流为参考正弦量，即

$$i = I\sqrt{2}\sin\omega t \rightarrow \dot{I} = I\angle 0°$$

则电阻元件的电压为

$$u = Ri = RI\sqrt{2}\sin\omega t = U\sqrt{2}\sin\omega t \rightarrow \dot{U} = U\angle 0°$$

此时电流、电压的波形图和相量图如图 2-12 所示。

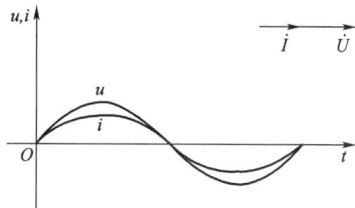

图 2-11　电阻元件电路　　　　图 2-12　纯电阻电路的电压、电流关系

小要点

纯电阻电路的电压、电流关系

（1）电压、电流同频、同相；

（2）电阻元件电压、电流的有效值关系及相量关系仍遵从欧姆定律，即

$$\begin{cases} U = RI \\ \dot{U} = R\dot{I} \end{cases} \tag{2-9}$$

2. 纯电阻电路的功率

电阻元件的瞬时功率为瞬时电压与瞬时电流的乘积。

$$\begin{aligned} p &= ui = I\sqrt{2}\sin\omega t \cdot U\sqrt{2}\sin\omega t = 2UI\sin^2\omega t \\ &= UI - UI\cos 2\omega t \end{aligned} \tag{2-10}$$

电阻功率波形图如图 2-13 所示。

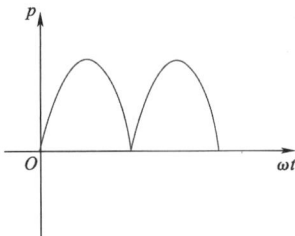

图 2-13　电阻功率波形图

由此可见，瞬时功率 p 的频率是 i、u 频率的两倍，且功率虽然随时间变化，但其始终为正。为了可以计量，将瞬时功率在它的一个周期内的平均值称为平均功率，即

$$P = \frac{1}{2}U_\mathrm{m}I_\mathrm{m} = UI = \frac{U^2}{R} = I^2R \qquad (2-11)$$

电阻是耗能元件，且其消耗电能的过程是不可逆的能量转换过程。

二、纯电感电路

1. 电感的概念

导线中有电流通过时，其周围就存在磁场。为了增强磁场，满足工程实际需要，将导线紧密地绕成线圈，称为电感线圈，如图 2-14 所示。生活中常见的电感有日光灯电路中的镇流器、电子电路中的扼流线圈等。

电感线圈的原理示意图如图 2-15a) 所示。若线圈的匝数是 N，通过的电流是 i，则将在电感线圈内集中建立磁场。设穿过每匝线圈的磁通为 Φ，这个磁通与 N 匝线圈交链，乘积 $\psi = N\Phi$ 称为线圈的磁链。忽略极小的导线电阻和匝间电容，就可以认为该电感线圈是一个理想电感元件，它只具有储存磁场能的功能。理想电感元件的图形符号及有关电量的正方向如图 2-15b) 所示。

电感器类型

电感器结构

图 2-14　常见的电感线圈

a) 电感线圈的原理示意图　　b) 理想电感元件

图 2-15　电感线圈和理想电感元件

如果电感线圈周围的介质是非铁磁物质，那么磁链 ψ 会与电流 i 成正比，比例系数用 L 表示，它是一个常数，称为电感，即

$$\psi = Li \qquad (2-12)$$

这样的电感元件称为线性电感元件，L 是它的参数。在国际单位制中，磁链 ψ 的单位是韦［伯］（Wb），电流 i 的单位是安培（A），电感 L 的单位是亨［利］（H）。本书的电路基础部分只涉及线性电感元件。

通过电感元件的电流是交变的，磁通和磁链也相应发生变化。根据电磁感应定律，电感元件内会产生感应电动势 e，e 的大小正比于磁通对时间的变化率，在规定的正方向下［图 2-15b)］有：

$$e = -\frac{\mathrm{d}\psi}{\mathrm{d}t} \qquad (2-13)$$

线性电感元件的 $\psi = Li$，代入上式得：

$$e = -L\frac{\mathrm{d}i}{\mathrm{d}t} \tag{2-14}$$

根据基尔霍夫电压定律，有：

$$u = -e = L\frac{\mathrm{d}i}{\mathrm{d}t} \tag{2-15}$$

> **小要点**
>
> **电感的特性**
>
> （1）电感两端的电压与通过该电感中电流的变化率成正比；
>
> （2）对于直流电路，由于 i 为常数，$\dfrac{\mathrm{d}i}{\mathrm{d}t}=0$，则 $u=0$，即电感元件在直流电路中相当于一条无阻导线。

2. 纯电感电路的电压与电流关系

实际的电感线圈都是用导线绕制而成的，因此，线圈总会有一定的电阻。但当电阻很小，小到其数值可以忽略不计时，电感线圈可以近似看作纯电感元件。由交流电源和纯电感元件组成的电路称为纯电感电路。

设电流为参考正弦量，即

$$i = I\sqrt{2}\sin\omega t \rightarrow \dot{I} = I\angle 0°$$

则电感元件的电压为

$$u = L\frac{\mathrm{d}i}{\mathrm{d}t} = L\frac{\mathrm{d}\,(I\sqrt{2}\sin\omega t)}{\mathrm{d}t} = \omega LI\sqrt{2}\cos\omega t$$

$$= \omega LI\sqrt{2}\sin\,(\omega t+90°) = U\sqrt{2}\sin\,(\omega t+90°)$$

此时：

$$u = U\sqrt{2}\sin\,(\omega t+90°) \rightarrow \dot{U} = U\angle 90°$$

此时电压、电流的波形图和相量图如图 2-16 所示。

图 2-16　纯电感电路的电压、电流的波形图和相量图

> **小要点**
>
> **纯电感电路的电压、电流关系**
>
> （1）电压、电流同频，不同相，电压超前电流 $90°$；
>
> （2）电感元件电压、电流的有效值关系及相量关系为
>
> $$\begin{cases} U = \omega LI = X_{\mathrm{L}}I \\ \dot{U} = \mathrm{j}\omega L\dot{I} = \mathrm{j}X_{\mathrm{L}}\dot{I} \end{cases} \tag{2-16}$$
>
> 式中，$X_{\mathrm{L}} = \omega L = 2\pi fL$，称为感抗，单位是欧［姆］。

引入感抗这一概念后，电感元件的端电压与电流的有效值之间就具有欧姆定律的形

式。当电压的有效值 U 一定时，X_L 越大，电流的有效值 I 越小。可以认为，感抗也是表征电感元件对电流呈现阻力大小的物理量。

感抗也与电流的频率 f 成正比。利用电感线圈在高频时感抗 X_L 大的特点，可以做成扼流线圈，阻止高频电流通过。对于直流电路，频率 $f=0$，感抗 $X_L=0$，电感元件相当于短路。

知识链接

无互感电感的连接

（1）如图 2-17a）所示，多个电感串联，其等效电感等于各个串联电感之和；

（2）如图 2-17b）所示，多个电感并联，其等效电感的倒数等于各并联电感倒数之和。

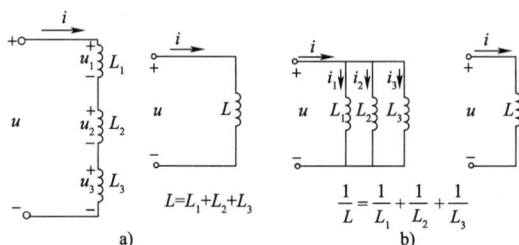

图 2-17　电感串联、并联电路

---

3. 功率

电感元件的瞬时功率为瞬时电压与瞬时电流的乘积。

$$p = ui = 2UI\sin（\omega t + 90°）\cdot \sin\omega t = UI\sin 2\omega t \tag{2-17}$$

电感功率波形图如图 2-18 所示。

图 2-18　电感功率的波形图

由此可见，电感元件的瞬时功率 p 的频率是 i、u 频率的两倍，按正弦规律变化，最大值为 UI，如图 2-18 所示。电感放出的能量等于电感吸收的能量，这说明电感只与外电路进行能量交换，其本身并不消耗能量，故它是储能元件。储能元件在一周期内的平均功率为零，因此，引入无功功率来衡量电感元件与外界交换能量的规模，即

$$Q_L = UI = I^2 X_L = \frac{U^2}{X_L} \tag{2-18}$$

无功功率的单位是乏［尔］（var）或千乏［千尔］（kvar）。与无功功率相对应，工程上还常把平均功率称为有功功率。

电感元件是表示电流建立磁场、储存磁场能这一电磁现象的理想电路元件。

【**例 2-4**】　电感元件的电感 $L = 19.1\text{mH}$，接在 $u = 220\sqrt{2}\sin（314t + 30°）$ V 的电源端。计算：

（1）电感元件的感抗 X_L、电流 i 和无功功率 Q；

（2）如果电源的频率增加为原来频率的 2000 倍，重新计算（1）。

解：（1）电感元件的感抗：

$$X_L = \omega L = 314 \times 19.1 \times 10^{-3} \approx 6 \ (\Omega)$$

电源电压：

$$\dot{U} = 220\angle 30° \text{V}$$

电感元件的电流：

$$\dot{I} = \frac{\dot{U}}{jX_L} = \frac{220\angle 30°}{6\angle 90°} = 36.67\angle -60° \ (\text{A})$$

瞬时值表示式：

$$i = 36.67\sqrt{2}\sin(314t - 60°) \ \text{A}$$

无功功率：

$$Q = UI = 220 \times 36.67 \approx 8.07 \ (\text{kvar})$$

（2）电源频率增加为原来频率的 2000 倍时：

电感元件的感抗：

$$X_L' = 2000\omega L = 2000 \times 6 = 12 \ (\text{k}\Omega)$$

电感元件的电流：

$$\dot{I}' = \frac{\dot{U}}{jX_L'} = \frac{220\angle 30°}{12 \times 10^3 \angle 90°} = 0.018\angle -60° \ (\text{A})$$

瞬时值表示式：

$$i' = 0.018\sqrt{2}\sin(314 \times 2000t - 60°) \ \text{A}$$

无功功率：

$$Q' = UI' = 220 \times 0.018 = 3.96 \ (\text{var})$$

由此可见，交流电流的频率越高，电感元件的感抗越大，在电压有效值一定的条件下，电流的有效值越小。因此，电感线圈具有阻止高频电流通过的作用。

三、纯电容电路

1. 电容的概念

电容器由两个导体中间隔以纸、云母、陶瓷等绝缘材料构成，如图 2-19 所示。

当电路中有电容器存在时，电容器极板（由绝缘材料隔开的两个金属导体）上会聚集起等量异号电荷。电压 u 越高，聚集的电荷 q 就越多，产生的电场越强，储存的电场能就越多。定义 q 与 u 的比值为电容 C，即

$$C = \frac{q}{u} \tag{2-19}$$

式中，q 的单位为库 [仑]（C）；u 的单位为伏 [特]（V）；C 的单位为法 [拉]（F）。

由于法［拉］的单位太大，工程上多用微法（μF）或皮法（pF），它们的换算关系为

$$1F = 10^6 \mu F = 10^{12} pF$$

电容器功用

常见电容器的
外形及符号

a) 电容器的组成　　　　b) 符号　　　c) 常见的电容器

图 2-19　电容器

当极板上的电荷量 q 或电压 u 发生变化时，电路中就要引起电流流过。在 u 和 i 的参考方向相同的情况下，其大小为

$$i = \frac{dq}{dt} = C\frac{du}{dt} \tag{2-20}$$

小要点

电容的特性

（1）电容电流与电容两端电压的变化率成正比；

（2）对于直流电路，由于 u 为常数，$\dfrac{du}{dt}=0$，则 $i=0$，即电容元件在直流电路中相当于开路。

2. 纯电容电路的电压与电流关系

对于实际的电容器，由于其介质不能完全绝缘，在电压的作用下总有一些漏电流，即它仍有一些电阻成分，会消耗一些能量，使电容器发热。由介质漏电及其他原因产生的能量消耗，称为电容器的损耗。一般，电容器能量损耗很小，小到可以忽略不计时，电容器可以近似看作纯电容元件。由交流电源和纯电容元件组成的电路，称为纯电容电路。

图 2-20　电容元件电路

如图 2-20 所示，设电容元件的电压的初相位为 $-90°$，即

$$u = U\sqrt{2}\sin(\omega t - 90°) \rightarrow \dot{U} = U\angle -90°$$

则电容元件的电流为

$$i = \frac{dq}{dt} = C\frac{dU\sqrt{2}\sin(\omega t - 90°)}{dt} = \omega C U\sqrt{2}\cos(\omega t - 90°) = I\sqrt{2}\sin\omega t$$

此时

$$i = I\sqrt{2}\sin\omega t \rightarrow \dot{I} = I\angle 0°$$

绘出电压、电流的波形图和相量图，如图 2-21 所示。

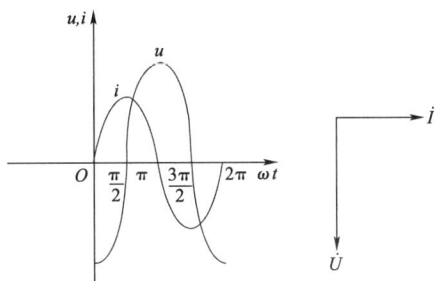

图 2-21　纯电容电路的电压、电流的波形图和相量图

小要点

纯电容电路的电压、电流关系

（1）电压、电流同频不同相，电压滞后电流 90°；

（2）电容元件电压、电流的有效值关系及相量关系为

$$\begin{cases} U = \dfrac{1}{\omega C}\,I = X_{\mathrm{C}}I \\[2mm] \dot{U} = -\mathrm{j}\,\dfrac{1}{\omega C}\,\dot{I} = -\mathrm{j}\,X_{\mathrm{C}}\,\dot{I} \end{cases} \tag{2-21}$$

式中，$X_{\mathrm{C}} = \dfrac{1}{\omega C} = \dfrac{1}{2\pi fC}$，称为容抗，单位为欧［姆］（Ω）。

容抗与 ω 成反比，频率越高，X_{C} 越小，在一定电压下，I 越大；在直流电路中，频率 $f = 0$，容抗 $X_{\mathrm{C}} = \infty$。电容元件在交流电路中具有"隔直通交"和"通高频阻低频"的特性。

知识链接

电容的连接

在实际使用中，往往会遇到电容器的电容量不合适，或者耐压不符合要求的情况，这时，可以将若干个电容器适当连接，以满足实际电路的需要。

（1）如图 2-22a）所示，多个电容并联，其等效电容等于各个并联电容之和。

（2）如图 2-22b）所示，多个电容串联，其等效电容的倒数等于各串联电容倒数之和。

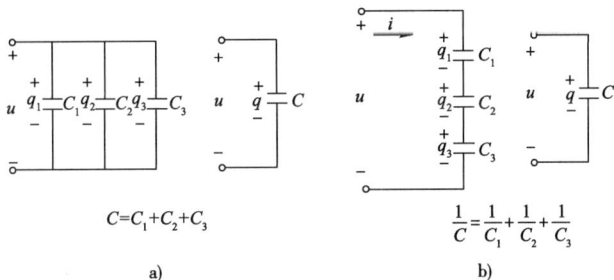

图 2-22　电容并联、串联电路

3. 功率

电容元件的瞬时功率为瞬时电压与瞬时电流的乘积。

$$p = ui = 2UI\sin(\omega t - 90°) \cdot \sin\omega t = -UI\sin2\omega t \tag{2-22}$$

电容功率波形图如图 2-23 所示。

图 2-23　电容功率波形图

由此可见，电容元件的瞬时功率 p 的频率是 i、u 频率的两倍，按正弦规律变化，最大值为 UI。

如图 2-23 所示，电容吸收的能量等于电容释放的能量，这说明电容只与外电路进行能量交换，其本身并不消耗能量，故它是储能元件。同理，电容的平均功率为零，其无功功率为

$$Q_C = UI = I^2 X_C = \frac{U^2}{X_C} \tag{2-23}$$

电容器是储存电场能量和电荷的元件。

想一想

（1）利用电容器的储能功能解释一下照相机闪光灯的工作原理。

（2）在使用电容器的过程中需要注意什么？如果使用不当，是否会造成人身伤害？

【例 2-5】　电容元件的电容量 $C = 10\mu F$，接在频率 $f = 50Hz$、$U = 22V$ 的正弦交流电源上。计算：

（1）电容的容抗 X_C、电流 I 和无功功率 Q；

（2）如果电源的频率增加为 $f = 1000Hz$，电源电压 U 不变，重新计算（1）。

解：（1）当频率 $f = 50Hz$ 时

电容的容抗：

$$X_C = \frac{1}{\omega C} = \frac{1}{2\pi \times 50 \times 10 \times 10^{-6}} \approx 318.3 \ (\Omega)$$

电容的电流：

$$I = \frac{U}{X_C} = \frac{22}{318.3} \approx 0.069 \ (A)$$

无功功率：

$$Q = UI = 22 \times 0.069 = 1.52 \ (var)$$

（2）当频率 $f = 1000Hz$ 时

电容的容抗：

$$X'_C = \frac{1}{\omega' C} = \frac{1}{2\pi \times 1000 \times 10 \times 10^{-6}} \approx 15.92 \ (\Omega)$$

电容的电流：

$$I' = \frac{U}{X'_C} = \frac{22}{15.92} \approx 1.38 \text{（A）}$$

无功功率：

$$Q' = UI' = 22 \times 1.38 = 30.36 \text{（var）}$$

【例2-6】 一个额定工作电压是250V的电容器，能否用在电压 $U = 220V$ 的交流电路中？

解： 交流电压的有效值 $U = 220V$，其最大值是：

$$U_m = \sqrt{2}\, U = \sqrt{2} \times 220 \approx 311 \text{（V）}$$

此电压已超过电容器的额定工作电压，所以该电容器不能用在电压 $U = 220V$ 的交流电路中。

想一想

为什么在电感元件和电容元件的交流电路中，瞬时功率不为零而平均功率却为零？无功功率的意义是什么？无功功率的单位是什么？

单元2.3　典型正弦交流电路的分析

前一节讨论了单一参数电路元件的正弦交流电路，但工程实际电路模型往往是几种理想元件的组合。本节讨论电阻、电感和电容元件串、并联电路的电压、电流关系及功率特性。

一、电阻、电感和电容元件（RLC）串联交流电路

1. RLC串联交流电路的电压、电流关系

电阻、电感和电容串联电路如图2-24a）所示，设电流 $i = I_m \sin\omega t$ 为参考正弦量，由上一节结论可知：

$$u_R = U_{Rm}\sin\omega t$$
$$u_L = U_{Lm}\sin(\omega t + 90°)$$
$$u_C = U_{Cm}\sin(\omega t - 90°)$$

根据基尔霍夫电压定律，总电压为

$$u = u_R + u_L + u_C$$

对应的，相量式为

$$\dot{U} = \dot{U}_R + \dot{U}_L + \dot{U}_C$$

上式称为基尔霍夫电压定律的相量形式。由于单一参数的电流电压关系为

$$\dot{U}_R = R\dot{I} \qquad \dot{U}_L = jX_L\dot{I} \qquad \dot{U}_C = -jX_C\dot{I}$$

a）电路图　　　b）相量图

图2-24　RLC串联交流电路

电阻、电感、电容器串联电路

如图 2-24b）中的相量图，利用相量求和求得相量 $\dot{U}$。

图 2-24b）中，电压相量 $\dot{U}$ 与相量 $\dot{U}_R$、$\dot{U}_L + \dot{U}_C$ 构成了直角三角形，称为电压三角形。所以，总电压：

$$\dot{U} = \left[R + j \left(X_L - X_C \right) \right] \dot{I} = Z \dot{I}$$

式中，$Z = |Z| \angle \phi$ 称为阻抗，其中，$|Z|$ 称为复阻抗的阻抗值，ϕ 为阻抗角。阻抗是对电路中电阻和电抗共同作用的描述，阻抗可以反映交流电路中的电压电流关系。

阻抗定义为电压相量与电流相量之比，即

$$Z = \frac{\dot{U}}{\dot{I}} = \frac{U}{I} \angle \varphi_u - \varphi_i$$

其中，

$$\begin{cases} |Z| = \dfrac{U}{I} \\ \phi = \varphi_u - \varphi_i \end{cases} \tag{2-24}$$

而

$$Z = R + j \left(X_L - X_C \right) = R + jX$$

其中，

$$\begin{cases} |Z| = \sqrt{R^2 + X^2} \\ \phi = \arctan \dfrac{X}{R} \end{cases} \tag{2-25}$$

式（2-25）中的 R 是电阻，$X = X_L - X_C$ 是电抗。电阻、电抗及阻抗的单位均为欧［姆］。

R、X、$|Z|$ 和 ϕ 四个量之间的关系可以用一个直角三角形表示，这个直角三角形称为阻抗三角形，如图 2-25 所示。

值得一提的是，阻抗角 ϕ 是判断电路性质的重要元素。当 $\phi > 0$ 时，电路电压超前电流，电路呈电感性；当 $\phi < 0$ 时，电路电压滞后电流，电路呈电容性；当 $\phi = 0$ 时，电路电压与电流同相，电路呈电阻性，该电路发生谐振。图 2-26a）、图 2-26b）和图 2-26c）分别绘出了电路呈电感性、电容性和电阻性时的相量图。

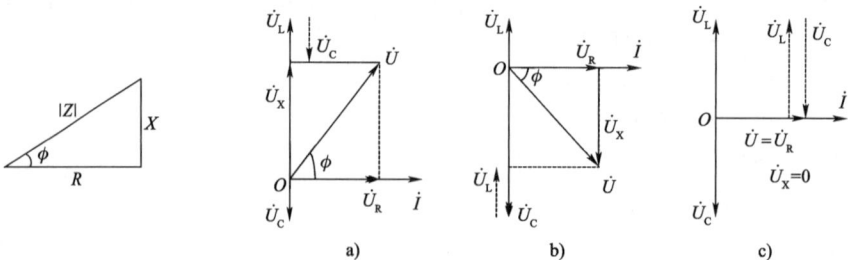

图 2-25　阻抗三角形　　　　图 2-26　RLC 串联电路相量图

2. RLC 串联电路的功率关系

以图 2-24 所示 RLC 串联交流电路为例，已知输入端电压和电流分别为

$$u = U_\text{m}\sin\left(\omega t + \varphi_\text{u}\right) \qquad i = I_\text{m}\sin\left(\omega t + \varphi_\text{i}\right)$$

（1）平均功率（有功功率）

电路取用的瞬时功率为

$$p = ui = UI\cos\varphi - UI\cos\left(2\omega t + \varphi_\text{u} + \varphi_\text{i}\right)$$

其中，$\phi = \varphi_\text{u} - \varphi_\text{i}$，电压、电流的相位差角（阻抗角）。

则电路的平均功率（有功功率）为

$$P = \frac{1}{T}\int_0^T p\mathrm{d}t = UI\cos\varphi \tag{2-26}$$

式中：$\cos\varphi$——功率因数。

平均功率 P 表示的是电路的实际耗能效果。由于电感、电容元件的平均功率为零，整个电路的平均功率 P 就等于所有电阻元件消耗的功率之和。

（2）无功功率

在 RLC 串联的正弦交流电路中，电感元件的瞬时功率为 $p_\text{L} = u_\text{L}i$，电容元件的瞬时功率为 $p_\text{C} = u_\text{C}i$。电压 u_L、u_C 反相，因此 p_L 与 p_C 反相，即电感元件吸收电能量时，电容元件正在释放能量，反之亦然。因而 RLC 串联电路与电源之间的能量交换的瞬时功率幅值，即无功功率为

$$Q = Q_\text{L} - Q_\text{C} = U_\text{L}I - U_\text{C}I = \left(U_\text{L} - U_\text{C}\right)I$$

由电压三角形可知：

$$U_\text{L} - U_\text{C} = U\sin\phi$$

因此，电路的无功功率为

$$Q = UI\sin\phi \tag{2-27}$$

（3）视在功率

在正弦交流电路中，把电压电流有效值的乘积定义为视在功率，用 S 表示，即

$$S = UI \tag{2-28}$$

视在功率的单位为伏安（V·A）。

由式（2-26）、式（2-27）和式（2-28）可知：

$$S = \sqrt{P^2 + Q^2} \tag{2-29}$$

即 S、P、Q 之间的关系可以用直角三角形表示，并称为功率三角形，如图 2-27 所示。

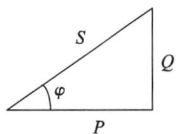

图 2-27 功率三角形

【例 2-7】 在电阻、电感和电容相串联的电路中，已知 $R = 30\Omega$，$L = 127\text{mH}$，$C = 40\mu\text{F}$，电源电压 $u = 220\sqrt{2}\sin\left(314t - 10°\right)$ V，试求：①电路的复阻抗 Z；②电流 i；③u_R、u_L、u_C；④做出相量图；⑤有功功率 P、无功功率 Q、视在功率 S。

解：（1）感抗及容抗为

$$X_\text{L} = \omega L = 314 \times 127 \times 10^{-3} \approx 40 \ (\Omega)$$

$$X_\text{C} = \frac{1}{\omega C} = \frac{1}{314 \times 40 \times 10^{-6}} \approx 80 \ (\Omega)$$

电路的复阻抗为

$$Z = R + j\left(X_L - X_C\right) = 30 + j\left(40 - 80\right) = 50\angle -53.1°\;(\Omega)$$

（2）因为电压

$$\dot{U} = 220\angle -10°\;\text{V}$$

而

$$\dot{I} = \frac{\dot{U}}{Z} = \frac{220\angle -10°}{50\angle -53.1°} = 4.4\angle 43.1°\;(\text{A})$$

所以电流

$$i = 4.4\sqrt{2}\sin\left(314t + 43.1°\right)\;\text{A}$$

（3）各元件上的电压为

$$\dot{U}_R = R\dot{I} = 4.4\angle 43.1° \times 30 = 132\angle 43.1°\;(\text{V})$$

$$\dot{U}_L = jX_L\dot{I} = 4.4\angle 43.1° \times 40\angle 90° = 176\angle 133.1°\;(\text{V})$$

$$\dot{U}_C = -jX_C\dot{I} = 4.4\angle 43.1° \times 80\angle -90° = 352\angle -46.9°\;(\text{V})$$

电阻、电感、电容元件上的电压瞬时值表达式分别为

$$u_R = 132\sqrt{2}\sin\left(314t + 43.1°\right)$$

$$u_L = 176\sqrt{2}\sin\left(314t + 133.1°\right)$$

$$u_C = 352\sqrt{2}\sin\left(314t - 46.9°\right)$$

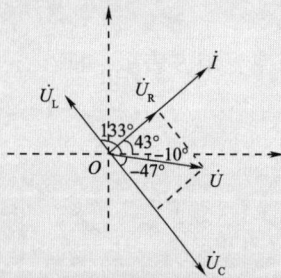

图 2-28　例2-7图

（4）以电流为参考相量，绘出相量图，如图2-28所示。

（5）有功功率：

$$P = UI\cos\phi = 220 \times 4.4 \times \cos 53.1° = 580.9\;(\text{W})$$

无功功率：

$$Q = UI\sin\phi = 220 \times 4.4 \times \sin 53.1° = 774.1\;(\text{var})$$

视在功率：

$$S = UI = 220 \times 4.4 = 968\;(\text{V}\cdot\text{A})$$

二、用相量法分析正弦交流电路

综上所述，只要把正弦交流电路用相量模型表示，就可像分析计算直流电路那样来分析计算正弦交流电路，这种方法称为相量法。其一般步骤为：

（1）做出相量模型图，将电路中的电压、电流都写成相量形式，每个元件或无源二端网络都用复阻抗表示（多个复阻抗连接时，等效复阻抗的运算类似于等效电阻的运算）。

（2）应用相量形式的欧姆定律 $\dot{U} = Z\dot{I}$ 和基尔霍夫定律、分析方法进行计算，得出正弦量的相量值。

（3）根据需要，写出正弦量的瞬时值表达式或计算出其他量。

1. 阻抗串联的正弦交流电路

图2-29a）为两个阻抗串联的电路，按图示的参考方向，应用相量形式的基尔霍夫电压定律，有：

$$\dot{U} = \dot{U}_1 + \dot{U}_2$$

由相量形式的欧姆定律得：

$$\dot{U}_1 = Z_1 \dot{I} \qquad \dot{U}_2 = Z_2 \dot{I}$$

因此

$$\dot{U} = \dot{U}_1 + \dot{U}_2 = Z_1 \dot{I} + Z_2 \dot{I} = (Z_1 + Z_2) \dot{I}$$

如果已知电压 $\dot{U}$ 和阻抗 Z_1、Z_2，则可计算电路中的电流：

$$\dot{I} = \frac{\dot{U}}{Z_1 + Z_2} \qquad (2\text{-}30)$$

有时为了简化电路，可用等效阻抗 Z 替代两个串联的阻抗。对于图2-29b）所示电路，有：

$$\dot{I} = \frac{\dot{U}}{Z} \qquad\qquad\qquad (2\text{-}31)$$

图2-29　两个阻抗串联的电路

小要点

阻抗串联的特性

（1）阻抗串联的等效阻抗等于各个串联阻抗之和。对于图2-29所示电路，有：

$$Z = Z_1 + Z_2 \qquad (2\text{-}32)$$

（2）阻抗串联有分压作用，对于图2-29所示电路，有如下分压公式：

$$\dot{U}_1 = \frac{Z_1}{Z_1 + Z_2} \dot{U} \qquad \dot{U}_2 = \frac{Z_2}{Z_1 + Z_2} \dot{U} \qquad (2\text{-}33)$$

---

2. 阻抗并联的正弦交流电路

图2-30a）为两个阻抗并联的电路，按图示的参考方向，应用相量形式的基尔霍夫电压定律，有：

$$\dot{I} = \dot{I}_1 + \dot{I}_2$$

由相量形式的欧姆定律得：

$$\dot{I}_1 = \frac{\dot{U}}{Z_1} \qquad \dot{I}_2 = \frac{\dot{U}}{Z_2}$$

因此

$$\dot{I} = \dot{I}_1 + \dot{I}_2 = \frac{\dot{U}}{Z_1} + \frac{\dot{U}}{Z_2} = \left(\frac{1}{Z_1} + \frac{1}{Z_2}\right)\dot{U} \qquad (2\text{-}34)$$

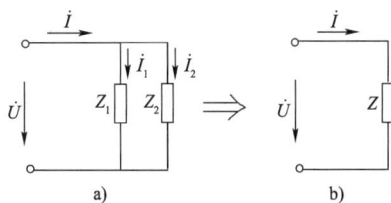

图2-30　两个阻抗并联的电路

有时为了简化电路，可用等效阻抗 Z 替代两个并联的阻抗。对于图 2-30b）所示电路，有：

$$\dot{I} = \frac{\dot{U}}{Z} \qquad (2\text{-}35)$$

小要点

阻抗并联的特性

（1）阻抗并联，其等效阻抗的倒数等于各个并联阻抗倒数之和。对于图 2-30 所示电路，有：

$$\frac{1}{Z} = \frac{1}{Z_1} + \frac{1}{Z_2} \qquad (2\text{-}36)$$

（2）阻抗并联有分流作用。对于图 2-30 所示电路，有如下分流公式：

$$\dot{I}_1 = \frac{Z_2}{Z_1 + Z_2}\dot{I} \qquad \dot{I}_2 = \frac{Z_1}{Z_1 + Z_2}\dot{I} \qquad (2\text{-}37)$$

【例 2-8】 并联交流电路如图 2-31a）所示，已知电源电压 $u = 220\sqrt{2}\sin(314t + 30°)$ V，$R_1 = 30\Omega$，$L = 127\text{mH}$，$R_2 = 80\Omega$，$C = 53\mu\text{F}$。计算：

（1）并联电路的阻抗 Z，电流 $\dot{I}_1$、$\dot{I}_2$ 和 $\dot{I}$；

（2）电路的平均功率 P 和无功功率 Q；

（3）画相量图。

a) 原理电路   b) 相量图

图 2-31 例 2-8 的电路图和相量图

解：（1）支路的阻抗分别为

$$Z_1 = R_1 + jX_L = 30 + j314 \times 0.127 = 30 + j40 = 50\angle53.1° \ (\Omega)$$

$$Z_2 = R_2 - jX_C = 80 - j\frac{1}{314 \times 53 \times 10^{-6}} = 80 - j60 = 100\angle-36.86° \ (\Omega)$$

并联电路的阻抗为

$$Z = \frac{Z_1 Z_2}{Z_1 + Z_2} = \frac{50\angle53.1° \times 100\angle-36.86°}{30 + j40 + 80 - j60} = \frac{5000\angle16.26°}{111.8\angle-10.3°} = 44.7\angle26.56° \ (\Omega)$$

电流相量：

$$\dot{I} = \frac{\dot{U}}{Z} = \frac{220\angle30°}{44.7\angle26.56°} = 4.92\angle3.44° \ (\text{A})$$

$$\dot{I}_1 = \frac{\dot{U}}{Z_1} = \frac{220\angle30°}{50\angle53.13°} = 4.4\angle-23.13° \ (\text{A})$$

$$\dot{I}_2 = \frac{\dot{U}}{Z_2} = \frac{220\angle 30°}{100\angle -36.87°} = 2.2\angle 66.87°\ (A)$$

（2）功率因数角：

$$\phi = \psi_u - \psi_i = 26.56°$$

平均功率：

$$P = UI\cos\phi = 220\times 4.92\times \cos 26.56°\approx 968\ (W)$$

电路的平均功率就是电路内所有电阻吸收电功率的总和，所以：

$$P = I_1^2 R_1 + I_2^2 R_2 = (4.4^2\times 30 + 2.2^2\times 80) = 968\ (W)$$

两种计算方法得出的结果相同。

无功功率：

$$Q = UI\sin\phi = 220\times 4.92\times \sin 26.56° = 483.98\ (var)$$

（3）相量图如图 2-31b）所示。

三、提高功率因数

在交流电路中，功率因数定义为

$$\lambda = \cos\phi = \frac{P}{S} \tag{2-38}$$

纯电阻负载的功率因数为 1，感性负载的功率因数介于 0 和 1 之间。在实际生产和生活中使用的电气设备多属于感性负载，如大量使用的三相异步电动机、照明日光灯、接触器等。因此，整个供电系统是电感性电路，功率因数小于 1。

1. 负载功率因数低而产生的问题

负载功率因数低会产生如下两个问题。

（1）发电设备的容量未能充分利用

发电设备的容量 $S_N = U_N I_N$。显然，若功率因数 $\cos\phi = 1$，则平均功率 $P = U_N I_N\cos\phi = S_N$，发电设备得到了最充分的利用；若功率因数 $\cos\phi < 1$，则平均功率 $P = U_N I_N\cos\phi < S_N$，这说明发电设备已经处于额定工作状态，但它所发出的电能并不能全部转换为负载的平均功率。$\cos\phi$ 越小，P 就越小，发电设备也就越不能被充分利用。

（2）增大线路的功率损失，降低电网输电效率

对于电力系统中的输电部分，输电线上的损耗为 $\Delta P = I^2 R$，负载吸收的平均功率为 $P = UI\cos\phi$，则 $I = \frac{P}{U\cos\phi}$，所以 $\Delta P = \left(\frac{P}{U\cos\phi}\right)^2 R$（$U$ 是负载端电压的有效值）。由上式可以看出，在 U 和 P 都不变的情况下，功率因数 $\cos\phi$ 越小，输电线上的功率损耗 ΔP 就越大。

供电系统功率因数低的原因是电感性负载与电源之间存在无功功率的往返交换，这种无功功率的往返交换当然要占用一部分电流。因此，要提高供电系统的功率因数就是要减小负载与电源之间的无功功率交换。同时，既要提高功率因数，又不能影响负载的正常工作。

图 2-32　电感性负载并联电容提高功率因数

2. 提高功率因数的方法

提高功率因数常用的方法是在感性负载上并联电容器，如图 2-32 所示。

在图 2-32 中，RL 串联部分代表一个电感性负载，它的电流 $\dot{i}_1$ 滞后于电源电压 $\dot{U}$ 的相位为 ϕ_1，在电源电压不变的情况下，并入电容 C，并不会影响负载电流的大小和相位，但总电流由原来的 $\dot{i}_1$ 变成了 $\dot{i}$，即 $\dot{i} = \dot{i}_1 + \dot{i}_c$，且 $\dot{i}$ 与电源电压相位差由原来的 ϕ_1 减小为 ϕ，所以 $\cos\phi$ 大于 $\cos\phi_1$，功率因数提高了。

并联电容前电感性负载的无功功率为

$$Q_L = P\tan\phi_1$$

补偿后的无功功率为

$$Q = P\tan\phi$$

所需电容的无功功率为 Q_c，则有：

$$Q_C = Q_L - Q = P\tan\phi_1 - P\tan\phi$$

而

$$Q_C = X_C I_C^2 = \frac{U^2}{X_C} = \omega C U^2$$

据此，可导出所需并联电容 C 的计算公式为

$$C = \frac{P}{\omega U^2}(\tan\phi_1 - \tan\phi) \qquad (2\text{-}39)$$

这里所讨论的提高功率因数是指提高电源或电网的功率因数，而某个电感性负载的功率因数并没有变。在感性负载上并联电容器后，能量的交换主要或完全发生在电感性负载与电容器之间；电路有功功率未改变，因为电容器是不消耗电能的，负载的工作状态不受影响。

想一想

（1）提高线路功率因数为什么采用并联电容器法，而不采用串联法？所并联的电容器是否越大越好？

（2）为了改善电路的功率因数，常在感性负载上并联电容器，此时增加了一条电流支路，试问电路的总电流是增大还是减小，此时感性元件上的电流和功率是否改变？

【例 2-9】　一电感性负载与 220V、50Hz 的电源相接，其功率因数为 0.7，消耗功率为 4kW，若要把功率因数提高到 0.9，应加接什么元件？其元件值为多少？

解： 应并联电容，如图 2-32 所示。并联电容前电感性负载的功率因数为 $\cos\phi_1 = 0.7$，并联电容后电路的功率因数为 $\cos\phi = 0.9$。由式（2-39）得：

$$C = \frac{P}{\omega U^2}(\tan\phi_1 - \tan\phi) = \frac{4\times10^3}{314\times220^2}(1.02 - 0.484) \approx 141 \ (\mu F)$$

案例分析

日光灯电路

日光灯又名荧光灯，由于它的发光效率比普通的白炽灯要高出 3 倍，是非常经济的照明灯具之一，而且它发出的光具有光色柔和、接近自然光等优点，因此成为一种常用的照明灯具。

日光灯是一种低压汞放电灯具，通常由灯管、镇流器和启辉器等组成。普通日光灯接线图如图 2-33 所示。日光灯两端各有一灯丝，灯管内充有微量的氩和稀薄的汞蒸气，灯管内壁上涂有荧光粉，两个灯丝之间的气体导电时发出紫外线，使荧光粉发出柔和的可见光。镇流器是一个缠绕在硅钢片铁芯上的电感线圈，有两个作用：第一，与启辉器配合，在通电启动瞬间产生高电压，使灯管放电。第二，当日光灯启动后正常工作时，镇流器与灯管串联起分压、限流作用。启辉器在电路中起开关作用，它由一个氖气放电管与一个电容并联而成，电容的作用为消除对电源的电磁干扰并与镇流器形成振荡回路，增加启动脉冲电压幅度。放电管中一个电极用双金属片组成，利用氖泡放电加热，使双金属片在开闭时，引起电感镇流器电流突变并产生高压脉冲加到灯管两端。

图 2-33　日光灯接线图

日光灯的工作原理是：当开关 S 闭合，电源接通后，灯管尚未放电，电源电压通过灯丝全部加在启辉器内两个双金属触片上，启辉器两个电极间开始辉光放电，使双金属片受热膨胀而与静触极接触，于是电源、镇流器、灯丝和启辉器构成一个闭合回路，电流使灯丝预热，当受热 1～3s 后，启辉器的两个电极间的辉光放电熄灭，随之双金属片冷却而与静触极断开。

在两个电极断开的瞬间，电路中的电流突然消失，于是镇流器产生一个高压脉冲，它与电源叠加后，加到灯管两端，使灯管内的惰性气体电离而引起弧光放电，使日光灯点亮。

在对日光灯电路进行分析计算时，可近似将灯管用电阻元件 R 表示，镇流器用电感元件 L 和电阻 R_L 的串联组合表示，日光灯电路模型如图 2-34 所示。由于日光灯电路是感性电路，为了提高功率因数，应与其并联一个容量合适的电容器。

普通日光灯由于采用了铁芯线圈式的镇流器，致使能耗加大，并产生噪声。为了克服这些缺点，采用电子镇流器的节能型日光灯产生了。这种日光灯耗能低、启辉迅速、无频闪现象，工作时对外呈电容性，有利于改善电网的功率因数。

图 2-34　日光灯电路模型

想一想：

在日常生活中，当日光灯上缺少启辉器时，人们常用一根导线将启辉器的两端短接一下，然后迅速断开，使日光灯点亮或用一只启辉器去点亮多只同类型的日光灯，这是为什么？

单元2.4　交流电路中的谐振

谐振是正弦交流电路中一种特殊的物理现象。按照电路连接方式的不同，谐振分为串联谐振和并联谐振。

一、串联谐振

在 RLC 串联电路中，当电路总电压与电流同相时，电路总电阻呈阻性，电路的这种状态称为串联谐振电路。典型电路如图2-35 所示。

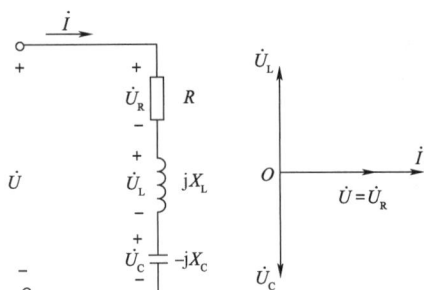
图2-35　串联谐振电路和相量图

1. 谐振条件

当电路发生谐振时，$U_L = U_C$ 或者 $X_L = X_C$，即

$$2\pi fL = \frac{1}{2\pi fC} \tag{2-40}$$

可得到谐振频率 f_0 为

$$f_0 = \frac{1}{2\pi\sqrt{LC}} \tag{2-41}$$

或谐振角频率为

$$\omega_0 = 2\pi f_0 = \frac{1}{\sqrt{LC}} \tag{2-42}$$

当电路参数 L、C 一定时，改变电源频率 f，可以达到上述关系时，电路就会发生谐振。当电源频率 f 一定时，也可通过调整电路参数 L 或 C 的大小来达到电路谐振。日常生活中收音机的输入回路，就是通过改变电容 C 的大小来选择不同电台频率的串联谐振电路。使电容满足：

$$C = \frac{1}{\omega_0^2 L} = \frac{1}{(2\pi f_0)^2 L} \tag{2-43}$$

此时，电路发生谐振。

2. 串联谐振的特点

（1）串联谐振时，电路阻抗最小，且呈纯阻性。

$$Z = \sqrt{R^2 + (X_L - X_C)^2} = R$$

（2）电路中电流最大，并与电压同相，$\phi = 0$。谐振电流为

$$I = I_0 = \frac{U}{Z} = \frac{U}{R}$$

（3）电阻两端电压等于总电压，电感与电容两端的电压相等，相位相反。

$$\begin{cases} U = U_R = IR \\ U_L = I_0 X_L = \dfrac{U}{R}X_L \\ U_C = I_0 X_C = \dfrac{U}{R}X_C \end{cases}$$

当发生谐振时，$X_L = X_C \gg R$，则 $U_L = U_C \gg U$，即电感和电容元件的端电压有效值大于外加电源电压的有效值，这种现象称为过电压。因此，串联谐振有时又称为电压谐振。

为了定量描述过电压现象，引入了品质因数 Q。Q 等于谐振时电感或电容元件端电压的有效值与电源电压有效值之比，即

$$Q = \frac{U_L}{U} = \frac{U_C}{U} = \frac{\omega_0 L}{R} = \frac{1}{\omega_0 CR} = \frac{1}{2\pi f_0 CR} \tag{2-44}$$

品质因数 Q 也是衡量电路中谐振剧烈程度的一个物理量。

在广播、通信技术中，利用过电压现象来选择所需要的电信号。在电力系统中，出现在电感线圈或电容器两端的高电压也可能造成设备事故甚至人身事故。

【例2-10】　收音机的磁性天线如图 2-36a）所示，各种频率的广播信号被收音机的磁性天线线圈 I 接收后，在线圈 II 内感应出微弱的不同频率的信号电动势 e_1、$e_2 \cdots$，图 2-36b）是线圈 II 电路的电路模型。改变可调电容器 C 的电容量，就能够使电路对所需广播信号发生串联谐振。现已知 $R = 15\Omega$，$L = 300\mu H$，欲接收 $f_0 = 828 kHz$ 的广播信号。计算：

a) 原理示意图　　b) 电路模型

图 2-36　例 2-10 的电路图

（1）可调电容器的电容量 C；

（2）谐振电路的品质因数 Q；

（3）如果该频率信号的电压有效值 $U = 12\mu V$，计算电路中的电流 I 及电容器两端的电压 U_C。

解：（1）据式（2-43）可得电容器的电容量为

$$C = \frac{1}{(2\pi f_0)^2 L} = \frac{1}{(2\pi \times 828 \times 10^3)^2 \times 300 \times 10^{-6}} \approx 123 \ (pF)$$

（2）据式（2-44）计算电路的品质因数为

$$Q = \frac{\omega_0 L}{R} = \frac{2\pi \times 828 \times 10^{-3} \times 300 \times 10^{-6}}{15} \approx 104$$

（3）谐振电流

$$I = \frac{U}{R} = \frac{12 \times 10^{-6}}{15} = 0.8 \ (\mu A)$$

电容器两端的电压

$$U_C = QU = 104 \times 12 \times 10^{-6} \approx 1.25 \ (mV)$$

知识链接

串联谐振回路的应用

串联谐振回路在电子技术中应用广泛，如收音机、电视机、手机等电子设备经常用谐振电路来选择信号，但是在电力系统中却常要加以防止。

二、并联谐振

为了提高谐振电路的选择性，常常需要提高品质因数 Q 值。当信号源内阻较小时，可采用串联谐振电路。然而，如果信号源内阻很大，采用串联谐振，Q 值很小，选择性会明显变坏。在这种情况下，可以采用并联谐振电路。

发生在并联电路中的谐振现象称为并联谐振。典型应用电路是电感线圈 RL 与电容器 C 并联，电路模型如图 2-37a）所示。

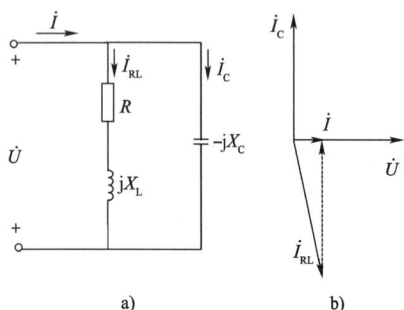

图 2-37 并联谐振电路和相量图

1. 并联谐振的条件

设外加电压是 $\dot{U}$，则总电流为

$$\dot{I} = \dot{I}_{RL} + \dot{I}_C = \frac{\dot{U}}{R + j\omega L} + \frac{\dot{U}}{-j\frac{1}{\omega C}}$$

$$= \left[\frac{R}{R^2 + \omega^2 L^2} + j\left(\omega C - \frac{\omega L}{R^2 + \omega^2 L^2}\right)\right]\dot{U}$$

并联谐振时，电压 $\dot{U}$ 与电流 $\dot{I}$ 同相位，电路呈现纯电阻性。据此，以上电流表示式中的虚部应该是零，谐振条件为

$$\omega C - \frac{\omega L}{R^2 + \omega^2 L^2} = 0$$

根据以上谐振条件，可以推导出谐振角频率为

$$\omega_0 = \frac{1}{\sqrt{LC}}\sqrt{1 - \frac{R^2 C}{L}} \tag{2-45}$$

电感线圈的电阻 R 的阻值一般都很小，可近似视为零，则谐振角频率为

$$\omega_0 \approx \frac{1}{\sqrt{LC}} \tag{2-46}$$

谐振频率为

$$f_0 \approx \frac{1}{2\pi\sqrt{LC}} \tag{2-47}$$

在略去了电感线圈极小的电阻 R 之后，谐振频率的计算公式与 RLC 串联电路的谐振频率计算公式相同。

2. 并联谐振电路的特点

（1）电路的总阻抗最大，总电流最小。

由谐振条件的公式推导，可得并联电路的阻抗为

$$Z = \frac{\dot{U}}{\dot{I}} = \frac{1}{\frac{R}{R^2 + \omega^2 L^2} + j\left(\omega C - \frac{\omega L}{R^2 + \omega^2 L^2}\right)}$$

发生谐振时，上式分母中虚部是零，以满足谐振条件，从而使阻抗 Z 接近最大值（因为分母中实部也与频率有关，Z 最大值在稍稍偏离谐振点处）。

$$Z = \frac{R^2 + \omega_0^2 L^2}{R} = R + \frac{\omega_0^2 L^2}{R} \approx \frac{\omega_0^2 L^2}{R}$$

将式（2-46）代入上式，可得：

$$Z = \frac{L}{RC} \tag{2-48}$$

由此，谐振电路总电流接近最小值：

$$I_0 = \frac{U}{Z} = \frac{U}{L/RC} = \frac{URC}{L} \tag{2-49}$$

（2）谐振时两支路可能产生过电流。

发生并联谐振时的电压、电流相量图如图 2-37b）所示，支路电流 $\dot{I}_{RL}$ 与 $\dot{I}_C$ 近似反相、数值相等。

$$I_{RL} = \frac{U}{\sqrt{R^2 + \omega_0^2 L^2}} \approx \frac{U}{\omega_0 L}$$

$$I_C = U \omega_0 C$$

谐振时，$\omega_0 L \approx \dfrac{1}{\omega_0 C}$，故 $I_{RL} \approx I_C$。且

$$\frac{I_{RL}}{I_0} \approx \frac{I_C}{I_0} = \frac{U \omega_0 C}{URL/C} = \frac{\omega_0 L}{R}$$

当 $\omega_0 L \approx \dfrac{1}{\omega_0 C} \gg R$ 时，$I_{RL} \approx I_C \gg I_0$。

综上所述，并联谐振电路相当于是一个高阻值的电阻。利用这个特点，其可在电子振荡器中用作选频电路，在电力系统中用作高频阻波器等。

三、城市轨道交通牵引变电所整流机组谐波谐振的影响

城市轨道交通牵引供电系统采用整流机组供电，由于整流机组中存在整流变压器及各种非线性元件，不可避免地会产生谐波。高次谐波会增加变压器的热损耗，加速绝缘老化，引起振动并发出噪声，长时间的振动会造成金属疲劳和机械损坏。对于电力电容器，电容器的电容和电网的电感形成并联谐振回路，当高次谐波频率与谐振频率接近时，就会产生并联谐振，从而使谐波电流被放大，损坏电容器。因此，抑制地铁牵引变电所整流机组谐波谐振十分重要。

知识链接

城市轨道交通牵引供电系统中抑制谐波的方法

（1）增加整流变压器二次侧的相数；

（2）装设分流滤波器；

（3）采用有源滤波装置；

（4）装静止无功补偿装置；

（5）对于三相桥式整流，在电容器回路串联 4.5%～6% 的电抗器；对于十二相整流，选择串联 1% 的电抗器；而对于二十四相整流，则采用 0.1%～1% 的电抗器。

单元2.5 三相交流电路

三相交流电是目前世界上使用最为广泛的交流电。由三相交流电源、三相负载和三相输电线按某种方式连接而成的电路，称为三相电路。

一、三相交流电源

三相交流电应用广泛，日常生产和生活用电几乎都来自电力部门提供的三相交流电源。对称三相电源是三相交流发电机产生的，它是指三个频率相同、幅值相等、相位互差120°的一组正弦电压源。一般令 U 相初相为零，V 相滞后 U 相120°，W 相滞后 V 相120°。其表达式为

$$\begin{cases} u_U = U\sqrt{2}\sin\omega t \\ u_V = U\sqrt{2}\sin(\omega t - 120°) \\ u_W = U\sqrt{2}\sin(\omega t + 120°) \end{cases} \tag{2-50}$$

用相量式表示为

$$\begin{cases} \dot{U}_U = U\angle 0° \\ \dot{U}_V = U\angle -120° \\ \dot{U}_W = U\angle +120° \end{cases} \tag{2-51}$$

图 2-38a)、图 2-38b) 所示是上述对称三相正弦电压的波形图与相量图。

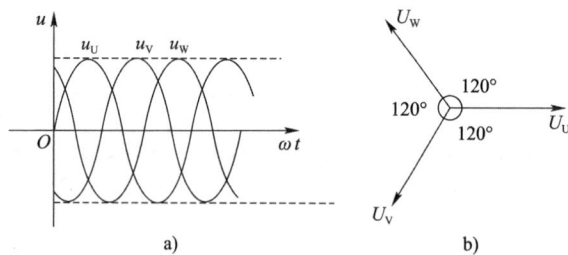

图 2-38 对称三相正弦电压的波形图与相量图

三相交流电压源的始端称为相头，标以 U_1、V_1、W_1；末端称为相尾，标以 U_2、V_2、W_2。规定参考正极性标在相头，负极性标在相尾。

从计时起点开始，三相交流电依次出现正幅值（或零值）的顺序称为相序。图 2-38 所示的三相交流电的相序是 $U—V—W—U$，称为正序；如果相序为 $U—W—V—U$，则称为逆序。电力系统一般采用正序。

三相交流电源有两种连接方式：一种是星形（Y形），另一种是三角形（△形）。

1. 三相交流电源的星形连接

将三个末端接在一起，从始端引出三根导线，这种连接方法称为星形连接，如图2-39所示。末端的连接点称为中性点，用 N 表示，从中性点引出的导线称为中性线，从始端 U、V、W 引出的三根导线称为相线，俗称火线。

两根相线之间的电压称为线电压，如 u_{UV}、u_{VW}、u_{WU}；相线与中性线之间的电压称为相电压，如 u_{UN}、u_{VN}、u_{WN}，有时也可简写为 u_U、u_V、u_W。图2-39中，用相量表示的线电压为 $\dot{U}_{UV}$、$\dot{U}_{VW}$、$\dot{U}_{WU}$，相电压为 $\dot{U}_{UN}$、$\dot{U}_{VN}$、$\dot{U}_{WN}$，也可简写为 $\dot{U}_U$、$\dot{U}_V$、$\dot{U}_W$。因此，电源为星形连接时，相电压和线电压的瞬时值关系为

$$\begin{cases} u_{UV} = u_U - u_V \\ u_{VW} = u_V - u_W \\ u_{WU} = u_W - u_U \end{cases} \tag{2-52}$$

相电压和线电压的相量关系为

$$\begin{cases} \dot{U}_{UV} = \dot{U}_U - \dot{U}_V \\ \dot{U}_{VW} = \dot{U}_V - \dot{U}_W \\ \dot{U}_{WU} = \dot{U}_W - \dot{U}_U \end{cases} \tag{2-53}$$

若是对称三相电源，则有 $U_U = U_V = U_W = U_P$，图2-40中取 U 相进行计算，得 $\dot{U}_{UV} = \dot{U}_U - \dot{U}_V = \sqrt{3}\dot{U}_U \angle 30°$，其余两个线电压也可推出类似结果，即

$$\begin{cases} \dot{U}_{UV} = \sqrt{3}\dot{U}_U \angle 30° \\ \dot{U}_{VW} = \sqrt{3}\dot{U}_V \angle 30° \\ \dot{U}_{WU} = \sqrt{3}\dot{U}_W \angle 30° \end{cases}$$

图2-39　三相交流电源星形连接

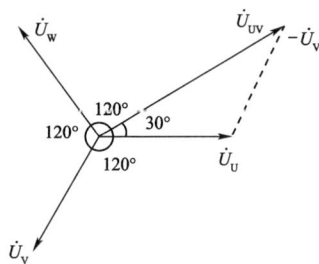

图2-40　线、相电压关系

星形连接时，数值上线电压 U_L 是相电压 U_P 的 $\sqrt{3}$ 倍，即 $U_L = \sqrt{3}U_P$，相位上线电压比相应的相电压超前 $30°$。

知识链接

供 电 方 式

星形连接时，三相交流电源可引出四根线与负载相接，在电力系统中，这种供电方式称为三相四线制；如果三相交流电源只引出三根线与负载相接，则称为三相三线制供电方式。目前我国低压供电标准采用频率50Hz，电压380V/220V 和三相四线制的供电方式，即相电压为220V，线电压为380V。

想一想

某三相发电机绕组做星形连接，每相额定电压为220V，投入运行时测得相电压 $U_A = U_B = U_C = 220V$，但线电压只有 $U_{AB} = 380V$，而 $U_{BC} = U_{CA} = 220V$，试问是何原因？

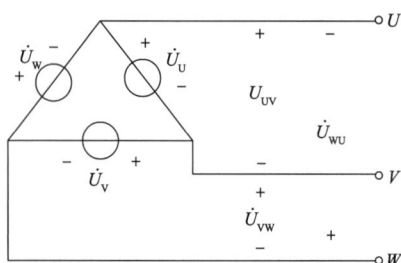

图 2-41 三相交流电源三角形连接

2. 三相交流电源的三角形连接

把三相交流电源的始端与末端依次连成一个闭合回路，再从两两的连接点引出端线，这种连接方法称为三角形连接，如图 2-41 所示。

当电源为三角形连接时，线电压就是相电压。如图 2-41 所示，对称三相交流电源三角形连接时，线、相电压相等且为 $\dot{U}_{XL} = \dot{U}_{XP}$。

想一想

三角形连接时，不能将某相接反，否则，三相交流电源回路内的电压达到相电压的2倍，导致电流过大，烧坏电源绕组。因此，三角形连接时，预留一个开口，用电压表测量开口电压，如果电压近于零或很小，再闭合开口，否则，要查找哪一相接反了。

二、三相负载的连接

三相负载也有星形连接与三角形连接两种连接方式。

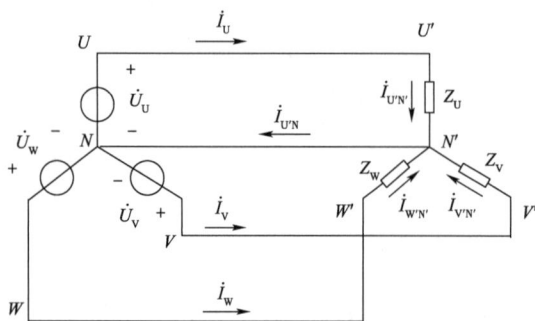

图 2-42 三相四线制电路

1. 三相负载的星形连接

负载星形连接的三相四线制电路一般可用图 2-42 所示的电路表示，每相负载的阻抗为 Z_U、Z_V、Z_W。三相交流电路中，流过每根相线的电流称为线电流，分别用 i_U、i_V、i_W 表示；流过每相负载的电流称为相电流，分别用 $i_{U'N'}$、$i_{V'N'}$、$i_{W'N'}$ 表示；流过中性线的电流称为中性线电流，用 $i_{N'N}$ 表示。

在图 2-42 所示的电流参考方向下，显然，三相负载星形连接时，线电流与相应相电流相等，即

$$i_U = i_{U'N'} \qquad i_V = i_{V'N'} \qquad i_W = i_{W'N'} \tag{2-54}$$

用相量表示为

$$\dot{I}_U = \dot{I}_{U'N'} \qquad \dot{I}_V = \dot{I}_{V'N'} \qquad \dot{I}_W = \dot{I}_{W'N'} \tag{2-55}$$

由于三相交流电源电压对称，有 $\dot{U}'_U = \dot{U}_U$、$\dot{U}'_V = \dot{U}_V$、$\dot{U}'_W = \dot{U}_W$，则各相电流为

$$\dot{I}_U = \frac{\dot{U}_U}{Z_U} \qquad \dot{I}_V = \frac{\dot{U}_V}{Z_V} \qquad \dot{I}_W = \frac{\dot{U}_W}{Z_W} \tag{2-56}$$

当三相负载完全相同时，即 $Z_U = Z_V = Z_W = Z$，则相电流也对称，有：

$$I_L = I_P = \frac{U_P}{|Z|} \tag{2-57}$$

对于对称三相交流电路，只需取一相计算，其余两相的电压（电流）可以根据对称性得出。

根据基尔霍夫定律，上述电路中，$\dot{I}_N = \dot{I}_U + \dot{I}_V + \dot{I}_W$。若三相负载电路对称，电流对称使中性线电流等于零，即 $\dot{I}_N = \dot{I}_U + \dot{I}_V + \dot{I}_W = 0$。

由于中性线电流等于零，有无中性线并不影响电路，去掉中性线，电路成为三相三线制。一般以 Y_0 表示星形带中性线的三相四线制电路，以 Y 表示星形不带中性线的三相三线制电路。生产上最常用的三相电动机就是以三相三线制供电的。

知识链接

中性线的作用

在低压配电系统中，均采用三相四线制，这里的中性线是不能随意取掉的，而且规定中性线不能装开关和熔断器。这是因为低压配电系统中有大量单相负载存在，使得三相负载总是不对称。如果没有中性线，三相负载的相电压就会高低不同，使得各相负载无法正常工作，严重时还会烧毁负载。可见，三相四线制中的中性线的作用是非常重要的。

【例 2-11】　现有白炽灯 60 盏，每盏灯的额定电压 $U_N = 220V$，额定功率 $P_N = 100W$。电源是三相四线制供电系统，电压 220V/380V。

（1）60 盏白炽灯如何接入三相交流电源？

（2）在白炽灯全部点亮时，计算负载的相电流为 $\dot{I}_U$、$\dot{I}_V$、$\dot{I}_W$。

解：（1）白炽灯的额定电压与电源的相电压相等，又按照三相负载应尽可能平均、对称分布的要求，应将 60 盏白炽灯平均地接在 U、V 和 W 三条相线与中性线之间，每一相 20 盏。此时，三相负载星形连接，电路图如图 2-43 所示。

图 2-43　例 2-11 的电路图

（2）每盏白炽灯的电阻为

$$R = \frac{U_N^2}{P_N} = \frac{220^2}{100} = 484 \ （\Omega）$$

当20盏白炽灯全部点亮时，并联等效电阻为

$$R_P = \frac{R}{20} = \frac{484}{20} = 24.2 \ （\Omega）$$

取 $\dot{U}_U$ 为参考相量，$\dot{U}_U = 220\angle0°V$，则U相负载的相电流为

$$\dot{I}_U = \frac{\dot{U}_U}{R_P} = \frac{220\angle0°}{24.2} = 9.09\angle0° \ （A）$$

由于负载对称，另两相负载的相电流可依据对称原则直接写出，不需计算，即

$$\dot{I}_V = 9.09\angle-120° \ （A） \qquad \dot{I}_W = 9.09\angle120° \ （A）$$

每一相20盏白炽灯全部点亮，负载对称，中性线电流等于零。

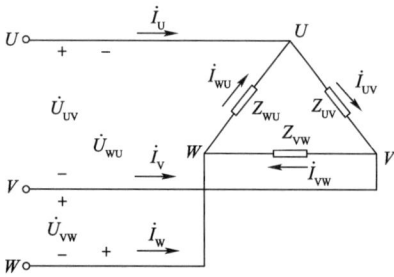

图2-44 三角形连接的三相电路

2. 三相负载的三角形连接

负载三角形连接的三相电路一般可用图2-44表示，每相负载的阻抗分别为 Z_{UV}、Z_{VW}、Z_{WU}，电压和电流方向如图2-44所示。

如果不考虑线路损耗，三角形连接负载的相电压与电源的线电压相等。由于电源总是对称，所以不论负载对称与否，其相电压总是对称的，有：

$$U_{UV} = U_{VW} = U_{WU} = U_L = U_P$$

但三角形连接时，相电流与线电流不同，应用基尔霍夫电流定律于图2-44，负载的线电流为

$$\dot{I}_U = \dot{I}_{UV} - \dot{I}_{WU} \qquad \dot{I}_V = \dot{I}_{VW} - \dot{I}_{UV} \qquad \dot{I}_W = \dot{I}_{WU} - \dot{I}_{VW} \tag{2-58}$$

各相负载的相电流为

$$\dot{I}_{UV} = \frac{\dot{U}_{UV}}{Z_{UV}} \qquad \dot{I}_{VW} = \frac{\dot{U}_{VW}}{Z_{VW}} \qquad \dot{I}_{WU} = \frac{\dot{U}_{WU}}{Z_{WU}} \tag{2-59}$$

如果负载对称，$Z_{UV} = Z_{VW} = Z_{WU} = Z$，则相电流也对称，可以推出在数值上线电流是相电流的 $\sqrt{3}$ 倍，线电流的相位滞后于相应的相电流30°，即

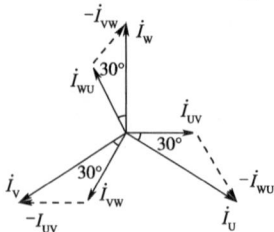

图2-45 对称负载三角形连接时的
电流相量图

$$\begin{cases} \dot{I}_U = \sqrt{3}\,\dot{I}_{UV}\angle-30° \\ \dot{I}_V = \sqrt{3}\,\dot{I}_{VW}\angle-30° \\ \dot{I}_W = \sqrt{3}\,\dot{I}_{WU}\angle-30° \end{cases} \tag{2-60}$$

对称负载三角形连接时的电流相量图如图2-45所示。

可见，对于对称三相电路，只要计算一相电流，其余相电流、线电流就可以根据对称性推出。

【例2-12】 对称三相交流电源的线电压 $u_{UV} = 380\sqrt{2}\sin\omega t\,V$，对称三相负载的额定电压是380V，$Z_{UV} = Z_{VW} = Z_{WU} = 30 + j40\,\Omega$。

(1) 三相负载如何接入三相交流电源？

(2) 计算负载的相电流和线电流。

解：(1) 负载的额定电压与电源的线电压相等，故三相负载应接在三条相线之间，是三角形连接，电路如图2-44所示。

(2) 已知线电压 $\dot{U}_{UV} = 380\angle 0°\,V$，则负载的相电流为

$$\dot{I}_{UV} = \frac{\dot{U}_{UV}}{Z_{UV}} = \frac{380\angle 0°}{30 + j40} = \frac{380\angle 0°}{50\angle 53.13°} = 7.6\angle -53.13°\ (\text{A})$$

依据对称关系，有：

$$\dot{I}_{VW} = 7.6\angle -53.13° - 120° = 7.6\angle -173.13°\ (\text{A})$$

$$\dot{I}_{WU} = 7.6\angle -53.13 + 120° = 7.6\angle 66.87°\ (\text{A})$$

线电流可按式 (2-60) 计算，为

$$\dot{I}_{U} = \sqrt{3}\,\dot{I}_{UV}\angle -30° = 7.6\sqrt{3}\angle -53.13° - 30° = 13.16\angle -83.13°\ (\text{A})$$

依据对称关系，有：

$$\dot{I}_{V} = 13.16\angle -83.13° - 120° = 13.16\angle 156.87°\ (\text{A})$$

$$\dot{I}_{W} = 13.16\angle -83.13° + 120° = 13.16\angle 36.87°\ (\text{A})$$

三、三相电路的功率

不论负载是星形连接还是三角形连接，总的有功功率都等于各相有功功率之和，即

$$P = P_U + P_V + P_W$$

当负载对称时，每相有功功率是相等的，因此三相总功率为

$$P = 3P_P = 3U_P I_P \cos\phi \qquad (2\text{-}61)$$

当对称负载是三角形连接时，

$$U_L = U_P \qquad I_L = \sqrt{3} I_P$$

当对称负载是星形连接时，

$$U_L = \sqrt{3} U_P \qquad I_L = I_P$$

不论对称负载为哪种连接，将上述关系式代入式（2-61），均得到

$$P = \sqrt{3} U_L I_L \cos\phi \qquad (2\text{-}62)$$

式（2-61）、式（2-62）可用来计算对称三相电路有功功率，两式中的 ϕ 是相电压与相电流的相位差。

工程上多采用式（2-62），因为线电压及线电流容易测得，而且三相设备铭牌标的也是线电压和线电流。

同理，可得出对称三相电路无功功率及视在功率：

$$Q = 3U_P I_P \sin\phi = \sqrt{3} U_L I_L \sin\phi \qquad (2\text{-}63)$$

$$S = \sqrt{P^2 + Q^2} = \sqrt{3} U_L I_L \qquad (2\text{-}64)$$

【例 2-13】 计算【例 2-12】对称三相电路的平均功率、无功功率和视在功率。

解： 前面已计算得出对称三相电路的线电流 $I_L = 13.16A$、线电压 $U_L = 380V$、负载的阻抗角 $\phi = 53.13°$，于是可计算出对称三相电路的功率分别为

平均功率：

$$P = \sqrt{3} U_L I_L \cos\phi = \sqrt{3} \times 380 \times 13.16 \times \cos 53.13° = 5.2 \text{（kW）}$$

无功功率：

$$Q = \sqrt{3} U_L I_L \sin\phi = \sqrt{3} \times 380 \times 13.16 \times \sin 53.13° = 6.93 \text{（kvar）}$$

视在功率：

$$S = \sqrt{3} U_L I_L = \sqrt{3} \times 380 \times 13.16 = 8.66 \text{（kV·A）}$$

单元 2.6 三相交流电路的测量

一、三相交流电路电流、电压的测量

1. 电磁式仪表

测量交流电流和交流电压常用电磁式仪表。

电磁式仪表的指针驱动部分主要由固定线圈、固定铁片和可动铁片等组成，基本结构如图 2-46 所示，其中固定线圈固定在仪表座上；固定铁片则固定放置在线圈内壁上；可

动铁片装在仪表的转轴上，可绕轴转动。其工作原理是当被测电量的电流流过固定线圈后，产生磁场，使固定铁片和可动铁片同时被磁化。两铁片同一端的极性相同，因此两者相斥，致使可动铁片受到转动力矩的作用，从而通过转轴带动指针偏转。当转动力矩与游丝的反抗力矩相平衡时，指针便停止偏转。

电磁式仪表可以测量交流电量，也可以测量直流电量，因此，使用电磁式仪表可以做成交、直流两用电表。电磁式仪表标尺上的刻度是不均匀的。

　　2. 交流电压和电流的测量方法

图 2-46　电磁式仪表结构示意图

电磁式交流电流表和电磁式交流电压表的连接方法、量程选择、读数等均与直流电流表、直流电压表对应相同，读数一般都是交流电流或交流电压的有效值。

二、三相电路功率的测量

交流电路的功率可以用功率表（又称瓦特表）直接测量出来，目前使用最多的是电动式功率表。

　　1. 电动式仪表

电动式仪表是利用两个通电线圈之间产生作用力的原理制成的，其结构如图 2-47 所示。电动式仪表有两个线圈：固定线圈和可动线圈，可动线圈与转轴连成一体，转轴上还附有指针和螺旋弹簧。可动线圈的电流可由两个螺旋弹簧引入。当固定线圈通过电流 I_1、可动线圈通过电流 I_2 时，固定线圈产生磁场，可动线圈在该磁场作用下产生转动力矩，带动转轴上的指针发生偏转。与此同时，固定在转轴上的弹簧被扭紧，产生反作用力矩，最后使指针达到平衡位置。

图 2-47　电动式仪表结构示意图

电动式仪表可以做成电压表和电流表，而且能交、直流两用，还可以做成电动式功率表测量电路中的功率。

2. 功率表的使用

（1）功率表

图 2-48　功率表外形与接线

单相交流电路功率的计算公式是 $P = UI\cos\phi$。因此，功率表必须有两个线圈分别反映被测电路电压、电流的大小。电动式仪表就满足了这个要求，其固定线圈导线粗、匝数少，用作电流线圈，串入被测电路。可动线圈导线细、匝数多，用作电压线圈，它与一定阻值的分压电阻串联后，与被测电路并联。功率表外形与接线如图 2-48 所示。

小要点

功率表的使用方法

（1）正确选择功率表的量程。

功率表的量程包括电流线圈量程和电压线圈量程，并应以此为准选择功率表的量程，即被测电路的电流不得超过电流线圈量程，被测电路的电压不得超过电压线圈量程。

（2）功率表的正确接线。

电流线圈和电压线圈各有一个接线端钮，标有"＊"或"±"，称为同名端。接线时应该使这两端接到被测电路的同一点处，如图 2-48b）所示。否则，将会造成功率表指针的反向偏转。

（3）正确读出功率表的示数。

常用功率表都是多量程的。改变与电压线圈串联的分压电阻的数值可改变电压量程，改变电流线圈的接法（使两段固定线圈分别串联或并联）可改变电流量程。

功率表的刻度盘上一般只标出分度格数。电压量程（单位是 V）与电流量程（单位是 A）的乘积就是该功率表的量程。该乘积被总分度格数除，就是每格刻度所对应的功率数，据此即可读出被测功率的数值。

【例 2-14】　某功率表的电压线圈量程是 300V，电流线圈量程是 0.5A，表盘刻度共有 100 格。现指针偏转至 80 格处，被测功率是多少？

解：功率表的量程为　　　　　　　$300 \times 0.5 = 150$（W）

功率表的每格刻度所对应的功率数为 $\dfrac{150}{100} = 1.5$（W/格）

被测功率为　　　　　　　　　　$1.5 \times 80 = 120$（W）

（2）三相电路功率的测量方法

三相电路功率的测量方法见表 2-4。

三相电路功率的测量方法　　　　　　　　　　　　　　　　表2-4

方法	应用电路	测量电路	电路总功率
一表法	对称的三相交流电路	 a)　　　　　　　　　　b)	$3P$
二表法	三相三线制电路，不论其对称与否		$P_1 + P_2$
三表法	三相四线制电路，负载一般不对称		$P_1 + P_2 + P_3$

想一想

如何正确选择功率表的量程？今有两块功率表，电压线圈和电流线圈的量程分别是：甲表300V、5A，乙表300V、2.5A，它们的功率量程各是多少？如果被测量电路的端电压是220V、电流是3.0A，应选择哪块功率表？

本模块实验

通过本模块理论学习，完成以下实验，详见本书实验手册。

实验4　函数信号发生器的使用

实验5　用示波器测量单相正弦交流电的参数

实验6　日光灯电路的连接与测量

复习与思考

2-1　指出下列各正弦量的幅值、频率、初相角，并画出它们的波形图［以 ωt 为横坐标，单位为弧度（rad）］。

（1）$i = 10\sqrt{2}\sin(6280t + 45°)$ mA

（2）$u = 220\sin(314t - 120°)$ V

2-2　分别写出每组电量的相量式，画相量图，说明每组内两个电量的相位关系。

（1）$i_1 = 10\sin\,(314t + 45°)$ A

$\quad\quad i_2 = 8\sin\,(314t - 15°)$ A

（2）$u_1 = 8\sin\,(1000t - 120°)$ V

$\quad\quad i_2 = 2.5\sin\,(1000t - 60°)$ A

2-3　正弦电流 $i_1 = 8\sqrt{2}\sin\omega t$ A、$i_2 = 6\sqrt{2}\sin\,(\omega t - 60°)$ A，计算 $i_1 + i_2$，并画相量图。

2-4　有一电感线圈，电阻可以忽略不计。把它接在 $u = 220\sqrt{2}\sin\,(2\pi \times 5000t + 90°)$ V 的电源上，用电流表测知 $I = 1.4$A。写出电流瞬时值表示式，计算线圈的感抗 X_L、电感 L 和无功功率 Q。

2-5　电容元件 C 两端的电压 $u = 220\sqrt{2}\sin\,(314t + 40°)$ V，电流 $I_C = 5$A。计算电容量 C、电流的初相角 ϕ_i 和无功功率 Q。

2-6　电路如题图2-1所示，已知 $i = 10\sin\,(314t - 30°)$ A、$R = 30\Omega$、$C = 80\mu$F。计算：

（1）$\dot{U}_R$、$\dot{U}_C$ 和 $\dot{U}$；

（2）电路的阻抗 Z；

（3）电路的平均功率 P 和无功功率 Q；

（4）画相量图。

2-7　RLC 串联交流电路如题图2-2所示，已知 $R = 30\Omega$、$L = 127$mH、$C = 40\mu$F，电源电压 $u = 220\sqrt{2}\sin\,(314t + 45°)$ V。计算：

（1）阻抗 Z；

（2）电流 i、电压 u_R、u_L 和 u_C；

（3）画相量图。

 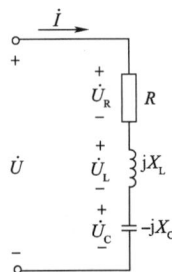

题图 2-1　　　　　　题图 2-2

2-8　串联交流电路如题图2-3所示，已知电源电压 $\dot{U} = 220\angle 30°$V，阻抗 $Z_1 = 3.2 + j\,8\Omega$、$Z_2 = 2.4 + j\,4.2\Omega$、$Z_3 = 2.6 - j\,2.8\Omega$。计算：

（1）电路的总阻抗 Z、电流 $\dot{I}$ 和电压 $\dot{U}_1$、$\dot{U}_2$、$\dot{U}_3$；

（2）电路的平均功率 P、无功功率 Q 和视在功率 S。

2-9　测量电感线圈参数的电路如题图2-4所示。已知电源频率 $f = 50$Hz，电压表读数为152V，电流表读数为1.2A，功率表读数为28.8W。计算线圈的电感 L 和电阻 R。

2-10　日光灯电路如题图2-5所示。电源电压220V、频率50Hz。灯管的等效电阻 $R =$

276Ω，镇流器的电感 $L = 1.59\text{H}$、电阻 $R_L = 13.6\Omega$。

（1）计算灯管的电流 I_{RL}、电压 U_R、镇流器的电压 U_{RL}、灯管的平均功率和 P_R、整个日光灯电路的平均功率 P 及功率因数 $\cos\phi_1$；

（2）为了提高电路的功率因数，与日光灯电路并联，电容 $C = 4.75\mu\text{F}$。计算电源提供的电流和提高后的功率因数 $\cos\phi_2$。

题图 2-3　　　　　　　　题图 2-4　　　　　　　　题图 2-5

2-11　在 RLC 串联交流电路中发生谐振的条件是什么？串联谐振有哪些特点？在发生串联谐振时，为什么会产生过电压现象？

2-12　一个电感线圈，其电阻 $R = 6\Omega$，电感 $L = 0.2\text{mH}$，与一个电容器 C 串联，$C = 200\rho\text{F}$。计算串联电路的谐振频率 f_0、谐振式的阻抗 Z_0 及电路的品质因数 Q。

2-13　电感线圈的电感 $L = 10\text{mH}$、电阻 $R = 4\Omega$，与一个电容器串联，电路的谐振角频率 $\omega_0 = 10^4\text{rad/s}$。

（1）计算电容器的电容量 C；

（2）电源电压 $U = 20\text{V}$。若电容器的耐压值是 500V，问电路发生谐振时，电容器能否正常工作？

2-14　星形连接的对称三相负载，每相阻抗为 $Z = 16 + j12\Omega$，接线电压 $U_1 = 380\text{V}$ 的对称三相电源，试求线电流 I_1、有功功率 P、无功功率 Q 和视在功率 S。

2-15　对称三相电阻炉做三角形连接，每相电阻为 $R = 38\Omega$，接线电压 $U_1 = 380\text{V}$ 的对称三相电源，试求负载相电流 I_p、线电流 I_1 和三相功率 P，并以 $\dot{U}_{AB}$ 为参考相量，画出各电压电流相量图。

2-16　一块功率表，电压线圈量程是 600V、电流线圈量程是 2.5A，表盘刻度共 250 格。用该表测量功率时，指针偏转了 200 格，计算被测功率是多少瓦？

模块3 磁路与变压器

单元3.1 磁路的基本概念

一、磁场的基本物理量

除了在天然磁体和人造磁铁中存在磁场,通电导体也可产生磁场,如图 3-1 所示。磁场线是闭合的曲线,磁场线上任意点切线的方向就是该点磁场的方向,磁场线的疏密程度则表示该点磁场的强弱。

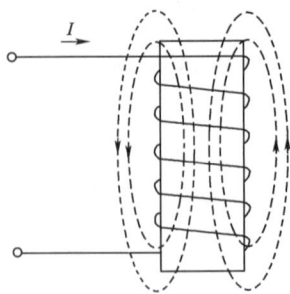

1. 磁感应强度

磁感应强度(B)表示磁场内某点磁场强弱和方向的物理量。它是一个矢量,其方向与该点磁力线的切线方向一致,与产生该磁场的电流之间的方向关系符合右手螺旋法则。在国际单位制中,磁感应强度的单位是特〔斯拉〕(T)。

图 3-1　通电线圈的磁场

若磁场内各点的磁感应强度大小相等、方向相同,则为均匀磁场。

2. 磁通

通过与磁场线方向垂直的某一截面内磁场线的总数称为磁通(Φ),有:

磁通

74

$$\Phi = B \cdot S \quad \text{或} \quad B = \frac{\Phi}{S} \tag{3-1}$$

在国际单位制中，Φ 的单位是韦［伯］（Wb），它的电磁单位是麦克斯韦（Mx），换算关系是 $1\text{Wb} = 10^8\text{Mx}$。

3. 磁导率

磁导率（μ）是表示介质导磁能力的物理量。在国际单位制中，μ 的单位是亨［利］每米（H/m）。

真空的磁导率是恒定的，用 μ_0 表示，$\mu_0 = 4\pi \times 10^{-7}\text{H/m}$。任何一种介质的磁导率 μ 与真空磁导率 μ_0 的比值称为该介质的相对磁导率，用 μ_r 表示，即

$$\mu_r = \frac{\mu}{\mu_0} \tag{3-2}$$

4. 磁场强度

磁场强度（H）是进行磁场计算时引用的一个物理量，也是矢量，它与磁感应强度的关系是：

$$H = \frac{B}{\mu} \quad \text{或} \quad B = \mu H \tag{3-3}$$

磁场强度只与产生磁场的电流以及这些电流的分布情况有关，而与磁介质的磁导率无关，它的单位是安/米（A/m）。

二、铁磁性材料的性质

铁磁性材料包括铁、钢、镍、钴及其合金以及铁氧体等材料，它们的磁导率很高，$\mu_r \gg 1$，是制造变压器、电机、电器等各种电工设备的主要材料。

1. 高导磁性

在磁性材料内部，分子电流自发形成一个个具有磁化性质的小区，称为磁畴。每一个磁畴就相当于一个小磁铁，在没有外磁场作用时，各个磁畴取向不同，排列杂乱无章，对外界的作用相互抵消，不显示宏观磁性，如图 3-2a）所示。当把磁性材料置于外磁场时，在外磁场作用下，各磁畴就沿外磁场的方向取向产生了附加磁场，并大大加强了外磁场，表明磁性材料被强烈地磁化了，如图 3-2b）所示。因此，磁性材料的磁导率 $\mu \gg \mu_0$，呈现出高导磁性。

图 3-2 磁性材料的磁化

利用磁性材料的这种高导磁性，能够用较小的励磁电流产生足够强的磁场，使磁感应强度（B）足够大。因此，磁性材料是构成变压器、电机等电工设备中磁路的主要材料。

2. 磁饱和性

磁性材料由于磁化所产生的附加磁场不会随外加磁场的加强而无限制地增加，其磁化过程可以用它的磁感应强度（B）与磁场强度（H）的关系曲线 $B = f(H)$ 表示，这条曲线称为磁化曲线。

铁磁性材料的磁化曲线如图3-3中①所示，它不是直线。在 oa 段，B 随 H 线性增大；在 ab 段，B 增大缓慢，开始进入饱和；b 点以后，B 基本不变，为饱和状态。由图3-3可见，铁磁性材料的 μ 不是常数，如图3-3中②所示，其 B 和 H 的关系是非线性的。非磁性材料的磁化曲线是通过坐标原点的直线，如图3-3中③所示。

3. 磁滞性

磁滞性表现在铁磁性材料在交变磁场中反复磁化时，磁感应强度（B）的变化滞后于磁场强度（H）的变化的特性，其磁滞回线如图3-4所示。由图3-4可见，当 H 减小时，B 也随之减小；但当 $H = 0$ 时，B 并未回到零值，而是 $B = B_r$，B_r 称为剩磁感应强度，简称剩磁。若要使 $B = 0$，则应使铁磁材料反向磁化，即使磁场强度为（$-H_c$），H_c 称为矫顽磁力。图3-4所示 $B = f(H)$ 回线表现了铁磁材料的磁滞性，故称为磁滞回线。

图3-3　磁化曲线

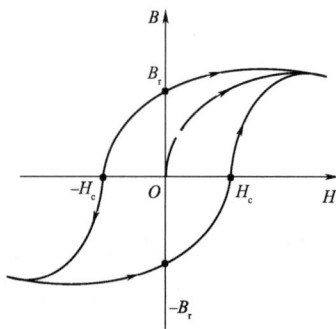

图3-4　铁磁性材料的磁滞回线

知识链接

磁性材料的类型

按磁性物质的磁性能，磁性材料可分为以下三种类型。

（1）软磁材料。

软磁材料的剩磁及矫顽磁力小，磁滞回线窄，它所包围的面积小，比较容易磁化。撤掉外磁场后磁性基本消失，如图3-5a）所示。这类材料主要有硅钢、铁镍合金、铸铁和铁氧体等。一般用来制造电机、电器及变压器的铁芯，铁氧体也可做计算机的磁芯、磁鼓以及录音机的磁带、磁头。

（2）硬磁材料。

硬磁材料的剩磁及矫顽磁力大，磁滞回线较宽，所包围的面积大，它需有较强的外磁场才能磁化。但去掉外磁场后，磁性不易消失，如图3-5b）所示。常用的材料有钨钢、铬钢、钴钢和钡铁氧体等。适用于制造永久磁铁、电信仪表、永磁式扬声器及小型直流电机中的永磁铁芯等。

（3）矩磁材料。

矩磁性材料的磁滞回线接近于矩形，如图3-5c）所示，具有较大矫顽磁力和较大的剩磁。它的特点是只需很小的外加磁场就能使之达到磁饱和。撤去外磁场时，磁感应强度与饱和时一样。计算机中的存储元件就用到矩磁性材料，常用的材料有锰镁铁氧体和锂锰铁氧体等。

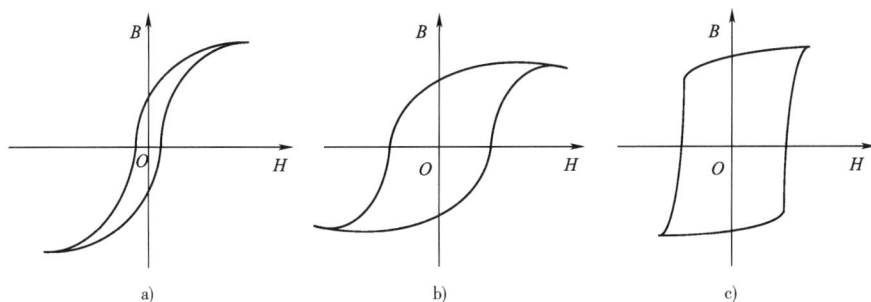

图3-5 不同磁性材料的磁滞回线

想一想

变压器、电机等电工设备的磁路（铁芯）为什么都选用磁性材料制成？

三、磁路定律

1. 磁路

对于变压器、电机等电工设备，为了用较小的励磁电流产生足够强的磁场［磁通（Φ）］，并使磁场线能够按照确定的、电工设备所需要的路径集中通过，通常都用磁性材料做成一定形状的铁芯，作为导磁路径。铁芯的磁导率比周围的空气或其他非磁性材料的磁导率高得多，因此，铁芯线圈产生的磁通绝大部分经过铁芯而闭合，形成磁路，如图3-6所示。

a)电磁铁的磁路　　　　b)变压器的磁路　　　　c)直流电机的磁路

图3-6 磁路举例

2. 全电流定律

磁场中磁场轻度与励磁电流的关系，遵循物理学中学过的安培环路定律，又称全电流定律，即在磁场中沿任何闭合曲线，磁场强度矢量（H）的线积分等于穿过该闭合曲线所谓曲面的电流的代数和，有：

$$\oint H \cdot \mathrm{d}l = \sum I \tag{3-4}$$

计算电流 $\sum I$ 时，以预先任取的闭合曲线绕行的方向为准，凡参考方向符合右手螺旋法则的电流为正，反之为负。

3. 磁路的欧姆定律

一个环形铁芯磁路如图 3-7 所示。铁芯用同一种磁性材料制成，其截面积（S）处处相等。励磁线圈有 N 匝，均匀地缠绕在铁芯上，通入励磁电流 I。这时磁场线沿铁芯呈同心圆形状分布，因环内各点对称，所以同一磁场线上各点 H 大小相等。现取线积分方向与磁场线方向一致，则根据安培环路定律可得：

$$\oint H \cdot \mathrm{d}l = H\oint \mathrm{d}l = Hl = \sum I = NI \quad \text{或} \quad H = \frac{NI}{l} \tag{3-5}$$

图 3-7 环形铁芯磁路

式中，NI 表示磁动势，令 $F_m = NI$，单位为安培（A）。

因为 $\Phi = BS$，$B = \mu H$，则 $\Phi = \mu HS$。

将式（3-5）代入上式可得：

$$\Phi = \mu \frac{NI}{l}S = \frac{NI}{\dfrac{l}{\mu S}} = \frac{F_m}{\dfrac{l}{\mu S}}$$

令 $R_m = \dfrac{l}{\mu S}$，则：

$$\Phi = \frac{F_m}{R_m} \tag{3-6}$$

式中，$R_m = \dfrac{l}{\mu S}$ 反映磁路导磁性能的强弱，称为磁阻。

式（3-6）在形式上与电路中的欧姆定律 $\left(I = \dfrac{E}{R} \right)$ 相似，称为磁路的欧姆定律。式（3-6）主要用来定性分析磁路，一般不能直接用于磁路计算。

单元 3.2 交流铁芯线圈及变压器

一、交流铁芯线圈

将线圈绕制在铁芯上便构成了铁芯线圈。根据线圈所接电源的不同，铁芯线圈分为直流铁芯线圈和交流铁芯线圈，磁路即为直流磁路和交流磁路。直流磁路中的磁通恒定不变，不会在线圈内产生感应电动势。因此，线圈内的电压、电流关系及功率损耗与一般的直流电路相同。

交流磁路励磁线圈中通入的是交流电流，这种交流磁路中的电磁现象要比直流磁路复杂得多。以图 3-8 所示电路为例进行讨论。

1. 电磁关系

交流铁芯线圈中，外加交流电压 u，电源频率 f，在线圈中产生交流励磁电流 i。磁动

势 Ni 产生两部分交变磁通，即主磁通 Φ 和漏磁通 Φ_δ，如图 3-8 所示。这两个磁通又分布在线圈中，产生两个感应电动势，即主磁电动势 e 和漏磁电动势 e_δ。

根据基尔霍夫电压定律，铁芯线圈的电压平衡方程为

$$u = Ri - e_\delta - e$$

由于线圈电阻上的电压降 Ri 和漏磁电动势 e_δ 都很小，与主磁电动势 e 比较均可忽略不计，则上式为

$$u \approx -e \tag{3-7}$$

外加电压 u 是正弦电压，主磁通 Φ 也随时间按照正弦规律变化。

图 3-8　交流铁芯线圈电路图

设主磁通

$$\Phi = \Phi_m \sin\omega t$$

感应电动势为

$$e = -N\frac{\mathrm{d}\Phi}{\mathrm{d}t} = -2\pi fN\Phi_m \sin\left(\omega t + 90°\right) = -E_m \sin\left(\omega t + 90°\right) \tag{3-8}$$

式中，E_m 表示主磁通感应电动势 e 的最大值，$E_m = 2\pi fN\Phi_m$，其有效值为

$$E = \frac{E_m}{\sqrt{2}} = \frac{2\pi fN\Phi_m}{\sqrt{2}} \approx 4.44fN\Phi_m \tag{3-9}$$

把式（3-8）代入式（3-7），可得：

$$u \approx E_m \sin\left(\omega t + 90°\right)$$

其电压有效值为

$$U \approx E = 4.44fN\Phi_m \tag{3-10}$$

式（3-10）表明，在电源电压的有效值 u 和频率 f 保持不变时，只要线圈的匝数 N 保持定值，主磁通的最大值 Φ_m 就基本不变。这个性质也被称为恒磁通原理。

2. 功率损耗

交流铁芯线圈中的功率损耗包括两部分，即线圈电阻 R 通电流后所产生的铜损耗和铁芯在交变磁通作用下产生的铁损耗。铁损耗包括磁滞损耗和涡流损耗。

（1）磁滞损耗

在交变磁场中，铁芯被反复磁化，磁性材料内部的磁畴反复取向排列，也产生功率损耗，并使铁芯发热，这种损耗就是磁滞损耗。可以证明，在交流电流的频率一定时，磁滞损耗与磁滞回线所包围的面积成正比。

为减小磁滞损耗，应选用磁滞回线窄的铁磁材料制作铁芯，如硅钢片、坡莫合金等。

（2）涡流损耗

如图 3-9a）所示，当线圈中通入交变电流时，铁芯中的交变磁通将在铁芯中产生感应电动势和感应电流，这种电流称为涡流。因铁芯有一定的电阻，故涡流将在铁芯中产生涡流损耗。为了减小涡流损耗，当线圈用于一般工频交流时，可采用由彼此绝缘且顺着磁场

图 3-9　涡流的产生和减少

方向的硅钢片叠成铁芯，如图 3-9b）所示。

①一般电机和变压器的铁芯常采用厚度为 0.35mm 或 0.5mm 的硅钢片叠成。对高频铁芯线圈，常采用铁氧体磁芯，其电阻率很高，可大大降低涡流损耗。

②涡流也有可利用的一面。例如，可利用涡流的热效应来冶炼金属，利用涡流和磁场相互作用而产生电磁力的原理制造感应式仪表，等等。

想一想

交流铁芯线圈在额定电压下正常工作时，其磁通密度一般接近饱和值，如线圈外加电压超过额定值，将会出现什么现象？

二、变压器

变压器是一种常见的电气设备，它能将某一电压数值的交流电变化为同频率的另一电压数值的交流电。

在电力系统中，变压器主要用在输电、配电领域。目前我国高压输电的电压等级为 110kV～500kV。但是受发电机结构和绝缘材料的限制，不可能直接发出如此高电压的电能。因此，先要用变压器将发电机发出的交流电的电压升高，再送到输电线路上去。当电能送到用电地区后，用降压变压器将电压降低到较低的配电电压（一般为 10kV），分配到各工厂、用户。最后再用配电变压器将电压降低到用户所需的电压等级（如 380V/220V），供用户使用。

在电子电路中，变压器可作为获得合适电压的电源，还可用来传递信号和实现阻抗匹配。

变压器的类型很多，按照用途分，有用于输、配电的电力变压器，用于测量技术的仪用互感器，用于电子整流电路的整流变压器，等等。按照变换电能相数的不同，分为单相变压器和三相（多相）变压器。

1. 结构

变压器种类很多，但其基本结构是相同的，主要由铁芯和绕在铁芯上的两个或多个线圈（又称绕组）组成。

铁芯构成变压器的磁路部分。为了减小涡流损耗和磁滞损耗，铁芯采用硅钢片交错叠装或卷绕而成。根据铁芯结构形式的不同，变压器分为芯式和壳式两种。图 3-10a）所示是芯式变压器，其特点是线圈包围铁芯，结构简单，用铁量较少。因此，多用于容量较大的变压器，如电力变压器。壳式变压器则是铁芯包围线圈，如图 3-10b）所示，其特点是可以省去专门的保护包装外壳。常用于小容量的变压器中，如电子线路中的变压器。

变压器的基本构造

变压器的种类和用途

绕组构成变压器的电流部分。一般小容量变压器的绕组是用高强度漆包线绕成的，大容量变压器可用绝缘扁铜线或铝线制成。

a)芯式变压器   b)壳式变压器

图3-10 变压器结构

2. 工作原理

图3-11 所示为单相双绕组变压器原理图。两个绕组中与电源相连接的称为一次绕组（又称原边或初级绕组）。凡表示一次绕组各量的字母均标注下标"1"，如一次绕组电压 u_1、一次绕组匝数 N_1 等。与负载相连接的绕组称为二次绕组（又称副绕组或次级绕组）。凡表示二次绕组各量的字母均标注下标"2"，如二次绕组电压 u_2、二次绕组匝数 N_2 等。为了防止变压器内部短路，绕组与绕组、绕组与铁芯之间要有良好的绝缘。

a)变压器结构示意图   b)变压器的符号

图3-11 单相双绕组变压器原理图

（1）空载运行状态——变电压作用

空载运行状态是指变压器一次绕组外加交流额定电压，二次绕组开路的情况。变压器在空载状态下，二次绕组电流 $i_2 = 0$。此时的变压器就相当于一个交流铁芯线圈，所不同的只是在铁芯上又加了一个开路线圈，该开路线圈对磁路不产生影响。

变压器空载运行状态下的一次绕组电流称为空载电流，用 i_0 表示。磁通势 $N_1 i_0$ 建立磁场，主磁通 Φ 沿铁芯闭合，分别在一次、二次绕组中产生正弦交变感应电动势 e_1 和 e_2。

其中，$e_1 = -N_1 \dfrac{\mathrm{d}\Phi}{\mathrm{d}t}$，$e_2 = -N_2 \dfrac{\mathrm{d}\Phi}{\mathrm{d}t}$。

在一次绕组中略去极小的电阻电压降以及漏磁通的影响，可以得到：

$$u_1 \approx e_1 \qquad \dot{U}_1 \approx -\dot{E}_1 \tag{3-11}$$

由式（3-10）得交流电压源的有效值为

$$U_1 \approx E_1 = 4.44 f N_1 \Phi_{\mathrm{m}} \tag{3-12}$$

二次绕组的电压方程为

$$\dot{U}_2 = \dot{E}_2 - R_2 \dot{I}_2 - \mathrm{j} X_{\delta 2} \dot{I}_2 \tag{3-13}$$

空载状态下，二次绕组的电流 $\dot{I}_2 = 0$，因此，端电压 $U_{20} = E_2$，则输出电压的有效值为

$$U_{20} = E_2 = 4.44fN_2\Phi_m \tag{3-14}$$

由于一次、二次绕组的线圈匝数不同，感应电动势不同，输出电压与电源电压也就不相等。一、二次绕组的电压比为

$$\frac{U_1}{U_{20}} \approx \frac{E_1}{E_2} = \frac{N_1}{N_2} = k \tag{3-15}$$

式中，k 表示一次、二次绕组的线圈匝数比，称为变压器的变比。

（2）负载运行状态——变电流作用

由 $U_1 \approx E_1 = 4.44fN_1\Phi_m$ 可知，当 U_1 和 f 不变时，E_1 和 Φ_m 也都基本不变。因此，有负载时产生主磁通的一次、二次绕组的合成磁通势（$N_1i_1 + N_2i_2$）和空载时产生主磁通的一次绕组的磁通势 N_1i_0 基本相等，即

$$N_1i_1 + N_2i_2 = N_1i_0 \qquad N_1\dot{I}_1 + N_2\dot{I}_2 = N_1\dot{I}_0$$

而空载电流 i_0 很小，忽略不计，则：

$$N_1\dot{I}_1 \approx -N_2\dot{I}_2 \tag{3-16}$$

由此，一次、二次绕组的电流关系为

$$\frac{I_1}{I_2} \approx \frac{N_2}{N_1} = \frac{1}{k} \tag{3-17}$$

（3）变压器的变换阻抗作用

负载接在变压器的二次侧，而电功率却是从一次侧通过工作磁通传送到二次侧的。按照等效观点，可以认为，在一次侧交流电源直接接入一个负载与变压器二次侧接上负载两种情况下，当一次侧的电压、电流和电功率完全一样时，对于交流电源来说，直接接在交流电源上的阻抗与二次侧的负载阻抗是等效的。

其中，$|Z_1| = \dfrac{U_1}{I_1}$，$|Z_2| = \dfrac{U_2}{I_2}$，两者的关系可以根据电压与电流变换关系计算得出：

$$|Z_1| = \frac{U_1}{I_1} = \frac{nU_2}{\dfrac{I_2}{n}} = n^2\frac{U_2}{I_2} = n^2|Z_2| \tag{3-18}$$

小要点

变压器阻抗变换原理的应用

变压器的阻抗变换常用于电子电路中，如收音机、扩音机中扬声器（喇叭）的阻抗一般为几欧或十几欧，而其功率输出级要求负载阻抗为几十欧或几百欧才能使负载获得最大输出功率，这称为阻抗匹配。实现阻抗匹配的办法就是在电子设备输出级和负载（如喇叭）之间接入一个输出变压器，并适当选择其变化。

想一想

（1）一台额定电压为 220V/110V 的变压器原来的匝数是 660 匝/330 匝，现为了节省铜线，能不能做成 2 匝/1 匝呢？为什么？

（2）变压器能变换电压、电流和阻抗，能不能变换功率？

单元3.3 变压器的应用

一、三相电力变压器

现代交流供电系统都是以三相交流电的形式产生、输送和使用的，三相变压器能够把某一电压值的三相交流电变换为同频率的另一电压值的三相交流电。三相变压器的工作原理与单相变压器的工作原理基本相同。

1. 结构

除了铁芯和绕组，变压器还包括油箱、油枕、防爆管、高低压套管等附属部件，如图3-12所示。

图3-12 三相油浸式电力变压器

1-信号温度计；2-铭牌；3-吸湿器；4-油枕；5-油表；6-安全气道；7-气体继电器；8-高压套管；9-低压套管；
10-分接开关；11-油箱；12-铁芯；13-线圈及绝缘；14-放油阀门；15-小车；16-接地螺栓

三相变压器的铁芯有三个芯柱，每一相的高、低压绕组以同芯绕在同一个芯柱上。如图3-13所示，高压绕组的首端分别标注大写字母 U_1、V_1、W_1，末端分别标注 U_2、V_2、W_2，低压绕组的首端分别标注小写字母 u_1、v_1、w_1，末端分别标注 u_2、v_2、w_2。高压绕组和低压绕组都有星形和三角形两种接法。

新的国家标准规定，高压绕组星形连接用 Y 表示，三角形连接用 D 表示，中性线用 N 表示。低压绕组星形连接用 y 表示，三角形连接用 d 表示，中性线用 n 表示。

图3-13 三相变压器的结构示意图

知识链接

三相变压器高、低压绕组各有不同接法，形成六种不同的组合形式。其中最常用的有三种：Y，yn；Y，d；YN，d。

（1）Y、yn 接法用于给三相四线制电路供电的配电变压器，高压不超过 35kV，低压为 400V/230V，容量一般不超过 1800kV·A。

（2）Y、d 接法常用于高压 35kV、低压 3～10kV 的变压器，其最大容量为 5600kV·A。

（3）YN、d 连接方式主要用在输电线路上，它使高压侧电网接地成为可能。

小要点

（1）三相变压器的原、副绕组相电压之比与单相变压器一样，等于原、副绕组每相的匝数之比，即

$$\frac{U_{P1}}{U_{P2}} = \frac{N_1}{N_2} = k$$

（2）原、副绕组线电压的比值与变压器的变比、变压器绕组的连接方式有关。

在 Y、yn 连接时，

$$\frac{U_{l1}}{U_{l2}} = \frac{\sqrt{3}\,U_{P1}}{\sqrt{3}\,U_{P2}} = \frac{N_1}{N_2} = k$$

在 Y、d 连接时，

$$\frac{U_{l1}}{U_{l2}} = \frac{\sqrt{3}\,U_{P1}}{U_{P2}} = \sqrt{3}\frac{N_1}{N_2} = \sqrt{3}\,k$$

式中，U_{l1}、U_{l2} 表示原、副绕组的线电压；U_{P1}、U_{P2} 表示原、副绕组的相电压。

2. 额定值

为了使变压器能够长时间安全可靠地运行，制造厂家将它的额定值标示在铭牌上或产品说明书中。在使用变压器之前，首先要正确理解各个额定值的意义。

（1）产品型号

产品型号用于表示变压器的结构和规格，如 SJL-500/10，其中 S 表示三相（D 表示单相），J 表示油浸自冷式，L 表示铝线（铜线无文字表示），500 表示容量为 500kV·A，10 表示高压侧线电压为 10kV。

（2）额定电压

一、二次绕组的额定电压用分数线隔开，表示为 U_{1N}/U_{2N}。额定电压指一次绕组接于电网的额定电压，与此相应的是二次绕组的空载线电压，如（10000±5%）/400V，其中，10000±5% 表示高压绕组额定线电压为 10000V，并允许在 ±5% 的范围内变动，低压绕组输出空载线电压为 400V。

（3）额定电流

额定电流 I_{1N} 和 I_{2N} 是指一次绕组加上额定电压 U_{1N}，一、二次绕组允许长期通过的最大电流。三相变压器的 I_{1N} 和 I_{2N} 均为线电流。

（4）额定容量

额定容量是在额定工作条件下，变压器输出能力的额定视在功率。

单相变压器：

$$S_N = U_{2N}I_{2N} = U_{1N}I_{1N}$$

三相变压器：

$$S_N = \sqrt{3}\, U_{2N}I_{2N} = \sqrt{3}\, U_{1N}I_{1N}$$

变压器的额定值还有频率、相数、容许温升、冷却方式、连接组标号等，这里不一一介绍。

想一想

进口一台配电变压器，其变比为 $10/0.4kV$，额定频率为 $f = 60Hz$，能否使用在我国相同电压等级（$f = 50Hz$）的电网上？为什么？

【例 3-1】 有三相配电变压器，其连接组标号为 Y、yn，额定电压为 10000V/400V，现向额定电压 $U_2 = 380V$、功率 $P_2 = 60kW$、$\cos\phi_2 = 0.82$ 的负载供电。求变压器原、副绕组的电流，并选择变压器的容量。

解： 变压器供给负载的电流为

$$I_2 = \frac{P_2}{\sqrt{3}\,U_2\cos\phi_2} = \frac{60 \times 10^3}{\sqrt{3} \times 380 \times 0.82} = 111.2 \text{（A）}$$

因变压器是星形连接，绕组相电流 I_{P2} 等于线电流 I_{l2}，故副绕组电流也是 111.2A。

变压器的变比 $k = \dfrac{U_{1N}}{U_{2N}} = \dfrac{10000}{400} = 25$，因此，原绕组的电流 I_{P1} 为

$$I_{l1} = I_{P1} = \frac{I_{P2}}{k} = \frac{111.2}{25} = 4.448 \text{（A）}$$

变压器的容量应为 $S_N \geqslant S_2 = P_2/\cos\phi_2 = 60/0.82 = 73.17 \text{（kV·A）}$，选变压器容量为 100kV·A。

二、自耦变压器

自耦变压器是一种常用的试验室设备。如图 3-14 所示，自耦变压器的一、二次侧共用一个绕组，一、二次侧绕组既有磁的耦合，也有电的联系。尽管一、二次侧共用一个绕组，但它的工作原理与普通双绕组变压器相同。

图 3-14 自耦变压器原理图

自耦变压器在结构上的特点是它只有一个绕组，且在绕组上安置了

图3-15 自耦变压器

一个滑动抽头，使它的输出电压能连续均匀地调节。如图3-15所示，它是一种可改变二次绕组匝数的自耦变压器，其二次绕组的滑动抽头做成能沿着裸露的绕组表面滑动的电刷触头，通过调节旋钮来移动电刷的位置，改变二次绕组的匝数，从而连续均匀地调节输出电压。

自耦变压器具有结构简单、节省用铜量、效率较高的优点。它的缺点是一、二次绕组电路直接连在一起，高压绕组一侧的故障会波及低压绕组一侧，这是很不安全的。因此，使用自耦变压器时，必须正确接线，外壳必须接地。

小要点

自耦变压器使用注意事项

（1）规定自耦变压器不允许用于安全照明变压器；

（2）自耦变压器常用作异步电动机的起动补偿器，对电动机进行降压起动。

三、仪用互感器

仪用互感器是在交流电路中，专供电工测量和自动保护装置使用的变压器。它的作用是扩大测量仪表的量程；为高压电路的控制、保护设备提供所需的低电压、小电流；同时可使仪表、设备与高压电路隔离，保护仪表、设备和工作人员的安全，并可使仪表、设备的结构简单，价格低廉。

根据用途不同，仪用互感器可分为电压互感器和电流互感器两种。

1. 电压互感器

电压互感器是一台小容量的降压变压器。如图3-16所示，一次绕组匝数很多，并联于待测电路两端；二次绕组匝数较少，与电压表及电度表、功率表、继电器的电压线圈并联。使用时，二次绕组不允许短路，二次绕组的一端和铁壳应可靠接地，以确保安全。

图3-16 电压互感器原理图

通常，电压互感器二次侧额定电压均设计为100V。例如，电压互感器的额定电压等级有6000V/100V、10000V/100V等。

2. 电流互感器

电流互感器是利用变压器交换电流的作用，将大电流变换成小电流的升压变压器，用于将大电流变换为小电流。如图3-17所示，一次绕组线径较粗，匝数很少，与被测电路负载串联；二次绕组线径较细，匝数很多，与电流表及功率表、电度表、继电器的电流线圈串联。使用时二次绕组电路不允许开路，二次绕组的一端和铁壳应可靠接地。

通常，电流互感器二次侧额定电压均设计为5A。例如，电流互感器的额定电流等级有30A/5A、75A/5A、100A/5A等。

图3-17　电流互感器原理图

想一想

为什么在运行时，电压互感器二次侧不允许短路，而电流互感器的二次侧不允许开路？

四、变压器在城市轨道交通供电系统中的应用

城市轨道交通牵引供电系统采用整流机组向电动车组提供直流电源，因此，不可避免地会产生谐波。为减少牵引整流变电站网侧谐波电流对城市电网的影响，降低电压脉动量，提高电网质量，通常采用多相脉波整流变压器系统（如二十四相整流）。为此，整流变压器不仅起降压作用，还要将三相交流电变成多相交流电供整流器整流。城市轨道交通电力牵引变电站如采用地下式（如地下铁道用），为了防止油箱爆炸引起的严重后果，多应用干式变压器，如图3-18所示。

在城市轨道交通中，还有用于轨道换向驱动设备的电流互感器，如图3-19所示；用于对变频器控制与调节信号处理的电压互感器，如图3-20所示。

图3-18　牵引整流干式变压器　　　图3-19　电流互感器　　　图3-20　电压互感器

复习与思考

3-1 一个交流铁芯线圈，励磁线圈的端电压 $U = 110\text{V}$，电源频率 $f = 50\text{Hz}$，铁芯中的磁通最大值 $\Phi_m = 1.24 \times 10^{-3}\text{Wb}$。计算线圈的匝数 N。

3-2 有一台额定容量为 $50\text{kV} \cdot \text{A}$，额定电压为 $3300\text{V}/220\text{V}$ 的变压器，高压绕组为 6000 匝，试求：

（1）低压绕组匝数；

（2）高压侧和低压侧的额定电流。

3-3 有一台 $10000\text{V}/230\text{V}$ 的单相变压器，其铁芯截面积 $S = 120\text{cm}^2$，磁感应强度最大值 $B_m = 1\text{T}$，当高压绕组接到 $f = 50\text{Hz}$ 的交流电源上时，求原、副绕组的匝数 N_1、N_2 各为多少。

3-4 某晶体管收音机输出电路的输出阻抗为 392Ω，接入的扬声器的阻抗为 8Ω，现加接一个输出变压器，使两者实现阻抗匹配，求该变压器的变压比。

3-5 单相变压器的容量 $S_N = 40\text{kV} \cdot \text{A}$，额定电压是 $3300\text{V}/230\text{V}$。计算：

（1）变压器的变比 k；

（2）一、二次绕组的额定电流 I_{1N} 和 I_{2N}；

（3）当它向额定电压是 220V、功率是 60W、功率因数 $\cos\phi = 0.89$ 的日光灯供电时，可接入多少盏这样的日光灯？

3-6 三相变压器，Y，yn 连接，额定电压为 $6000\text{V}/400\text{V}$，现向 50kW 的负载（$\cos\phi_2 = 0.82$）供电，副绕组的线电压为 380V，求原、副绕组的电流。

3-7 有一台容量为 $10\text{kV} \cdot \text{A}$ 的单相自耦变压器，已知 $U_1 = 220\text{V}$，$N_1 = 500$ 匝，试求：

（1）如果要使 $U_2 = 200\text{V}$，则 N_2 应为多少匝？额定负载时 I_{1N} 和 I_{2N} 各是多少安？

（2）原、副边公共部分的电流 I 与 I_{1N} 之比为多少？

教学目标

1. 掌握三相异步电动机的结构和工作原理；
2. 掌握三相异步电动机的起动、调速、反转和制动方法；
3. 掌握三相异步电动机的基本控制线路；
4. 掌握直流电动机的结构和工作原理；
5. 掌握城市轨道交通牵引电机的应用。

建议学时

8 学时

单元 4.1　三相异步电动机

电动机是利用电磁感应原理，把电能转换成机械能的装置。电动机的种类与规格很多，按其电流类型，可分为直流电动机和交流电动机两大类。其中，交流电动机按供电电源的不同，分为单相电动机和三相电动机两种；按转动原理又分为同步电动机和异步电动机。

异步电动机具有结构简单、价格低廉、坚固耐用、使用维护方便等优点，是应用最广泛的动力机械。

一、三相异步电动机的构造

三相异步电动机主要出定子和转子两部分组成，如图 4-1 所示。

1. 定子

定子主要由机座、定子铁芯和定子绕组组成。

机座用铸铁或铸钢做成，用于固定和支撑定子铁芯，其外表面有散热筋，用于增加散热能力。

定子铁芯是电动机磁路的一部分，紧贴机座内壁。它由相互绝缘的硅钢片叠压制成，铁芯圆周内表面有均匀分布的轴向直槽，用来嵌放三相定子绕组，如图 4-2 所示。

图 4-1　三相异步电动机的结构

1-轴承盖；2-端盖；3-接线盒；4-机座；5-轴承；6-转轴；7-定子铁芯；8-定子绕组；9-转子；10-风扇；11-罩壳

定子绕组是电动机的电路部分，它由三相对称绕组组成。三相绕组按照一定的空间分布依次嵌放在定子槽内，并与铁芯绝缘。三相绕组共有六个出线端引出机壳，接在机座的接线盒中。每相绕组的首末端用符号 $U_1 - U_2$、$V_1 - V_2$、$W_1 - W_2$ 标注，根据电动机铭牌上的规定，三相绕组有星形和三角形两种连接方式，如图 4-3 所示。

图 4-2　定子铁芯

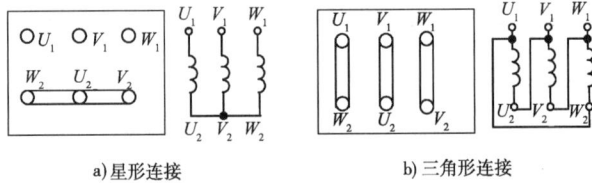

a) 星形连接　　　　　　　　　　b) 三角形连接

图 4-3　定子绕组的连接

2. 转子

转子由转轴、转子铁芯和转子绕组组成。

转子铁芯是电机主磁通磁路的一部分，用硅钢片叠压制成，呈圆柱状固定在转轴上，可绕轴转动。其表面有槽，槽内放置转子绕组的导体。

转子绕组是自成闭路的线圈，有笼型和绕线型两种形式。笼型转子绕组是在转子导线槽内嵌放铜条或铝条，并在两端用金属环焊接而成，形似笼子，如图 4-4 所示。绕线型转子绕组与定子绕组相似，在转子铁芯导线槽内嵌放对称三相绕组，并做星形连接，三个引出端分别与固定在转轴上的三个互相绝缘的铜制滑环相接，再通过滑环及其上面的电刷与外加的三相变阻器连接，供电动机起动及小范围内的调速使用，如图 4-5 所示。

a) 铜导条转子绕组　　　　b) 铸铝转子绕组

图 4-4　笼型转子绕组

图 4-5　绕线型转子绕组的结构和接线

为了使转子自由转动，在定子和转子之间必须留有一定的空气隙。一般空气隙为 0.2 ~ 1.5mm。

二、三相异步电动机工作原理

如图 4-6 所示，在一个可旋转的马蹄形磁铁中间放置一只可以自由转动的笼型短路线圈。当转动磁铁时，线圈就会跟着一起旋转。这是因为当磁铁转动时，其磁通切割笼型转子的导体，在导体中因电磁感应而产生感应电动势。由于笼型转子本身短路，在电动势的作用下导体中就有电流流过，导体在磁场中受到电磁力的作用产生电磁转矩，驱动笼形转子随着磁场的转向而旋转，这就是异步电动机的旋转原理。

1. 旋转磁场的产生

上述用外力拖动蹄形磁铁旋转产生旋转磁场的方法显然是不可取的。实际上，在三相异步电动机中是采用对称三相绕组通入对称三相电流的方法来产生旋转磁场的。

设对称三相交流为

$$i_U = I_m \sin\omega t$$
$$i_V = I_m \sin(\omega t - 120°)$$
$$i_W = I_m \sin(\omega t + 120°)$$

其波形如图 4-7a）所示，现向三相异步电动机定子三相绕组中分别通入三相交流电 i_U、i_V、i_W，如图 4-7b）所示。

旋转磁场带动笼型转子旋转

图 4-6 异步电动机旋转原理示意图

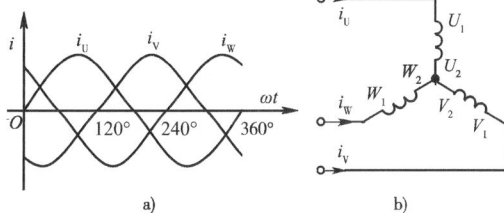

a）

b）

图 4-7 对称三相电流

设电流的参考方向从绕组的始端流入为正，在电流的正半周时，其值为正，实际方向与参考方向相同；在电流的负半周时，其值为负，实际方向与参考方向相反。

在 $\omega t = 0°$ 的瞬时，定子绕组中的电流方向如图 4-8a）所示。此时 $i_U = 0$，i_V 是负的，其方向与参考方向相反，即从 V_2 到 V_1；i_W 是正的，其方向与参考方向相同，即从 W_1 到 W_2。根据右螺旋法则可以确定三个线圈电流的合成磁场方向。在图 4-8a）中，合成磁场轴线的方向是自上而下的。

在 $\omega t = 120°$ 的瞬时，定子绕组中的电流方向及三个线圈电流的合成磁场方向，如图 4-8b）所示。此时合成磁场已在空间旋转了 120°。

同理可得，在 $\omega t = 240°$ 时的三个线圈电流的合成磁场方向，比 $\omega t = 120°$ 时的合成磁场在空间又旋转了 120°，如图 4-8c）所示。

由上可知，当定子绕组中通入三相交流电流后，它们共同产生的合成磁场是随电流的交变而在空间不断地旋转着，这就是旋转磁场。

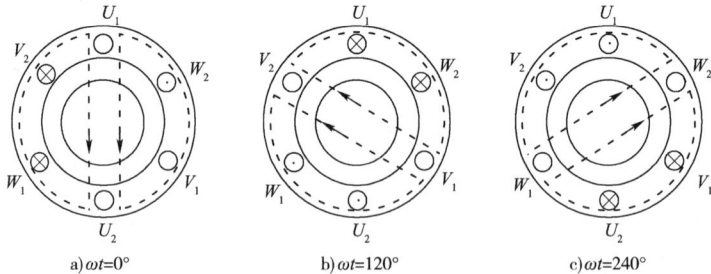

a) $\omega t=0°$ b) $\omega t=120°$ c) $\omega t=240°$

图 4-8　三相电流产生的旋转磁场

小要点

旋转磁场的方向

旋转磁场的方向与三相电流相序有关。顺相序，旋转磁场顺时针转；逆相序，旋转磁场逆时针转。通常，相序的改变可以通过任意对调两根电源线来实现。

---

2. 三相异步电动机的磁极对数与转速

三相异步电动机的磁极对数就是旋转磁场的磁极对数，旋转磁场的磁极对数和三相绕组的安排有关，图 4-8 所示的情况是每相绕组只有一个线圈，绕组的始端之间相隔 120°，则产生的旋转磁场具有 1 对磁极，若用 p 表示磁极对数，则 $p=1$。如定子绕组每相有两个线圈串联，线圈的始端之间相隔 60°，则产生的旋转磁场具有 2 对磁极，即 $p=2$。同理，如要产生 3 对磁极，即 $p=3$ 的旋转磁场，则每相绕组必须有均匀安排在空间的串联的 3 个线圈，线圈的始端之间相隔 40° $\left(\dfrac{120°}{p}\right)$ 空间角。

理论分析及实践证明，旋转磁场转速为

$$n_1 = \frac{60 f_1}{p} \tag{4-1}$$

式中，f_1 表示交流电的频率，Hz；p 表示电动机的磁极对数；n_1 表示旋转磁场的转速，又称同步转速，r/min。

由图 4-6 异步电动机旋转原理可知，转子导体切割旋转磁场产生感应电动势和电流，载有电流的转子导体受电磁力的作用，产生电磁转矩，使转子旋转，旋转磁场与静止的转子绕组之间有相对运动，即异步电动机的转速 n 必须小于旋转磁场的转速 n_1。

为了描述电动机转速 n 与同步转速 n_1 相差的程度，引入物理量转差率 s，它是转差 n_1-n 与旋转磁场转速 n_1 之比，即

$$s = \frac{n_1 - n}{n_1} \tag{4-2}$$

（1）在电动机起动瞬间，$n=0$，即 $s=1$。

（2）在电动机额定负载运行时，其额定转速 n_N 与同步转速 n_1 很接近，故 s_N 很小，为 $1\% \sim 6\%$。电动机空载运行时，$s < 0.5\%$。

【例4-1】　有一台三相异步电动机，其额定转速 $n_N = 1465\text{r/min}$。试求当电源频率 $f_1 = 50\text{Hz}$ 时，电动机的磁极对数 p 和额定转差率 s_N。

解： 由于额定转速 n_N 与同步转速 n_1 很接近，已知 $n_N = 1465\text{r/min}$，根据式（4-1）可知，当 $p = 2$ 时，$n_1 = 1500\text{r/min}$。

由式（4-2）得：

$$s_N = \frac{n_1 - n_N}{n_1} = \frac{1500 - 1465}{1500} = 2.3\%$$

三、三相异步电动机的铭牌

要正确使用电动机，必须能看懂铭牌的含义。这里以 Y132M-4 型电动机为例，说明铭牌各个数据的意义，见表4-1。

三相异步电动机的铭牌数据　　　　　　　　　　　　　　　表4-1

型号	Y132M-4	功率	7.5kW	频率	500Hz
电压	380V	电流	15.4A	接法	△
转速	1440r/min	绝缘等级	B	工作方式	连续

1. 型号

为了适应不同用途和不同工作环境的需要，电动机制成不同的系列，每种系列用各种型号表示，如图4-9所示。

图4-9　异步电动机的型号

2. 额定电压

额定电压（U_N）是指电动机在额定运行时定子绕组上应加的线电压值。一般规定电动机的电压不应高于或低于额定值的 5%。

3. 额定电流

额定电流（I_N）是指电动机在额定运行时定子绕组的线电流值。

4. 额定功率

额定功率（P_N）是指电动机在额定运行时轴上输出的机械功率，有：

$$P_N = \sqrt{3}\, U_N I_N \eta_N \cos\phi_N \tag{4-3}$$

式中，$\cos\phi_N$ 表示额定功率因数；η_N 表示额定效率。

5. 绝缘等级

绝缘等级是按电动机绕组所用的绝缘材料在使用时容许的极限温度来分级的。极限温度是指电动机绝缘结构中最热点的最高容许温度，一般分为三级：A 级极限温度为 105℃，E 级极限温度为 120℃，B 级极限温度为 130℃。

6. 接法

接法是指定子三相绕组在额定运行时所应采取的连接方法，有星形和三角形两种。

7. 工作方式

工作方式指电动机的运行状态，通常分为连续、短时和断续三种。

四、三相异步电动机在城市轨道交通中的应用

20 世纪 90 年代，随着现代技术的发展，城市轨道交通车辆电力传动系统有了很大的变化，其调速系统由最初的变阻调速发展到斩波器调速，进而发展到应用交流三相异步牵引电动机采用调压变频调速（VVVF）的传动技术。由于这种变频传动技术的优良性，目前世界上德、日等发达国家研制的地铁和轻轨车辆大多采用交流电传动变频调速技术。上海地铁 2 号线引进的车辆采用三相异步电动机作为牵引动力，如图 4-10 所示。

a)   b)

图 4-10 上海地铁 2 号线采用的三相异步电动机

单元 4.2 三相异步电动机的使用

一、三相异步电动机的起动

起动是指电动机通电后转速从零开始逐渐加速到正常运转的过程。

在起动瞬间，转子尚处于静态，而旋转磁场已经以 n_1 的速度开始转动。此时，磁感线切割转子导体的速度很快，产生的转子电流很大，导致定子绕组中流过的起动电流也很大，为额定电流的 5~7 倍。虽然起动电流很大，但由于起动时功率因数很低，电动机的起动转矩并不大（最大也只有额定转矩的两倍左右）。由此可见，异步电动机起动的主要问题是：起动电流大，而起动转矩并不大。

过大的起动电流在短时间内会在线路上造成较大的电压降，从而使负载端的电压降低，影响邻近负载的正常工作。此外，起动电流过大发出的热量会增多，当起动频繁时，由于热量积累，电动机会过热，影响寿命。

为减小起动电流，需要采用适当的起动方法。笼型电动机的起动有直接起动和降压起动两种方法。绕线型电动机采用加接起动电阻的方式起动。这里介绍直接起动和降压起动方法。

1. 直接起动

直接起动就是利用闸刀开关或接触器将电动机直接接到具有额定电压的电源上。这种方法所需设备简单，但起动电流较大，将使线路电压下降，影响负载正常工作，所以容量在 7.5kW 以下的三相异步电动机才采用直接起动。

2. 降压起动

降压起动是指电动机起动时降低加在电动机定子绕组上的电压，起动结束后加额定电压运行的起动方式。

降压起动虽然降低了起动电流，但也使电动机的转矩减小较多，故降压起动一般用于电动机空载或轻载起动。笼型电动机的降压起动常用串电阻降压起动、星形–三角形（丫–△）降压起动和自耦变压器降压起动等方法。

（1）串电阻降压起动

电动机在串电阻降压起动时，在定子绕组中串电阻降压，起动结束后再用开关 S 使电阻短路，全压运行，如图 4-11 所示。

串电阻降压起动时起动电阻有功率损耗，故不宜频繁起动。

（2）丫–△降压起动

电动机在丫–△降压起动时，先把定子三相绕组做星形连接，待电动机转速升高到一定值后再改接成三角形连接，如图 4-12 所示。这样，降压起动时的电流仅为直接起动时的 1/3。

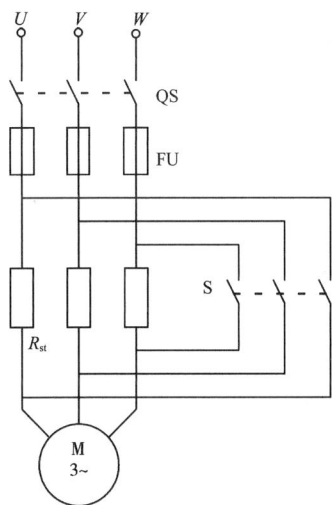

图 4-11　串电阻降压起动　　　　图 4-12　丫–△降压起动

图 4-13　自耦变压器降压起动

Ⅴ－△起动只适合于正常运行时定子绕组为三角形连接的电动机。

（3）自耦变压器降压起动

自耦变压器降压起动是利用三相自耦变压器降低起动时加在定子三相绕组上的电压。起动时先把开关 S 扳到"起动"位置，当转速接近额定值时，再将 S 扳回"运行"位置，切除自耦变压器，如图 4-13 所示。

自耦变压器降压起动适用于容量较大的星形连接运行的笼型异步电动机。

二、三相异步电动机的调速

调速即用人为的方法改变异步电动机的转速。

由转差率式（4-2）可得：

$$n = n_1 (1 - s) = \frac{60 f_1}{p} (1 - s) \tag{4-4}$$

式（4-4）表明调速的方法有改变磁极对数法、转差率法和频率法三种。

1. 变极调速

在制造电动机时，设计了不同的磁极对数，根据工作的需要，只要改变定子绕组的连接方式，就能改变磁极的对数，使电动机得到不同的转速。

2. 变转差率调速

笼型电动机的转差率是不易改变的，所以，这种调速方法只适用于绕线型电动机。只要在绕线型电动机的转子电路中接入一个调速电阻，改变电阻的大小，就可得到平滑的调速。

3. 变频调速

变频调速是以变频器向交流电动机供电而构成的调速系统。目前应用最为广泛的是交—直—交变频器，其基本结构如图 4-14 所示。

图 4-14　交—直—交变频器基本结构

变频调速的工作过程是：先将交流电经整流电路变成直流电，再由逆变电路把直流电"逆变"成任意可调的交流电。

与其他调速方法相比，变频调速的调速性能最好，节能效果明显，因而变频调速技术应用越来越广。

三、三相异步电动机的反转

为了满足生产机械的需要，如电梯的提升与下降、机械部件的前进与后退等，经常要求改变电动机的转动方向。

如前所述，异步电动机的转动方向是由旋转磁场的转向决定的，改变旋转磁场的转向就可以实现电动机的反转。为此，只需将定子三相绕组接到电源的三条导线中的任意两条对调即可。使用一只三刀双掷开关 QS 合向上方位置，电动机正转。断开开关 QS，电动机停转。再把开关 QS 合向下方位置，电动机反转，如图 4-15 所示。

图 4-15　正、反转控制电路

四、三相异步电动机的制动

制动就是刹车。当切断电动机的电源后，由于转子的惯性作用，电动机还会继续转动一定时间才能停止。为了提高生产率，保证产品质量及安全，常要求电动机迅速停车，这就需要对电动机制动。电动机制动是使其转矩与转子的转动方向相反。常用的方法有反接制动和能耗制动两种。

1. 反接制动

反接制动是利用电动机的反向转矩来进行制动。当需要电动机停车时，将接到电动机上的三根电源线中的任意两根对调，使旋转磁场反向产生一个与转子旋转方向相反的电磁转矩，电动机迅速减速，起到制动的作用。但当转速降到接近于零时，必须立即断开电源，否则电动机将会反转。

在开始反接制动的瞬间，转差率 $s > 1$，电动机的转子电流比起动时还要大。为限制电流的冲击，对功率较大的电动机进行制动时，必须在定子绕组（笼型）或转子绕组（绕线型）中串入电阻。

2. 能耗制动

能耗制动是在切断三相电源后，立即向定子绕组通入直流电源，产生一个固定的磁场。转子由于惯性仍继续沿原方向旋转，切割定子磁场产生感应电动势和电流。载流导体在磁场中受电磁力作用，其方向与电动机转动方向相反，因而起到制动的作用，如图 4-16 所示。这种方法是用消耗转子的动能来进行制动的，故称为能耗制动。

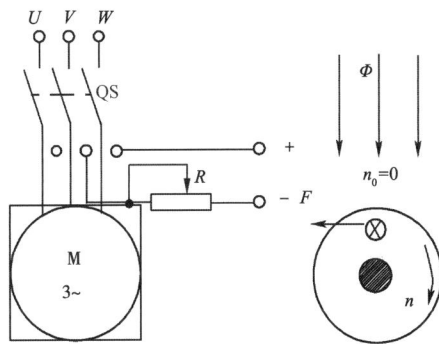

图 4-16　异步电动机的能耗制动

单元 4.3　三相异步电动机的基本控制线路

在现代工农业生产中，绝大多数生产机械都是由电动机来拖动的，为满足生产过程和加工工艺的要求，必须用一定的控制设备组成控制电路，对电动机进行控制。当前国内广泛采用由继电器、接触器、按钮等组成电动机的控制电路，控制电动机的起动、停止、正反转、行程、运行时间等。

一、常用低压控制电器

控制电器的种类很多，按其工作电压可分为高压电器和低压电器，按其动作性质可分为手动电器和自动电器。下面介绍几种常用的低压控制电器。

1. 刀开关

刀开关又称闸刀开关，是一种结构简单、应用广泛的手动电器。其主要用作电源隔离开关和小容量电动机不频繁起动与停止的控制电器。

刀开关由操作手柄、熔体、动触头、静触头、瓷底座和胶盖组成，如图 4-17 所示。胶盖使电弧不致飞出灼伤操作人员，防止极间电弧短路；熔体对电路起短路保护作用。

按照刀开关同时通、断电源线数目的不同，可以分为单极、双极和三极。其图形符号如图 4-18 所示。

图 4-17 刀开关外形与结构

1-电源进线座；2-动触头；3-熔断丝；4-负载线；5-负载接线座；
6-瓷底座；7-静触头；8-胶盖

图 4-18 刀开关的图形符号

小要点

刀开关使用注意事项

（1）常用的 HK 系列胶盖瓷底刀开关适用于额定电压≤500V、额定电流≤60A 电器设备的电路（相应电动机的功率≤5.5kW）。

（2）刀开关要垂直安装。接线时，电源线接在上端（接触点），负载线接在下端（动触点）。

图 4-19 铁壳开关的外形与结构

1-刀式触头；2-夹座；3-熔断器；4-速断弹簧；5-转轴；6-手柄

2. 铁壳开关

铁壳开关主要用于配电电路，做电源开关、隔离开关和应急开关之用；在控制电路中可用于不频繁起动的 28kW 以下三相异步电动机。

将刀开关及熔断器封装在铁壳内就构成了铁壳开关，如图 4-19 所示。其结构特点是：第一，在刀闸上安装了速断弹簧，提高开关的断开速度；第二，具有机械联锁，当铁盖打开时，不能进行合闸操作，而合闸后不能打开铁盖。

3. 组合开关

组合开关是刀开关的另一种结构，在设备自动控制系统中一般用作电源引入开关或电路功能切换开关，也可直接用于控制小容量交流电动机的不频繁操作。

组合开关由动触点、静触点、方形转轴、手柄等组成。它是一个具有多位置、多触点的刀开关，其转轴上装有快速动作的操作机构，使开关在切断电路时产生的电弧迅速熄灭。组合开关的外形与结构如图4-20所示。

图4-20 组合开关的外形与结构

1-手柄；2-转轴；3-弹簧；4-凸轮；5-绝缘杆；6-绝缘垫板；7-动触点；8-静触点；9-接线柱

4. 按钮

按钮是一种简单的手动开关，用来接通或断开控制电路。

按钮一般由操作头、复位弹簧、触点、外壳及连接部件组成。操作头的结构形式有按钮式、旋钮式和钥匙式等。按钮的外形与结构如图4-21所示。按钮的图形及文字符号如图4-22所示。

图4-21 按钮的外形与结构

1-操作头；2-复位弹簧；3-桥式触头；4-常闭触头或动断触头；5-常开触头或动合触头

图4-22　按钮的图形及文字符号

5. 行程开关

行程开关又称限位开关，工作原理与按钮相似，不同的是行程开关触头动作不靠手工操作，而是利用机械运动部件的碰撞使触头动作，从而将机械信号转换为电信号，再通过其他电器间接控制机床运动部件的行程、运动方向或进行限位保护等。

行程开关主要由触点部分、操作部分和反力系统组成。根据操作部分运动特点的不同，行程开关可分为直动式、滚轮式、微动式等。行程开关的外形与结构如图4-23所示。行程开关的图形及文字符号如图4-24所示。

图4-23　行程开关的外形与结构
1-动触点；2-静触点；3-操作头

图4-24　行程开关的图形及文字符号

6. 接触器

接触器是用途最为广泛的开关电器。它可用来频繁通断带载电路和远距离操作，因不能切断短路电流，常与熔断器配合使用。接触器按通断电流的种类可分为交流接触器和直流接触器，平时使用最多的是交流接触器。

接触器是利用电磁吸力使触头闭合或断开的自动开关。交流接触器由电磁系统、触点系统和灭弧系统组成。交流接触器的外形与结构如图4-25所示。当线圈通电时，产生电磁吸力，将动铁芯吸合，并带动动触头向下运动，使常开触头闭合，常闭触头断开。当线圈断电时，磁力消失，在反作用弹簧的作用下，使动铁芯释放，各触头又恢复到原来的位置。

图4-25　交流接触器的外形与结构
1-灭弧罩；2-触点压力弹簧片；3-主触点；4-反作用弹簧；5-线圈；6-短路环；7-静铁芯；8-弹簧；9-动铁芯；10-辅助动合触点；11-辅助动断触点

接触器的触头有主触头和辅助触头之分，主触头接触面积较大，并有灭弧装置，可以通、断较大的电流，常用来控制电动机的主电路；辅助触头额定电流较小（一般不超过5A），常用来通、断控制电路。一般每台接触器有三对（或四对）主触头和数对辅助触头。接触器的图形及文字符号如图4-26所示。

图4-26 接触器的图形及文字符号

7. 继电器

继电器是一种根据外界输入信号（电信号或非电信号）来控制电路接通或断开的自动电器，主要用于控制、线路保护或信号转换。继电器和接触器的工作原理一样，主要区别在于接触器的主触头可以通过大电流，而继电器的触头只能通过小电流，所以继电器只能用于控制电路中。

继电器的种类很多，这里只介绍时间继电器和热继电器。

（1）时间继电器

时间继电器主要用于控制电路的延时动作，即当继电器的感测机构接收到外界动作信号后，要经过一段延时后触点才动作，并输出信号去操纵控制电路。

时间继电器按动作原理可分为电磁式、空气阻尼式、电动式和电子式，按延时方式可分为通电延时和断电延时。时间继电器的外形与图形符号如图4-27所示。

图4-27 时间继电器的外形与图形符号

（2）热继电器

热继电器是利用电流通过发热元件时所产生的热量使双金属片受热弯曲而推动触点动作的一种保护电器。它主要用于电动机的过载保护、断相保护以及电流不平衡运行保护，也可用于其他电气设备发热状态的控制。

热继电器按动作方式可分为双金属片式、热敏电阻式、易熔合金式以及电子式等。热继电器的外形与图形符号如图4-28所示。

图4-28　热继电器的外形与图形符号

8. 熔断器

熔断器是动力和照明线路中最常使用的短路保护装置。它主要由熔体（熔丝或熔片）和熔管（或熔座）组成。当电路发生短路或严重过载时，熔断器中的熔体将自动熔断，从而切断电路，起到保护作用。熔断器的种类很多，常用的有插入式、螺旋式、无填料封闭管式等。熔断器的外形与图形符号如图4-29所示。

图4-29　熔断器的外形与图形符号

知识链接

根据国家标准，用于高压电力系统中高于1kV、低于330kV的交流电压等级和高压直流电力系统中直流±800kV以下的电压等级的开关设备即为高压开关设备。

用于城市轨道交通供电设备系统内的高压开关设备是相当重要的组成部分。

二、三相笼型异步电动机的直接起动控制

中小型三相笼型异步电动机直接起动的电路原理如图4-30所示，其工作原理如下所述。

1. 起动

电动机起动的步骤如下：

合上电源开关QS ⟶ 按下起动按钮SB₂ ⟶ 接触器KM的吸引线圈通电 ⟶

⟶ KM主触点闭合 ⟶ KM电动机M起动

⟶ KM动合辅助触点闭合 ⟶ KM线圈连续通电 ⟶ 进行自锁

这种利用接触器自身的动合辅助触点闭合，以维持接触器线圈持续通电的作用称为自锁（或称为自保）。起自锁作用的触点称为自锁触点，相关电路称为自锁环节。

2. 停机

电动机停机的步骤如下：

按下停止按钮SB$_1$ → 接触器KM的吸引线圈断电 → KM主触点断开 → 电动机M停机
→ KM动合辅助触点断开 → 解除自锁

3. 电路的保护

图 4-30 所示电路对电动机有四种保护功能：FU 的短路保护、FR 的过载保护、SB$_2$ 的失压保护、KM 的欠压保护。

三、三相笼型异步电动机正反转的控制线路

三相笼型异步电动机正反转控制电路原理如图 4-31 所示，其工作原理及动作过程如下：

按下起动按钮SB$_2$ → 接触器KM$_1$线圈通电 → KM$_1$主触点闭合 → 电动机M主电路接通，正转
→ KM动合辅助触点闭合 → 自锁
→ KM动断辅助触点断开 → 互锁

按下停止按钮SB$_1$ → 接触器KM$_1$线圈断电 → 各触点恢复原状态 → 电动机停转

图 4-30　三相笼型异步电动机直接起动电路原理

图 4-31　三相笼型异步电动机正反转控制电路原理

> **想一想**
>
> 按照上面的分析，写出反转时的动作过程。
>
> 在图 4-31 中，分别串联在接触器线圈电路中的动断辅助触点，使两个接触器互相制约，不能同时通电，这种作用称为互锁。实现互锁的触点称为互锁触点，相关电路称为互锁环节。另外，起动按钮 SB$_2$、SB$_3$ 采用了复合按钮，即按下按钮后，其动断触点首先断开，动合触点随后闭合。这种利用复合按钮机械动作的先后次序实现互锁作用的方式，称为机械互锁。

想一想

图 4-31 中，如要改变电动机的转向，是否可以直接按下相应的按钮 SB_2 或 SB_3，而不必按停止按钮 SB_1？为什么？

四、三相异步电动机的行程控制

在生产中由于工艺和安全的要求，常常要对某些运动机械的行程和位置进行控制，称为行程控制或限位控制。

三相笼型异步电动机可逆运行自动往返控制电路如图 4-32 所示，在工作台两端分别装设行程开关 SQ_1 和 SQ_2，电动机一经起动，机械部件就不需要人的操作而自动在 A、B 两个位置之间往返运行，直到按下停止按钮 SB_1。其工作原理及动作过程如下：

按下起动按钮 SB_3 ⟶ 接触器 KM_1 线圈通电 ⟶

⟶ KM_1 主触点闭合 ⟶ 电动机 M 正转带动机械部件向右运动

⟶ KM 动合辅助触点闭合 ⟶ 自锁

⟶ KM 动断辅助触点断开 ⟶ 互锁

⟶ 运动到挡块碰撞行程开关 SQ_2

⟶ SQ_2 动断触点断开 ⟶ KM_1 线圈断电 ⟶ 电动机断电

⟶ SQ_2 动合触点闭合 ⟶ KM_2 线圈得电 ⟶ 电动机 M 反转带动机械部件向左运动

图 4-32 三相笼型异步电动机可逆运行自动往返控制电路

五、三相异步电动机的时间控制

时间控制就是使用时间继电器进行延时控制。应用通电延时时间，继电器的三相笼型异步电动机丫－△降压起动控制电路，如图4-33所示。电动机的起动控制过程如下：

按下起动按钮SB₁ →
- KM₁通电 → 自锁
- → 电动机做星形连接降压起动
- KM₂通电
- KT通电 →（延时，即电动机起动的时间）

- KT动断触点延时断开 → KM₂断电
- KT动断触点延时闭合 → KM₃通电
→ 电动机做三角形连接全压起动

图4-33　丫－△降压起动控制电路

单元4.4　直流电动机

直流电动机是直流发电机与直流电动机的总称。直流电动机具有可逆性，既可作为发电机运行，又可作为电动机运行。

直流电动机与交流电动机相比虽然结构复杂，使用维护较麻烦，价格较高，但其调速性能好，起动转矩较大，在起重机械、运输机械、冶金传动机构、精密机械设备及自动控制系统等领域应用广泛。

一、直流电动机的工作原理

直流电动机是依据载流导体在磁场中受力而旋转的原理制造的，如图 4-34 所示。磁场固定不动，线圈 abcd 可在磁场内绕中心轴旋转，通过电刷和换向器把直流电源引入旋转的线圈。直流电动机的工作原理是：直流电动机在外加直流电源的作用下，在可绕轴转动的导体中形成电流，载流导体在磁场中将受到电磁力的作用而旋转，借助电刷和换向器的作用，使磁极下导体中的电流方向保持不变，即作用力不变，故电动机能连续运转，从而将直流电能转换为机械能。

图 4-34　直流电动机工作原理

根据物理学中的电磁感应原理，若用外力使图 4-34 中的导体 abcd 绕轴旋转，则导体 abcd 将切割磁感线而产生感应电动势，并通过电刷 A、B 向外电路提供直流电能，这就是直流发电机的工作原理。因此，直流电机的运行是可逆的。当输入机械转矩使电机旋转而产生感应电动势时，即将机械能转变为直流电能输出，作为直流发电机运行。反之，当输入直流电能产生电磁转矩而使电机旋转时，则是将电能转变为机械能输出，此时即作为直流电动机运行。

二、直流电动机的构造

直流电动机也是由定子和转子两大部分组成的，如图 4-35 所示。

图 4-35　直流电动机的结构

1-换向器；2-电刷装置；3-机座；4-主磁极；5-换向极；6-端盖；7-风扇；8-电枢绕组；9-电枢铁芯

1. 定子

定子是指电动机中静止不动的部分，包括机座、主磁极、换向磁极、电刷装置、前端盖、后端盖等部分。

（1）机座

机座的作用有两个：一是作为电动机的磁路，二是用来安装主磁极、换向磁极和前、后端盖等部件。为保证机座具有足够的机械强度和良好的导磁性能，一般为铸钢件或由钢板焊接而成。

（2）主磁极

主磁极的作用是产生主磁场。永磁电动机的主磁极直接由不同极性的永久磁体组成。励磁电动机的主磁极由主磁极铁芯和励磁绕组两部分组成。主磁极铁芯一般用 1 ~ 1.5mm 薄钢板冲片叠压铆紧而成，分为极身和极靴两部分。上面套励磁绕组的部分称为极身，下面扩宽的部分称为极靴，极靴宽于极身，既可以调整气隙中磁场的分布，又便于固定励磁绕组。励磁绕组用绝缘铜线绕制而成，套在主磁极铁芯上。整个主磁极用螺钉固定在机座上，如图4-36所示。

图 4-36 直流电动机的剖面图

1-极靴；2-电枢齿；3-电枢槽；4-主磁极铁芯；
5-主磁极绕组；6-机座；7-换向磁极铁芯；
8-换向磁极绕组；9-电枢绕组；10-电枢铁芯；
11-底脚

小要点

直流电动机的励磁方式

按照主磁极绕组与电枢绕组连接方式的不同，直流电动机的励磁方式可分为他励、并励、串励、复励，如图4-37所示。

a)他励   b)并励   c)串励   d)复励

图 4-37 直流电动机的励磁方式

（3）换向磁极

换向磁极的作用是改善换向，减小电机运行时电刷与换向器之间可能产生的换向火花，一般装在两个相邻主磁极之间，由换向磁极铁芯和换向磁极绕组组成，如图4-36所示。

（4）电刷装置

电刷装置的作用是通过电刷与换向器表面之间的滑动接触把电枢绕组中的电流引入或引出。它由电刷、刷握、刷杆和连线等部分组成，如图4-38所示。

图 4-38　电刷装置

1-压紧弹簧；2-钢丝辫；3-电刷；4-刷握

电刷由导电性能良好、耐磨性好的石墨粉压制而成。电刷放置在电刷盒内，并用弹簧把电刷压紧在换向器上。电刷盒是刷握的主要部分，刷握固定在刷杆上，刷杆则固定于刷杆座上，成为一个整体部件。

（5）前、后端盖

前、后端盖用来安装轴承和支承整个转子重量，用螺钉固定在机座两侧，一般为铸钢件。

2. 转子

转子通称为电枢，是电动机的旋转部分。它由电枢铁芯、电枢绕组、换向器、转轴、风扇等部分组成。

（1）电枢铁芯

电枢铁芯作为磁路通路的一部分，并在铁芯槽内嵌放电枢绕组。为减少磁滞及涡流损耗，电枢铁芯一般由 0.5mm 厚且表面具有绝缘层的硅钢片叠压夹紧而成，在硅钢片的外圆充有均匀分布的铁芯槽，用以嵌放电枢绕组，如图 4-39 所示。

图 4-39　电枢铁芯和电枢绕组

（2）电枢绕组

电枢绕组的作用是通过电流产生感应电动势和电磁转矩，实现能量转换。它由许多高强度漆包线或玻璃丝包扁铜线绕制而成，再按一定的规律嵌放在电枢铁芯槽中，线圈与铁芯之间以及线匝之间都必须妥善绝缘。为防止离心力将线圈边甩到槽外，槽口用槽楔固定，伸到槽外的线圈端接部分用热固性无纬玻璃带进行绑扎，如图 4-39 所示。

（3）换向器

换向器将外界供给的直流电流转变为绕组中的交变电流，以使电动机旋转。换向器安装在转轴上，主要由换向片组合而成，片与片之间用云母绝缘，两端再用两个 V 形环夹紧，如图 4-40 所示。

（4）转轴

转轴的作用是传递转矩。为了使电动机可靠地运行，转轴一般用合金钢锻压加工而成。

图 4-40　换向器的结构

1-V 形套筒；2-云母环；3-换向片；4-连接片

（5）风扇

风扇用来降低运行中电机的温升。

三、直流电动机在城市轨道交通中的应用

城市轨道交通车辆的牵引电动机长期以来普遍采用直流旋转电动机。

其传动方式有变阻控制和斩波调压控制。变阻控制在老式城市轨道车辆上普遍使用，虽然结构简单，但在起动和调速过程中有能量消耗，这种方式大多已被淘汰。随着电力电子器件的迅速发展，采用斩波调压控制消除了变阻控制的不经济性，为直流电动机的牵引增添了新的生命力。

城市轨道交通车辆电力传动系统经历了从直流到交流，从变阻调速到斩波器调速，进而发展到使用三相异步电动机变频传动技术三个阶段。

单元4.5 直线电动机

直线电动机是将电能变成直线运动的机械能输出装置。它可分为直线直流电动机、直线异步电动机、直线同步电动机和其他直线电动机（如直线异步电动机等），其中应用最广泛的是直线异步电动机。

一、直线异步电动机的工作原理

将一台普通的旋转异步电动机沿径向剖开，并将定子、转子圆周展开成直线，该电动机就称为直线异步电动机，如图4-41所示。由定子转变得到的一边称为初级，由转子转变得到的一边称为次级或称为滑子，它是直线电动机中做直线运动的部件，如图4-42所示。

图4-41 旋转电动机转变为直线电动机

图4-42 短初级和短次级

在实际应用时，将初级和次级制造成不同的长度，以保证在所需行程范围内初级与次级之间的耦合保持不变。直线电动机可以是短初级长次级，也可以是长初级短次级。考虑到制造成本、运行费用，目前一般采用短初级长次级。

向直线异步电动机初级三相绕组中通入三相交流电后，也将产生一个分布情况与旋转电动机相似的气隙磁场，是一个沿直线方向呈正弦分布且将按 U、V、W 的相序直线移动的平移磁场，称为行波磁场，如图4-43所示。

行波磁场的移动速度与旋转磁场在定子内圆表面的线速度一样，用 V_0 表示，称为同步速度。它与电源的频率及磁极的距离有关。该行波磁场在移动时将切割次级导体，从而在导体中产生感应电动势及电流。该电流与气隙中的行波磁场相互作用，产生电磁力，使次级沿行

109

波磁场移动的方向做直线运动，运动速度为 V，且 $V < V_0$。直线异步电动机的滑差率 s 可表示为

$$s = \frac{V_0 - V}{V_0} \tag{4-5}$$

图 4-43　直线异步电动机工作原理

直线异步电动机的运动方向与通入初级三相绕组三相交流电的相序有关。与旋转电动机一样，改变任意两相绕组与电源的接线顺序即可改变直线异步电动机的运动方向。

二、直线异步电动机结构简介

直线异步电动机主要有扁平形和管形两种结构形式，如图 4-44 所示。只在滑子的一边具有初级的称为一侧式直线电动机。如果在滑子的两侧都装上初级，就称为两侧式直线电动机。从工作性能上看，两侧式直线电动机的结构优于一侧式的。

a)扁平形直线异步电动机　　　　　　　b)管形直线异步电动机

图 4-44　直线电动机外形

扁平形直线异步电动机由三大部分组成，即初级、次级和气隙。初级铁芯也由硅钢片叠成，表面开有槽，槽内嵌放三相绕组。次级的形式较多，有类似笼型转子的结构，即在钢板（或铁芯叠片）上开槽，槽中放入铜条或铝条，然后用铜带或铝带在两侧端部短接。另一种结构形式的次级用整块的钢板或铜板制成，也可用各种型钢构成闭合回路。

三、直线电动机在城市轨道交通中的应用

目前，世界各国的轨道交通运输工具（如铁路干线、城郊轻轨、城市地铁等）基本上都采用旋转电动机驱动。与采用旋转电动机牵引的轨道交通车辆相比，直线电动机轨道交通车辆具有爬坡能力强、曲线通过能力强、工程造价低、运营成本低、噪声低、维护简单等诸多优越性能。

用直线电动机驱动的电动机车上所使用的电动机主要有两类：一类是直线同步电动机。它的初级绕组固定在轨道上，通以交流电，产生沿轨道运动的行波磁场；次级装在运动的电动机车上；电动机速度用装在轨道上的初级绕组的电流频率来控制（变频调速）。上海的磁浮列车即采用这种控制方式。另一类是直线异步电动机。它的初级绕组固定在电动机车上，而次级则固定在地面上。电动机的速度也靠改变初级绕组的电流频率来控制，日本的地铁车辆即采用此种控制方式。

新型直线电动机地铁车辆如图4-45所示，应用于广州地铁5号线。

图4-45　新型直线电动机地铁车辆

📺 **复习与思考** ·············

4-1　有一台三相异步电动机，其额定转速 $n_N = 975r/min$，电源频率 $f_1 = 50Hz$。试求电动机的磁极对数 p 和额定负载时的转差率 s_N。

4-2　三相异步电动机在满载和空载下起动时，其起动电流和起动转矩是否都一样？为什么？

4-3　一台380V、丫形连接的笼型异步电动机，是否可以采用丫 – △降压起动？为什么？

4-4　什么叫自锁、互锁？它们在控制电路中起什么作用？

4-5　如何实现异步电动机的短路、过载及欠压保护？

4-6　电路如题图4-1所示，分析电动机控制电路的工作原理，并指出控制电路有哪些缺点。

4-7　试画出能在两个不同地方用按钮起动和停止异步电动机的控制线路。

4-8　简述直流电动机的工作原理。

4-9　试说明直流电动机与交流电动机的优缺点及使用场合。

4-10　直线异步电动机与旋转异步电动机的主要差别是什么？

4-11　试述直线异步电动机的工作原理。

题图　4-1

模块5　城市轨道交通供电及用电知识

单元 5.1　电力系统概述

一、电力系统的概念

电力主要来自火力发电厂（站）、水力发电厂（站）、核能发电厂（核电站）以及地热、风力、太阳能和海洋能发电厂等。为了使工业的布局更加合理，常需要将发电厂建造在动力资源（如水、煤、石油）丰富的地区。但由于用电分散，或者受地理及历史条件的限制，负荷中心与动力资源可能相隔很远，这样就必须将电能经变压器升高压后，由输电线路送到遥远的用户处，因此便有必要在发电厂与用户之间建立升压和降压的变配电所。此外，为了提高供电的可靠性和经济性，还须将各发电厂用电力网连接起来并列运行。

轨道电路的概念

电力网是电力系统的一部分，它是由各类变配电所和不同电压等级的线路连接起来组成的统一网络。电力网的作用是将电能从发电厂输送出来并分配到用户处。

电力系统是动力系统的一部分，它由发电厂的发电机及配电装置、升压及降压变配所、输配电线路及用户的用电设备组成。电力系统的作用是使各发电厂、变配电所并列运行，从而提高整个系统运行的可靠性和经济性。

发电厂、变配电所及用户的用电热设备，其相互间以电力网及热力网连接起来的部分，称为动力系统，如图5-1所示。

图5-1　动力系统示意图

Q-汽轮机；F-发电机；B_1-升压变压器；B_2-降压变压器；X-输电线路

二、电力网的额定电压

电力系统中有不同等级的电压。当发电机发出来的电能需要输送相当远的距离时，先用升压变压器变成35kV、110kV、220kV、330kV或500kV等的高压。因为输送同样容量的电能时，提高电压，输电线路的电流便会减小，这样便可将电能损失降低；然后将高压电送到地区或终端变配电所，经降压变压器再变成10kV/0.4kV，以供给用户用电。

电气设备如果采用任意电压，势必使得制造厂家不可能进行标准化的大量生产。因此，电气设备须按标准化电压进行制造。

受电器（如电动机、照明灯、信号灯等）、发电机和变压器等正常运行并具有最经济的效果时的电压，称为它们的额定电压。

关于电力网的额定电压等级，我国已规定了统一的标准，输电网为500kV、330kV、220kV、110kV，高压配电网为110kV、66kV，中压配电网为20kV、10kV、6kV，低压配电网为0.4kV（220V/380V）。

受电器的额定电压等于电力网的额定电压。如图5-2所示，设发电机F是额定电压下运行的。由于线路中有电压降落，受电器$B_1 \sim B_4$将受到不同的电压，线始端的电压U_1比末端电压U_2要高些。设直线U_1、U_2代表电压的变化规律。由于生产的标准化，不可能按照上述直线所示的所有电压制造受电器。此外，电力网中各点的电压也并不是恒定的，它随着日夜寒暑的不同而变化。那么，受电器按U_1与U_2间的哪一个电压制造才会运行得最好呢？所有受电器的端电压与额定电压之差越小，它们就会运行得越好。显然应该采取线路始端电压U_1与末端电压U_2的算术平均值U_e作为受电器的额定电压，这个电压就是电力网的额定电压，即

$$U_e = \frac{U_1 + U_2}{2}$$

电力网的电压降落一般约为10%，用电设备一般允许在其额定电压的±5%，而线路末端电压则比电力网的额定电压低5%，从而可以保证在线路电压降落10%时，各受电器能正常运行。

因需考虑网络中电压降落的影响，发电机额定电压比它接入的电力网的额定电压要高5%。例如，10kV电网中，发电机的额定电压为10.5kV。

如图5-2所示，变压器B_2在空载情况下副边额定电压，应比电力网的额定电压高

113

10%。这是因为变压器副边的额定电压是在空载下测定的。当满载时，由于变压器本身的电压降落，副边的端电压将比空载时降低5%，再加上供电线路的电压损失5%，变压器副边的额定电压应比电力网的额定电压高10%。

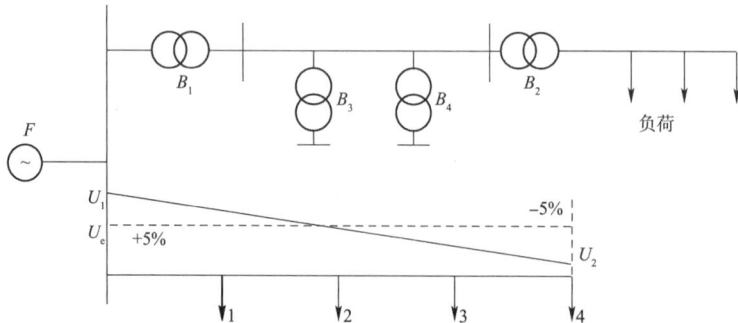

图 5-2　电力网中电压的变化

F-发电机；B_1-升压变压器；B_2、B_3、B_4-降压变压器；1、2、3、4-受电器

例如，35kV 电网中变压器副边的额定电压应采用 38.5kV，但当变压器副边供电线路很短时，由于线路的电压损失比较小，则变压器副边的额定电压比电网的额定电压高 5% 即可，如在 10kV 电网中，可采用 10.5kV 作为变压器的额定电压。

变压器原边的电压与电力网的额定电压相等。因为接到电网中的变压器 B_3、B_4 可以看作受电器，它的原边是直接接在电网上的，所以原边额定电压必须和电网的额定电压相等。

三、输电线路

输电线路是电力系统的重要组成部分，它负责把强大的电力输送到用户，以满足生产和生活用电需要。

输电线分终端线和联络线两种。终端线是由发电厂或变配电所将电能直接输送到用户的线路。联络线是发电厂或变配电所与外系统电源相连的线路。

> **知识链接**
>
> ### 供配电装置的主要配件
>
> 城市轨道交通供电设备系统中主要的供配电装置有母线、绝缘子、高压断路器、隔离开关、互感器、电力电容器、避雷器、熔断器等。
>
> （1）母线。母线是一种汇总和分配电能的导电线。室外常用软质母线，如铜芯铝绞线；室内则采用硬质母线。
>
> （2）绝缘子。绝缘子起支持和固定导线的作用。绝缘导线常用的连接方法有绕接法、压接法和焊接法三种。
>
> （3）高压断路器。能在高压电路的各种运行状态和事故情况下分、合电路的开关设备称为高压断路器，亦称高压开关，如图 5-3、图 5-4 所示。高压断路器是电力系统中发、送、变、配点接通和分断电路及保护电路的主要设备。

图5-3　交流110kV EXK系列断路器　　　图5-4　直流1500V 4207系列断路器

（4）隔离开关。在高压电路中，只能起到隔离电源、构成明显断开点作用的开关设备称为隔离开关。

隔离开关是高压闸刀（刀闸）开关的一种，也称隔离闸刀（刀闸）。隔离开关无灭火装置，因此不能分合负荷电流或切断故障电流，若发生误操作情况，即用来分合负荷电流或切断故障电流，不仅使隔离开关因电弧而烧损，还容易发生三相弧光短路，烧坏其他设备，甚至造成操作人员的电弧烧伤。

（5）互感器。互感器是电气测量、控制和保护调用变流器的装置。电压互感器如图5-5所示，电流互感器如图5-6所示。

图5-5　安装于母线上的电压互感器　　　图5-6　安装于筒体上的电流互感器

（6）电力电容器。电力电容器是电力系统内，以其容性的无功功率（或电流）来补偿系统内感性的无功功率（或电流），可改善功率因数，提高系统的供电能力。

（7）避雷器。避雷器主要用来保护变电所的进线保护段及线路的绝缘弱点。

（8）熔断器。熔断器具有过载、短路和欠压等保护功能。它不但可用于正常情况下不频繁地通断电路，还可用于不正常情况下自动切断电路。

小要点

城市轨道交通供电系统中大多使用高压成套设备，如交流35kV电压等级的8DA10型开关柜广泛应用于轨道交通交流35kV电压等级的供电系统中，如图5-7、图5-8所示。

图5-7　城市轨道交通供电系统中运行的
8DA10型开关柜（一）

图5-8　城市轨道交通供电系统中运行的
8DA10型开关柜（二）

8DA10型开关柜由高压开关柜、真空断路器、操作机构箱、三位置隔离开关、电压和电流互感器、气室等组件构成。该型开关柜额定电压为40.5kV，额定电流为3150A，适用于分断100kA的最大允许额定短路电流和40kA的最大短路分断电流。

1. 特点

（1）适合室内安装的金属外壳开关柜，出厂时已组装好，经过型式试验。

（2）灭弧介质为真空。

（3）绝缘介质为六氟化硫气体。

（4）采用单母线。

（5）采用单极金属外壳。

（6）采用逻辑机械联锁的完整开关柜联锁系统。

（7）具有可扩展性。

2. 操作

（1）远动操作。通过SCADA设备进行电动分合闸。

（2）就地操作。

①通过手柄对断路器、隔离开关进行手动分合闸。常用手柄如图5-9所示。

a) 母线闸刀手柄　　　　b) 接地闸刀手柄　　　　c) 断路器储能手柄　　　　d) 解锁手柄

图5-9　常用手柄

②通过选择开关对断路器、隔离开关进行电动分合闸，如图5-10所示。

图5-10 各类选择开关

单元5.2 城市轨道交通供电系统的组成和电力牵引的制式

一、城市轨道交通供电系统的组成

城市轨道交通供电系统是为轨道交通运营提供所需电能的重要系统。电动车辆的牵引以及为轨道交通运营服务的机电设备，包括通风、空调、照明、通信、信号、给排水、防灾报警、电梯、电动扶梯等都依赖并消耗电能。城市轨道交通供电为一级负荷，高度安全可靠、经济合理的供电系统是城市轨道交通正常运营的重要条件和保证。

城市轨道交通供电电源一般取自城市电网，通过城市电网一次电力系统和轨道交通供电系统实现输送或变换，最后以适当的电压等级、一定的电流形式（直流或交流电）供给用电设备。

城市轨道交通供电系统根据用电性质的不同可分为两部分，即以牵引变电站为主的牵引供电系统和以降压（动力）变电站为主的动力供电系统。

1. 牵引供电系统

城市轨道交通牵引供电系统主要由牵引变电站、接触网（架空线或接触轨）、回流线、馈电线、轨道组成，如图5-11所示。一般将接触网、馈电线、轨道、回流线总称为牵引网。其中，牵引变电站和接触网是牵引供电系统的主要组成部分。

牵引供电系统的组成

图5-11 城市轨道交通牵引供电系统示意图

为保证供电安全，牵引变电站均由两个独立的电源供电。由于轨道交通线路分布范围较广，通常需要在轨道沿线设置多个牵引变电所，采取安全、可靠的供电形式对牵引变电所供电。

2. 动力供电系统

城市轨道交通动力供电系统主要由降压变电站、配电所（室）、配电线路组成，如图 5-12 所示。

图 5-12　城市轨道交通动力供电系统示意图

在动力供电系统中，一般每个车站设置一个降压变电站，有时也可几个车站合设一个；也可将降压（动力）变压器附设在某个牵引变电站之中，构成牵引与动力混合变电站。

城市轨道交通车站及区间照明电源采用 380V/220V 系统配电。正常时，工作照明、事故照明均由交流供电，当交流电源失去时，事故照明自动切换为蓄电池供电，确保事故期间必要的紧急照明。

知识链接

城市轨道交通供电系统的供电方式

在城市轨道交通供电系统中，根据实际需要，也可以专设高压主变电站。发电厂或区域变电站对轨道交通主变电站供电，经主变电站降压后，分别以不同的电压等级对牵引变电站和降压变电站供电，这种供电方式被称为集中式供电方式，上海地铁就是采用此种供电方式。牵引变电站的设置和容量应按运行的列车编组及行车密度进行牵引供电计算后确定，降压变电站的设置和容量可根据动力用电量确定，若有主变电站，其容量应由全部牵引和动力用电量来确定。也可以不设地铁主变电所，由城市电网中的区域变电所直接对轨道交通牵引变电所和降压变电所供电，这种供电方式称为分散式供电方式，北京地铁、天津地铁就是采用这种供电方式。

案例分析

曾经，上海地铁 2 号线因华山路一电缆井起火引起供电故障，造成陆家嘴至中山公园区间列车全面停运，相关地铁站台一度出现了近 10min 的漆黑状态。断电造成 2 号线正常运营受到影响，恢复通电后，列车开开停停，2 号线所有换乘站都实施了限流。所幸事故发生在非高峰时段，对晚高峰没有造成影响。

疑问一：是什么原因造成的突然停电？

答：位于华山路、淮海西路处的地下电缆井起火，电力公司为抢险需要切断电源，导致瞬间失电。

疑问二：地铁为什么不使用备用电源？

答：地铁本身具有一套备用电源，但那是在外电供电正常的情况下才可以启动的备用电源。这起事故中未能启动双路输电，可能跟对方变压器不稳有关。

二、城市轨道交通电力牵引的制式

电力牵引用于轨道交通系统已有100多年的历史，随着经济和科学技术的不断发展，用于轨道交通电力牵引的方式有许多不同的制式出现。这里所说的制式，是指供电系统向电动车辆或电力机车供电所采用的电流和电压制式，如直流制或交流制、电压等级、交流制中的频率（工频或低频）以及交流制中的单相或三相等。

城市轨道交通采用直流供电，因为直流电适合于电气牵引的调速要求，而且直流牵引接触网结构简单，建设投资少，电压质量高。国际电工委员会拟定的电压标准为：直流电压750V、1500V和3000V三种。

我国国家标准采用DC750V和DC1500V两种。北京城市轨道交通采用750V直流供电电压，上海、广州、南京、深圳等城市轨道交通采用1500V直流供电电压。

单元5.3　安全用电

随着电能的广泛应用，人们越来越认识到安全用电的重要性。做好用电安全工作，提高用电安全技术理论水平，落实保证用电安全工作的组织措施和技术措施，对防止发生电气设备损坏和人身触电事故具有重要意义。

一、电流对人体的伤害

在供配电系统运行中，电气事故种类很多，可分为电流伤害事故、电磁场伤害事故、雷电事故、静电事故、电气设备事故和电力系统事故。其中，人身触电事故是电气事故中常见的一种形式。

触电对人体伤害的程度与电流大小、触电时间长短、电流通过人体的途径、电流的种类和电压的高低以及人体的状况有关。根据触电对人体伤害程度的不同，触电主要可分为电击和电伤两类。电伤是指电对人体外部造成的局部伤害，如电弧烧伤、熔化的金属微粒渗入皮肤的伤害等。电击是指电流通过人体内部，影响及破坏人体内部组织，如使呼吸困难、神经系统麻痹、心脏功能出现障碍等。绝大多数触电事故是由电击造成的，但在高压触电事故中，这两类伤害也会同时发生。

二、触电形式

根据触电的方式和电流通过人体的途径，触电一般可分为三种形式，即单相触电、两相触电、跨步电压触电。

1. 单相触电

单相触电是指人体在地面或其他接地体上触及一相带电体的触电，大部分的触电事故属于这种情况。这种触电形式的危险程度与配电系统的中性点运行方式有关。如图 5-13a）所示，在中性点直接接地的系统中发生单相接地时，因接地短路回路的阻抗很小，电流很大，对人的危险性较大；如图 5-13b）所示，在中性点不接地或经消弧线圈接地的系统中发生单相接地时，因接地短路回路阻抗大、电流小，其危险性相对较小；如图 5-13c）所示，人体接触漏电的设备外壳，也属于单相触电。

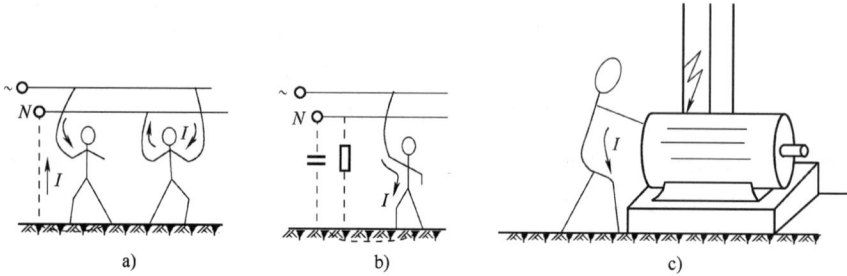

图 5-13　单相触电

2. 两相触电

两相触电是指人体两处同时触及两相带电体的触电，如图 5-14 所示。因相间电压直接加在人体上，其危险性较大。

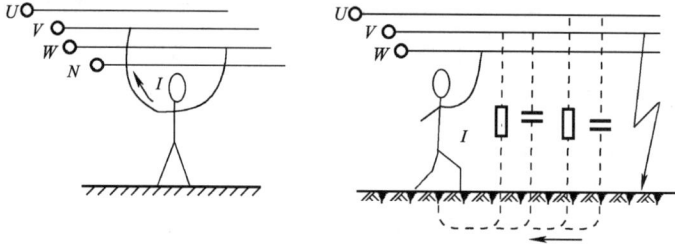

图 5-14　两相触电

图 5-15　跨步电压触电

3. 跨步电压触电

跨步电压触电是指当电气设备发生接地短路故障时，有很大的接地短路电流在大地中流散，从而在接地点周围的地面上产生一个电位分布。接地点的电位最高，距接地点 20m 的电位约为零。如果有人在接地点周围行走，将在两脚之间出现电位差，即所谓的"跨步电压"。由此而引起的触电事故，称为跨步电压触电，如图 5-15 所示。

知识链接

触 电 急 救

一旦发生触电事故，抢救触电者应遵循迅速、就地、准确、坚持的原则。

（1）迅速脱离电源。

当电源开关离救护人员很近时，应立即切断电源。当电源开关远离救护人员时，可用干燥木棒、竹竿或带有绝缘柄的其他工具使触电者脱离电源；也可用装有干燥木柄的刀斧、铁锹等把电线切断，但要注意防止切断电源的导线触及人体。现场可采用短路法使开关跳闸。

（2）就地急救处理。

触电者脱离电源后，必须立即抢救。仅在现场对安全有威胁时，才能把触电者抬到安全的地方进行抢救，但千万不要长途运往医院去抢救，应根据具体情况进行抢救，并迅速派人请医生前来急救。

（3）准确使用人工呼吸法。

触电者脱离电源后，首先清理其嘴里的异物，尽量使头后仰，让鼻孔朝天，这样舌头根部不会阻塞气道，同时尽快解开触电者的领口和衣服。头下不要垫枕头，否则会影响通气。然后根据触电者受伤害的程度，准确使用人工呼吸法。

（4）坚持抢救。

如果触电者能在15min以内得到抢救，一般做人工呼吸30~40min即可救活。触电者死亡一般有五个象征：呼吸停止、心脏不跳动，瞳孔放大，尸斑，尸僵，血管硬化。如果这五个象征有一个尚未出现，都应视为"假死"，必须坚持抢救。

想一想

为什么飞鸟两脚站在高压输电线上却不会触电？

三、电气事故

在供电系统工作运行中，电气运行人员在运行和操作中经常接触或接近高低压电气设备，存在触电的危险，必须特别注意电气安全。在供配电系统运行中可能产生的电气事故种类很多，一般分为电流伤害事故、电磁场伤害事故、雷电事故、静电事故、电气设备事故和电力系统事故。

电气安全

1. 电流伤害事故

电流伤害事故是指人体触及低压带电体，致使电流通过人体而导致触电的伤亡事故。对于高压电，当人体与带电体接近到一定的距离时，也会产生击穿放电，造成高压触电事故。

2. 电磁场伤害事故

电磁场伤害事故是指人体在电磁场所及范围内，吸收辐射能量所造成的不同程度的伤害事故，如头痛、头晕、乏力、失眠等中枢神经的功能失调，或者对心血管系统正常工作产生的影响。

3. 雷电事故

雷电事故是指直接雷击、感应雷击以及高电位侵入所造成的人畜伤亡、电气设备损坏、建筑物毁坏、火灾或爆炸等事故。

4. 静电事故

静电事故是指生产活动中产生有害静电所造成的事故。例如，在含有爆炸性混合物的场所产生静电放电，从而引起爆炸。静电还会对人造成一定程度的电击，也有可能使正常的生产秩序遭到破坏。

5. 电气设备事故

电气设备事故是指电气设备的电气回路发生故障所造成的设备损坏事故。一般情况下，一旦发生电气事故，往往伴随着人身事故。例如，电气设备的短路故障常常引起油断路器喷油、爆炸、火灾等，从而出现重大的人身伤亡事故。

6. 电力系统事故

电力系统事故是指电力系统中的各种设备，由于绝缘损坏、误操作，或者由于雷击、外力破坏等影响，可能发生故障或不正常运行状态，如不及时采取措施，就会影响系统正常运行，甚至造成大面积停电，给国民经济和人民生活带来重大影响。

四、安全用电措施

1. 电气安全用具

电气运行人员在运行与操作中应正确使用安全用具，确保人身安全。电气安全用具一般分为两大类，即绝缘安全用具和一般防护用具，如图 5-16 所示。

2. 电气设备的接地与接零

在供配电系统中，为了保证电气设备的正常运行和安全用电，电气设备必须接地或接零。接地是指将电气设备的某一部分与大地做良好的电气连接。接零是指将电气设备在正常情况下，不带电的金属部分（如外壳）与中性线（或称零线）紧密连接。按其作用的不同，可分为工作接地、保护接地、保护接零和重复接地等。

图 5-16　电气安全用具分类

（1）工作接地

为了保证电气设备在正常或发生事故的情况下能可靠地运行，将电路中的某一点接地，称为工作接地。例如，三相变压器三相绕组星形连接时中性点接地和避雷设备（避雷针、避雷器）的接地。

（2）保护接地

在中性点不接地的三相电源系统中，为了防止因绝缘损坏而遭受触电的危险，将与电气设备带电部分相绝缘的金属外壳或金属构架与大地可靠连接（接地电阻不得超过4Ω），称为保护接地，如电动机、变压器的外壳接地，如图5-17所示。

（3）保护接零

在中性点接地的三相电源系统，如380V/220V三相四线制供电系统中，将电气设备的金属外壳与电源的零线（中性线）直接连接，称为保护接零，如图5-18所示。

图5-17　保护接地

图5-18　保护接零

对于各种单相用电设备，如各种家用电器（电冰箱、洗衣机等）常用三眼插座和三脚插头与电源连通，使用时应将用电设备外壳用导线连接到三脚插头中间的插脚上，然后通过插座接到电源的零线，以实现保护接零，如图5-18所示。插座上的这根保护接零线要求连接牢固可靠，不允许装设开关或熔断器。

> **小要点**
>
> **保护接零的注意事项**
>
> （1）绝不允许用一根接零线来取代工作接零线和保护接零线。
>
> （2）我国用电规程中规定：在电压低于1000V的中性点接地的三相四线制供电系统中，如380V/220V系统，不允许采用保护接地，只能采用保护接零。

（4）重复接地

在三相四线制供电系统中，为了确保保护接零可靠，除了在电源中性点进行工作接地，还必须在零线的其他地方，按一定的间距进行多次接地，称为重复接地，如图5-19所示。

零线上不得装设熔断器或开关设备，应保证零线的安装质量，定期进行检查。

五、电气防雷、防火和防爆

1. 电气防雷

雷电分为直击雷、感应雷、球雷和雷电侵入波。雷电产生的强电流、高电压、高温热会给电力系统、人类造成严重灾害。城市

图5-19　重复接地

轨道交通供电系统中，各站点与控制中心之间相互连接的各类网络、通信系统的大量应用也使得雷电电磁脉冲对系统安全运行的影响日益突出。

图5-20　上海地铁使用的避雷器及其检测设备

目前，常采用避雷针、避雷线、避雷网、避雷带和避雷器等避雷装置防雷。考虑电磁脉冲对系统运行可靠性的影响，在做好系统接地保护和等电位连接的基础上，应综合运用分流、屏蔽、端口保护等措施解决系统中可能受雷电电磁脉冲干扰的因素，达到整体解决防雷与防电磁脉冲的目的。

图5-20为上海地铁使用的避雷器及其检测设备。

2. 电气防火

几乎所有的电气故障都可能导致电气火灾，如设备材料选择不当，过载、短路或漏电，照明及电热设备故障，熔断器烧断、接触不良以及雷击、静电等，都可能引起高温、高热或者产生电弧、放电火花，从而引发火灾事故。

预防电气火灾，应按场所的危险等级正确地选择、安装、使用和维护电气设备及电气线路，按规定正确采用各种保护措施。在线路设计上，应充分考虑负载容量及合理的过载能力；在用电上，应禁止过度超载及乱接乱搭电源线；对需在监护下使用的电气设备，应"人去停用"；对易引起火灾的场所，应注意加强防火，配置防火器材。

当发生电气火灾时，首先应切断电源，同时拨打火警电话报警。不能用水或普通灭火器（如泡沫灭火器）灭火，应使用干粉二氧化碳或"1211"等灭火器灭火，也可用干燥的黄沙灭火。

3. 电气防爆

由电引起的爆炸主要发生在含有易燃、易爆气体、粉尘的场所。在城市轨道交通地下线（站）中应特别注意电气防爆。

电气防爆措施主要有：合理选用防爆电气设备，正确敷设电气线路，保持场所良好通风；保证电气设备的正常运行，防止短路、过载；安装自动断电保护装置，对危险性大的设备应安装在危险区域外；防爆场所一定要选用防爆电机等防爆设备，使用便携式电气设备应特别注意安全；电源应采用三相五线制与单相三线制，线路接头采用熔焊或钎焊。

六、城市轨道交通供电设备的运行与检修

城市轨道交通供电系统中具有大量的变配电设备，如主变压器、母线、断路器、隔离开关、互感器、电容器、避雷器、继电保护装置、通信信号及自动装置以及各类仪表、显示器等。这些设备的安全运行是城市轨道交通正常运营的有效保证。城市轨道交通供电系统的运行与检修包括正常运行工作、异常情况处理、设备检修、运行分析和技术资料管理五个方面的内容。

案例分析

案例一　电压互感器二次回路短路故障

【故障现象】

电压互感器内部有异常，仪表指示不正确及引起保护误动作，严重时烧坏电压互感器。

【原因分析】

（1）高压熔断器选择不适当造成行车事故。

（2）电力工检查某备用供电所电源线的高压熔断器时发现有烧伤痕迹，立即更换，但在更换时，误将额定电流为15A的熔断器当作50A的使用，当熔断器换上后，在主配电所停电时，该备用变配所的电源自动投入，导致该熔断器熔断，造成3趟列车晚点运行。

【故障处理】

变配电所配电值班员如发现上述情况，应首先切除自动装置，防止误动作，并采取措施使电压互感器退出运行，进行检修。

案例二　导线断股、损伤和闪络烧伤故障

【故障现象】

刮风会使导线、架空地线产生振动或摆动而造成断股，甚至导线之间互相碰撞而形成短路，烧伤导线造成跳闸而线路停电。导线的振动和断股一般发生在导线悬挂处。

【原因分析】

（1）引线弛度较大且细而轻，易受风吹撼动，长期如此，在被线夹握住的地方，铝线因反复曲折而在弯曲部分"疲劳"，开始发生单股折断，逐渐发展到外层到内层断股。导线断股后，有效面积减小，机械强度降低，每股所受的拉力增加，因此便加速了断股的发展，同时未断股的电流密度增加，引起导线因过载而发热，最后造成断线。

（2）当风速在$0.5\sim4$m/s时，容易引起导线周期性的上下振动，导致导线断股。

（3）当风速在$5\sim20$m/s时，由于振幅较大，易引起全挡导线做波浪式的起伏运动，造成相间或导线对的闪络，导致线路停电事故。

（4）在$5\sim8$级大风（风速$8\sim20$m/s）时，架空线路的各相导线摆动不一，如线间距离较小或各相导线弛度不均衡，就会发生碰线事故或线间放电闪络故障。

（5）导线、架空地线在制造上有缺陷，如有断股等情况，或因受大气中水分及腐蚀性气体的作用，使导线氧化、生锈变质而减弱机械强度，于是刮大风也会引起断股。

【故障处理】

（1）对于风吹摆动较大的导线，应进行调整，松的应调紧，或者在两杆塔中间加装一根杆塔，以缩短挡距，使导线稳定。

（2）在线夹附近的导线上加装振锤、护线条，以防止导线振动。

护线条是用与导线相同的材料制成的，外形是中间粗两头细的一根铝棍。在线夹处用这种护线条将导线缠裹起来，就能加强导线的机械强度，并且在导线发生振动时，可以防止导线在线夹出口处发生剧烈的曲折。

防振锤由两个形状如杯子的生铁组成，两个生铁块分别固定在一根钢绞线两端，而钢绞线的中间部位用夹子固定在导线上。在导线振动时，防振锤的重量和弹性起到阻碍导线振动的作用。

（3）对耐张塔上的跳线，应注意其摆动的情况，在最大摆动时，应不至于对杆塔、横担或拉线发生放电，如有这种可能，一般可用绝缘子串来固定，也可在跳线上附加一根铁棍，这样就能有效地解决跳线因受风吹而摆动的问题。

案例三 电力电容器渗油漏油

【故障现象】

在运行中，环境温度过高及过负荷使电力电容器的温度升高，引起电力电容器浸渍剂受热膨胀，增大对外壳的压力，于是在外壳裂缝处或焊接薄弱处、引出线瓷套与外壳连接处、瓷套的顶部等处便会出现渗油漏油。

【原因分析】

由于外壳内出现空隙，外界的空气和潮气从渗漏处进入电力电容器内部使绝缘下降，若运行时间过长，发生绝缘击穿，严重时产生内部放电，使内部压力突然增大，发生瓷套和外壳爆破。

【故障处理】

当电力电容器渗油漏油时，如果情况严重，应将电力电容器停用，立即进行修理或更换。

案例四 母 线 故 障

【故障现象】

某变配电所母线发生故障，引起整个变配电所停电。

【原因分析】

由于配电所值班员误操作使设备损坏造成的，或是由于外部原因造成的，如小动物（老鼠、蛇等）入侵或线路故障时继电器保护拒绝动作。

【故障处理】

发生故障后，配电员应立即进行检查，如由于小动物引起母线断路故障则应及时用绝缘物将小动物处理掉，并立即恢复送电。若发生线路故障而继电保护拒绝动作，则应立即将故障线路断路器手动分闸，使故障线路与其他设备分开，保证未发生故障的设备能继续运行。

案例五 电容储能设备损坏，造成行车事故

【故障现象】

某变电所电源突然停电，经值班人员检查，发现是电容储能设备损坏时间已久所致。

【原因分析】

由于自动闭塞柜的断路器不能自动跳闸，因而备用变电所的电源就自动投入，使用备用变配电所电源经自动闭塞高压线、主变配电所自动闭塞柜闭塞至主变配电所母线，再由母线送至站场、车站用电，并经电源柜的断路器倒送至地方电网，使自动闭塞高压线路上负荷突然增加，引起备用变配电所自动闭塞柜电流继电器动作，造成断路器跳闸，自动闭塞高压线路全部停电，影响6对列车运行。

【故障处理】

工作人员应吸取事故教训，加强工作责任心，加强巡视及检查工作，对设备缺陷应及时处理。当变配电所突然停电时，值班人员应立即检查自动闭塞断路器和电源柜断路器是否在分闸位置。如不在分闸位置，值班人员应手动分闸，防止倒送负荷。

案例六　避雷器绝缘等级配合不当，未能起到保护作用

【故障现象】

避雷器未能起到保护作用，雷击时发生变配电所着火事故。

【原因分析】

某供电段误将10kV绝缘等级的避雷器装在6kV变配电所内，雷击时由于避雷器放电电压高，保护不能配合，雷击在断路器上，引起爆炸，造成火灾，使整个变配电所烧毁，造成大面积停电。

【故障处理】

事故主要是由技术管理混乱，没有按周期进行预防性试验，采用的避雷器绝缘等级过高造成。应加强技术管理，定期进行预防性试验，并将不同绝缘等级的避雷器分类保管，以避免类似事故的发生。

复习与思考

5-1　在电力系统中，发电、供电及用户之间的关系如何？

5-2　什么是安全电压？我国的安全电压是如何规定的？

5-3　电气事故主要包括哪几种？

5-4　人体触电有几种形式？各有何特点？

5-5　遇到有人触电，应如何进行急救？

5-6　什么是工作接地、保护接地、保护接零、重复接地，它们各有什么作用？

5-7　城市轨道交通供电系统中如何进行防雷、防火、防爆？

教学目标

1. 掌握万用表的组成及测量方法；
2. 掌握兆欧表的结构和使用方法；
3. 掌握钳形电流表的组成及使用方法；
4. 掌握验电器的使用方法及注意事项；
5. 掌握接地电阻测试仪的结构、操作方法及注意事项。

建议学时

6 学时

单元6.1　万　用　表

万用表是一种多用途、多量程、便携式仪表。一般可测量直流电流、直流电压、交流电压、电阻，有的还能够测量交流电流和交流电路的参数（电感、电容）等多种电量。万用表具有结构紧凑、用途广泛、携带和测量方便等优点，是实验室及电气工程技术人员经常使用的电工仪表。

万用表一般可分为指针式万用表和数字式万用表两种。

一、指针式万用表

指针式万用表是电气测量中应用最广泛的一种电工测量仪表，下面以某型号万用表为例介绍指针式万用表的使用方法。

1. 认识指针式万用表的面板结构

指针式万用表主要由表头、机械调零旋钮、量程选择开关、欧姆调零旋钮和表笔插孔等构成，图6-1为某型号万用表的面板结构。

图 6-1　某型号万用表的面板结构

2. 指针式万用表的使用

（1）调零

为了减小测量误差，在使用万用表之前要进行机械调零。

在测量电阻之前还必须进行欧姆调零，如图 6-2 所示。将万用表的红、黑表笔短接后，指针自左向右偏转，调节欧姆调零旋钮，使指针指在欧姆刻度线的零位上。更换测量挡位时，必须重新进行欧姆调零。

（2）接线

进行测量前，先检查红、黑表笔连接的位置是否正确。红表笔接到红色接线柱或标有 "＋" 号的插孔内，黑表笔接到黑色接线柱或标有 "－" 号的插孔内，不能接反，否则会损坏表头部件。

图 6-2　万用表欧姆调零

测量电流时，万用表与被测电路串联；测量电压时，万用表与被测电路并联。

（3）测量挡位的选择

在表笔连接被测电路之前，一定要查看所选挡位与测量对象是否相符。在高电压（220V以上）及大电流（0.5A以上）测量时，严禁带电切换量程开关，以防止产生电弧，烧毁开关触点。

选择电压或电流量程时，最好使指针处在标度尺 2/3 以上的位置；选择电阻量程时，最好使指针处在标度尺的中间位置。这样做的目的是尽量减小测量误差。测量时，当不能确定被测电流、电压的数值范围时，应先将转换开关转至对应的最大量程，然后根据指针的偏转程度逐步减小至合适的量程。

（4）读数

万用表的表盘上有许多条标度尺，分别用于不同的测量对象，所以测量时要在对应的标度尺上读数，同时应注意标度尺读数和量程的配合，避免出错。

（5）操作注意事项

测量时将万用表水平放置。

测量后将量程开关旋至 "OFF" 挡，若无此挡，应旋至交流电压最大量程挡。

图 6-3　数字式万用表

二、数字式万用表

数字式万用表是一种多用途的电子测量仪器，在电子线路等实际操作中有着重要的用途。常用的数字式万用表如图 6-3 所示。数字式万用表具有读数直观方便、体积小、测量精度高、测量速度快、输入阻抗高等优点。

1. 数字式万用表的使用与测量方法

（1）二极管蜂鸣挡的使用

二极管蜂鸣挡的主要功能是测量二极管压降，判断二极管正负极，判断线路通断。

将选择开关旋到"➡➤⊢"挡，将黑表笔插入 COM 插口，红表笔插入 VΩ 插口。红表笔接二极管阳极，黑表笔接二极管阴极。若显示屏数值为 0.17 ~ 0.7，则二极管正向导通。两表笔换位，若显示数值为"1"，二极管完好，反向截止；否则此二极管被击穿。

> **小要点**
>
> （1）如果调换表笔前后两次显示数值均为"1"，说明二极管已被击穿。
>
> （2）如果调换表笔前后两次显示数值均为"0"，说明二极管内部短路。
>
> （3）正向导通电压为 0.6 ~ 0.7V 是硅管，0.2 ~ 0.3V 是锗管。
>
> （4）在无法判断二极管阴阳极时，可依据表头显示数值判断二极管的阴阳极。

（2）电阻的测量

关掉电路电源，选择电阻挡（Ω）。将黑表笔插入 COM 插口，红表笔插入 VΩ 插口。将表笔前端跨接在器件两端，或想测电阻的那部分电路两端。查看读数，确认测量单位——欧姆（Ω）、千欧（kΩ）或兆欧（MΩ）。

（3）交直流电压的测量

将黑表笔插入 COM 插口，红表笔插入 VΩ 插口。将转换开关调到 V ~（交流）或 V –（直流），并选择合适的量程。红表笔探针接触被测电路正端，黑表笔探针接地或接负端，即与被测线路串联。读出 LCD 显示屏上的数字。

（4）电流的测量

断开电路。将黑表笔插入 COM 插口，红表笔插入 mA 插口或者 20A 插口。将转换开关调到 A ~（交流）或 A –（直流），并选择合适的量程。断开被测线路，将数字式万用表串联到被测线路中，被测线路中电流从一端流入红表笔，经万用表黑表笔流出，再流入被测线路中。接通电路。读出 LCD 显示屏上的数字。

（5）电容的测量

将电容两端短接，对电容进行放电，确保数字式万用表的安全。将转换开关调到电容（C）测量挡，并选择合适的量程。将电容插入万用表 C-X 插孔，读出 LCD 显示屏上的数字。

（6）晶体管 β 值的测量

晶体管 β 值指的是晶体管电流放大系数。将转换开关调到 hFE 挡，根据晶体管的类型（NPN/PNP）并按晶体管三个极的位置，将其插入对应万用表的晶体管插孔，从 LCD 显示屏上读出的数字即为该晶体管的 β 值。

2. **数字式万用表的使用注意事项**

（1）使用时，应将量程选择开关拨至合适的挡位。对于有"ON/OFF"开关的数字式万用表，应先将"ON/OFF"开关置于"ON"位置。

（2）不同项目的测量要及时准确地换挡，选择挡位要正确，切不可用测量电流或电阻的挡位去测量电压。

（3）满量程时，仪表仅显示".OL"（某些数字式万用表显示"1"），其他位均消失，这时应选择更高的量程。

（4）当误用交流电压挡去测量直流电压，或者误用直流电压挡去测量交流电压时，显示屏将显示"000"，或低位上的数字出现跳动。

（5）禁止在测量高电压（220V以上）或大电流（0.5A以上）时切换量程，以防止产生电弧，烧毁开关触点。

（6）当万用表的电池电量即将耗尽时，液晶显示器左上角会有电池符号显示电量不足。若仍进行测量，测量值会比实际值偏高。

（7）如果无法预先估计被测电压或电流的大小，则应先拨至最高量程挡测量一次，再视情况逐渐把量程减小到合适位置。测量完毕，应将量程选择开关拨至"OFF"挡。如果长期不用，应将万用表内电池取出，以免电池腐蚀表内其他元器件。

做一做

用万用表分别测量120Ω、6.8kΩ、47kΩ的电阻，请问分别选择哪个万用表电阻Ω挡量程？实测阻值为多少？

单元6.2　兆　欧　表

兆欧表又称摇表，是检测电气设备、供电线路绝缘电阻的一种可携式仪表。兆欧表上面的标尺刻度以"MΩ"为单位，可较准确地测出绝缘电阻值。它在测量绝缘电阻时本身就带有高电压电源，这就是它与其他测量电阻仪表的不同之处。

一、兆欧表的使用

发电机式兆欧表由一个手摇发电机、表头和三个接线柱（l 为线路端、e 为接地端、g 为屏蔽端）组成，如图6-4所示。

发电机式兆欧表中的手摇直流发电机多数为永磁发电机，可以发出较高的直流电压。常用的手摇直流发电机有250V、500V、1000V和2500V等几种规格。

（1）校表。测量前应将兆欧表进行一次开路和短路试验，检查兆欧表工作状态是否良好。将两连接线开路，摇动手柄，指针应指在"∞"处，再把两连接线短接一下，指针应指在"0"处。符合上述条件者即良好，否则不能使用。

（2）被测设备与线路断开，对于大电容设备还要进行放电。

（3）选用电压等级符合的兆欧表。

（4）测量绝缘电阻时，一般只用"l"和"e"端，但在测量电缆对地的绝缘电阻或被测设备的漏电流较严重时，就要使用"g"端，并将"g"端接屏蔽层或外壳。线路接好后，可按顺时

图6-4　发电机式兆欧表

针方向转动摇把，摇动的速度应由慢而快，当转速达到120r/min左右时（ZC25型），保持匀速转动，1min后读数，并且要边摇边读数，不能停下来读数。

（5）拆线放电。读数完毕，一边慢摇，一边拆线，然后将被测设备放电。放电方法是将测量时使用的地线从兆欧表上取下来，与被测设备短接一下即可（不是兆欧表放电）。

图6-5　数字式兆欧表

数字式兆欧表（图6-5）输出功率大、带载能力强、抗干扰能力强。数字式兆欧表使用时不需人力做工，优先使用交流电供电，不接交流电时，使用电池供电。数字式兆欧表测量绝缘电阻时，线路端（L）与被测物同大地绝缘的导电部分相接，接地端（E）与被测物体外壳或接地部分相接，屏蔽端（G）与被测物体保护遮蔽部分或其他不参与测量的部分相接。

二、兆欧表的选用原则

选择兆欧表时，兆欧表的额定电压一定要与被测电气设备或线路的工作电压相适应，测量范围也要与被测量绝缘电阻的范围相吻合。

（1）额定电压等级的选择。一般情况下，额定电压在500V以下的设备，应选用500V或1000V的兆欧表；额定电压在500V以上的设备，一般应选择额定电压为2500V的兆欧表。

（2）电阻量程范围的选择。兆欧表的表盘刻度线上有两个小黑点，小黑点之间的区域为准确测量区域。所以在选表时，应使被测设备的绝缘电阻值在准确测量区域内。测量低压电气设备的绝缘电阻时可选用0~200MΩ的兆欧表，测量高压电气设备或电缆时可选用0~2000MΩ的兆欧表。

小要点

有些兆欧表因其起始刻度不是零，而是1MΩ或2MΩ，不宜用来测量处于潮湿环境中的低压电气设备的绝缘电阻，因为该绝缘电阻可能小于1MΩ，造成仪表无法读数或读数不准确。

三、兆欧表的使用注意事项

（1）禁止在雷电时或高压设备附近测绝缘电阻，只能在设备不带电也没有感应电的情况下测量。

（2）摇测过程中，被测设备上不能有人工作。

（3）兆欧表线不能绞在一起，要分开。

（4）兆欧表未停止转动之前或被测设备未放电之前，严禁用手触及。拆线时也不要触及引线的金属部分。

（5）测量结束时，对于大电容设备要放电。

（6）要定期校验兆欧表的准确度。

单元6.3　钳形电流表

钳形电流表也称钳形表或钳表，是常用电工测量工具，是电流互感器的一种变形。它可在不开电路的情况下直接测量交流电流，在电气维修中使用相当广泛、方便。

钳形电流表的工作部分主要由一只电磁式电流表和穿心式电流互感器组成。穿心式电流互感器由铁芯制成活动开口，且呈钳形，故名钳形电流表。钳形电流表结构如图6-6所示。

一、钳形电流表的使用方法

（1）测量前检查仪表的钳口上是否有杂物或油污，如果有，待清理干净后再测量。

（2）进行仪表的机械调零。

（3）估计被测电流的大小，将转换开关调至需要的测量挡。如无法估计被测电流大小，先用最大量程挡测量，然后根据测量情况调至合适量程。

图6-6　钳形电流表结构

1-钳头；2-钳头扳机；3-显示屏；4-电压输入孔；5-负极输入孔；6-电阻输入孔；7-背光按键；8-功能/挡位开关；9-保持开关

（4）握紧钳柄，使钳口张开，放置被测导线（不需要与待测电路连接，只需将一根供电导线穿过电流感测钳），如图6-7所示。为减少误差，被测导线应置于钳口的中央。

图6-7　钳形电流表测电流

（5）钳口要紧密接触，如遇有杂音，可检查钳口是否清洁或重新开口一次再闭合。

（6）测量5A以下的小电流时，为提高测量精度，在条件允许的情况下，可将被测导线多绕几圈，再放入钳口进行测量。此时实际电流应是仪表读数除以放入钳口中的导线圈数。

（7）测量完毕，将转换开关拨至最大量程挡位（或OFF）上。

二、钳形电流表的使用注意事项

（1）测高压线路电流时，应戴绝缘手套，穿绝缘鞋并站在绝缘垫上；身体各部位与带电体保持在安全距离（低压系统安全距离为0.1~0.3m）之外。潮湿和雷雨天气不得到室外使用钳形电流表。

（2）测量前保证仪表的绝缘性能良好，即外壳无破损，手柄清洁干燥。

（3）被测电路的电压不可超过钳形电流表的额定电压。严禁将钳形电流表用于380V以上电路的电流测量。不能用于测量无绝缘的带电线路，以防止触电事故的发生。

（4）严禁在测量过程中转动转换开关挡。如需换挡，应先将载流导线退出钳口。

知识链接

检测线路内部和设备有无漏电

在主线路用钳形电流表测量漏电电流，然后将用电设备依次关闭，每关闭一个就用钳形电流表检测线路漏电电流的变化来查找漏电的设备。如果所有用电设备都已关闭，但钳形电流表显示仍然存在漏电电流，应该是低压线路存在漏电，应重新换线或者检测漏电点，判断是哪一相相线漏电。

在配电变压器处，断开低压线路接触器出线侧的中性线，取出熔断器并安装在其中一相线，用钳形电流表测量该相，测得的电流就是该相的漏电流。依次测试其他相线漏电流，判断漏电的位置。

在低压线路通电情况下，检测时单相线和中性线要同时放在钳形电流表的钳口内，三相三根相线和中性线也要同时放进钳口内。如果没有漏电故障，这时负荷电流磁通的相量和为零，钳形电流表指示也为零；如有漏电电流，钳形电流表可检测出漏电电流来（图6-8）。

检测总用电安全状况

检测埋墙电缆漏电隐患

检测设备运行安全情况

检测接地线漏电

接地线

图6-8 钳形电流表检测线路示意图

注意：（1）把火线、零线一齐钳住即测量电器设备的漏电流。（需注意2根）

（2）把地线钳住即测量电器设备该接地线的漏电流。（需注意单根）

（3）把三相四线一起钳住即测试总漏电流。（需注意4根）

（4）把主线钳住即测量该主线路的电流。（需注意单根）

单元6.4　验 电 器

验电器是检测电气设备是否带电的一种安全用具，按测量电压的高低分为高压验电器和低压验电器两种。低压验电器俗称验电笔，简称电笔。

一、高压验电器

高压验电器主要用于220～500V、6kV、10kV、35kV、110kV、220kV、500k 交流输配电线路和设备的验电，是电力系统、电气部门必备的安全工具。目前广泛采用的有发光型、声光高压验电器型、风车式三种类型。

常用的高压验电器为声光高压验电器，如图6-9所示，一般由检测部分、绝缘部分、握手部分三大部分组成。绝缘部分是指自指示器下部金属衔接螺钉起至罩护环止的部分，握手部分是指罩护环以下的部分。其中，绝缘部分、握手部分根据电压等级的不同，其长度也不相同。

1. 高压验电器使用方法

（1）高压验电器使用前，要按所测设备（线路）的电压等级将绝缘棒拉伸至规定长度，选用合适型号的指示器和绝缘棒，并对指示器进行检查，投入使用的高压验电器必须是经电气试验合格的。

图6-9　声光高压验电器

（2）使用时，操作者应手握罩护环以下的握手部分，先在有电设备上进行检验。检验时，应渐渐地移近带电设备至发光或发声上，以验证验电器的完好性；然后在需要进行验电的设备上检测。

（3）每次使用完毕，在收缩绝缘棒及取下回转指示器放入包装袋之前，应将表面尘埃擦拭干净，并存放在干燥通风的地方，以免受潮。回转指示器应妥善保管，不得强烈振动或冲击，也不准擅自调整拆装。

2. 高压验电器的使用注意事项

（1）在使用高压验电器进行验电时，首先必须认真执行操作监护制，一人操作，一人监护。操作者在前，监护人在后。人体与带电体应保持足够的安全距离，10kV高压的安全距离为0.7m以上、室外使用时，天气必须良好，雨、雪、雾及湿度较大的天气中不宜使用普通绝缘杆验电器，以防发生危险。

（2）在使用高压验电笔验电前，一定要认真阅读使用说明书，检查一下试验是否超周期，外表是否损坏、破伤。

（3）使用验电器时，必须注意其额定电压要和被测电气设备的电压等级相适应，否则可能会危及操作人员的人身安全或造成错误判断。

（4）验电时，操作人员一定要戴绝缘手套，穿绝缘靴，防止跨步电压或接触电压对人体的伤害。

（5）对线路的验电应逐相进行。对联络用的断路器或隔离开关或其他检修设备验电时，应在其进、出线两侧各相分别验电。对同杆架设的多层线路验电时，应先验低压，后验高压；先验下层，后验上层。

（6）在保管和运输中，不要使其强烈振动或受冲击，不准擅自调整拆装。不要把它放在露天烈日下暴晒，应保存在干燥通风处，不要用带腐蚀性的化学溶剂和洗涤剂进行擦拭或接触。

二、低压验电器

低压验电器分为笔式和螺钉式，如图 6-10 所示。低压验电器常用于检查低压导体和电气设备是否带电。它主要由工作触头、降压电阻、氖泡、弹簧等部件组成。它是利用电流通过验电器、人体、大地形成回路，其漏电电流使氖泡起辉发光而工作的。只要带电体与大地之间电位差超过一定数值（36V 以上），验电器就会发出辉光，低于过个数值，就不发光，从而来判断低压电气设备是否带有电压。

图 6-10　笔式、螺钉式低压验电器

1. 低压验电器使用方法

低压验电器除主要用来检查低压电气设备和线路，还可用来区分相线与零线、交流电与直流电以及电压的高低。

（1）用来区分火线和地线，通常氖泡发光的线为火线，不发光的线为零线；但中性点发生位移时要注意，此时零线同样会使氖（稀有气体）泡发光。

（2）用来判别交流电和直流电，在用测电笔进行测试时，如果测电笔氖泡中的两个极都发光，就是交流电；如果两个极中只有一个极发光，则是直流电。

（3）用来判断电压高低时，氖泡暗红轻微亮时，电压低；氖泡发黄红色，亮度强时电压高。

2. 低压验电器的使用注意事项

（1）在使用前，首先应检查一下低压验电器的完好性，四大组成部分是否缺少，氖泡是否损坏。

（2）验电前需在有电的地方验证一下，只有确认低压验电器完好后，才可进行验电。

（3）在使用时，一定要手握笔帽端金属挂钩或尾部螺钉，用笔尖金属探头接触带电设备，湿手不要去验电，不要用手接触笔尖金属探头。

单元6.5 接地电阻测试仪

接地电阻测试仪又称接地电阻表，是一种专门用于直接测量各种接地装置的接地电阻值的仪表。

接地电阻测试仪主要由手摇发电机、电流互感器、电位器以及检流计组成，其附件有2根探针，分别为电位探针和电流探针，还有3根不同长度的导线（5m 长的用于连接被测的接地体，20m 长的用于连接电位探针，40m 长的用于连接电流探针）。用 120r/min 的速度摇动摇把时，表内能发出 110～115Hz、100V 左右的交流电压。

接地电阻测试仪主要的类型有指针式和数字式，目前数字式接地电阻测试仪由于具有较高的精确度和灵敏性，应用广泛。常用的数字接地电阻测试仪、钳形接地电阻测试仪如图 6-11 所示。下面介绍两种常用的接地电阻测试仪。

a) 数字接地电阻测试仪　　　　　b) 钳形接地电阻测试仪

图 6-11　接地电阻测试仪

一、数字式接地电阻测试仪

数字式接地电阻测试仪应用了 DC/AC 变换技术，摒弃了传统的人工手摇式发电方式，集三端钮、四端钮测量方式于一体。

1. 使用接地式电阻测试仪的准备工作

（1）熟读接地式电阻测量仪的使用说明书。

（2）备齐测量时所必需的工具及全部仪器附件，并将仪器和接地探针擦拭干净，特别是接地探针，避免表面的污垢及锈渍影响其导电能力。

（3）将接地干线与接地体的连接点或接地干线上所有接地支线的连接点断开，使接地体脱离任何连接关系成为独立体。

2. 数字式接地电阻测试仪使用方法

以某数字式接地电阻测试仪为例，如图 6-12 所示，其电阻测量范围为 0～2Ω

图6-12　某数字式接地电阻测试仪

（10mA），2～20Ω（10mA），20～200Ω（1mA）。

（1）沿被测接地极E（C2、P2）和电位探针P1及电流探针C1，依直线彼此相距20m，使电位探针处于E、C中间位置，按要求将探针插入大地深度为400mm。

（2）用专用导线将地阻仪端子E（C2、P2）、P1、C1与探针所在位置对应连接，如图6-13所示。

仪表C2端接5m线，另一端接接地扁钢E上端；

仪表P2端接5m线，另一端接接地扁钢E下端；

仪表P1端接20m线，放线，另一端接接地探针P，探针P插地；

仪表C1端接40m线，沿P2、P1路线放线，另一端接接地探针，探针C插地。

（3）开启电源开关"ON"，选择合适挡位，轻按一下按键，该档指标灯亮，表头LCD显示的数值即为被测得的地电阻。

（4）测量完毕按一下电源"OFF"键，仪表关机。

（5）拆线，收回仪表，2个地极和4根测试线摆放整齐。

3. 数字式接地电阻测试仪使用注意事项

（1）应将仪表存放在干燥通风的地方，避免受潮，防止酸碱及腐蚀气体。

（2）测量保护接地电阻时，一定要断开电气设备与电源连接点。在测量小于1Ω的接地电阻时，应分别用专用导线连在接地体上，C2在外侧，P2在内测，如图6-14所示。

图6-13　接地电阻测量接线

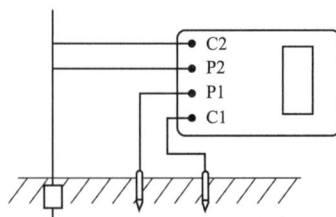

图6-14　测量保护接地电阻接线

（3）测量接地电阻时最好反复在不同的方向测量3～4次，取其平均值。

二、钳形接地电阻测试仪

以某钳形接地电阻测试仪为例，其钳表结构如图6-15所示。使用其测量有回路的接地系统时，不需要断开接地引下线，不需要辅助电极，安全快速、使用简便。可测量出传统测量方法无法检测出的故障，能应用于传统方法无法测量的场合。

1. 某钳形接地电阻测试仪操作方法

（1）开机前，扣压扳机一两次，确保钳口闭合良好。

（2）按"POWER"键，进入开机状态，首先自动测试液晶显示器，然后开始自检，自检完显示"OLΩ"符号，即进入电阻测量模式。

（3）开始测量电阻，扣压扳机，打开锁口，锁住待测回路（如接地引下线），即可读取接地电阻值。

（4）按住"HOLD"键可以保持仪表读数，若要退出HOLD模式可再按一次"HOLD"键，如果按下"HOLD"键约3s再松开，则进入读数据状态。

（5）测量完毕，按"POWER"键关机。

2. 钳形接地电阻测试仪使用注意事项

（1）仪表外观应无破损，钳口应无污染、闭合良好。

（2）自检过程中，不扣扳机、不张钳口、不钳导线、不翻转、不加力、钳口不绕导线。

（3）测量过程，液晶闪烁按"POWER"键，继续测量，不能出现自动关机。

（4）测量结果小于10Ω为合格。

图6-15 某钳形接地电阻测试仪钳表结构
1-液晶显示屏；2-扳机；3-钳口；
4-POWER键；5-HOLD键

复习与思考

6-1 万用表可以测量哪些电参量？

6-2 简述数字万用表测量二极管的方法。

6-3 兆欧表的三个接线柱E、L、G分别表示什么？

6-4 简述测量照明或电力线路对地绝缘电阻的接线方法。

6-5 简述钳形电流表的使用注意事项。

6-6 简述高压验电器的使用注意事项。

6-7 简述低压验电器的使用方法。

6-8 以某型号数字式接地电阻测试仪为例，简述其使用方法。

6-9 以某型号钳形接地电阻测试仪为例，简述其使用方法。

模块7 常用半导体器件

教学目标

1. 了解本征半导体、杂质半导体及 PN 结；
2. 掌握二极管的单向导电性；
3. 了解特殊二极管的特点及应用；
4. 掌握三极管的放大作用、开关作用及所需条件。

建议学时

8 学时

单元7.1 半导体的基础知识

电工电子技术近 50 年来得到了飞速的发展，特别是微电子技术和其他高技术的发展，使城市轨道交通等领域以及人们的社会生活发生了令人瞩目的变化，世界进入了信息时代，而作为电工电子技术的另外一大分支——电子技术必将以更快的速度前进。

半导体元器件是电子技术的重要组成部分，由于具有体积小、质量轻等特点而被广泛应用。集成电路，特别是大规模和超大规模集成电路不断更新换代，致使电子设备在微型化、可靠性和电子系统设计的灵活性等方面有了重大进步，因而电子技术成为当代高新技术的龙头。

一、半导体

半导体是导电能力介于导体与绝缘体之间的一种物质。

在电子器件中，常用的半导体材料有：元素半导体，如硅（Si）、锗（Ge）等；化合物半导体，如砷化镓（GaAs）等；以及掺杂或制成其他化合物半导体的材料，如硼（B）、磷（P）、铟（In）等。其中，硅是目前最常用的一种半导体材料。

半导体与金属和许多绝缘体一样，由原子组成，按照一定的规律排列，均具有晶体结构，如图 7-1 所示。

电脑主板上有很多小的元件，这些元件主要是半导体元件，是电子线路的核心元件，只有掌握半导体元件的结构、性能、工作原理和特点，才能正确分析电子电路工作原理，才能正确选择和合理使用半导体元件。

1. 本征半导体

本征半导体是一种完全纯净的、结构完整的半导体晶体。本征半导体又称纯净半导体。

本征半导体的导电能力很弱，原子之间的共价键结构非常稳定，价电子不易脱离束缚而成为自由电子，但是当获得足够的能量后，一些价电子可能挣脱共价键的束缚，游离出来成为自由电子。这会在原来的位置上留下一个"空位"，使共价键不稳定，这个空位称为空穴。空穴的出现是半导体区别于导体的一个重要特点。

半导体中有两种载流子，即空穴和自由电子，如图7-2所示。

a) 硅和锗的原子结构　　　　b) 硅和锗晶体的共价键结构

图 7-1　半导体原子结构和晶体结构　　　　图 7-2　半导体的两种载流子

在本征半导体中，自由电子和空穴总是成对出现的。也就是说，有一个自由电子就必定有一个空穴，在任何时候，本征半导体中的自由电子和空穴数总是相等的。

想一想

半导体有两种载流子参与导电，而金属导体只有自由电子，没有空穴，为什么？

2. 杂质半导体

为了提高半导体的导电性能，在本征半导体中掺入微量的杂质，就会使半导体的导电性能发生显著的改变。

根据掺杂物质的不同，杂质半导体可分为下列两种。

（1）P 型半导体

在本征硅（或锗）中掺入少量的三价元素杂质，如硼（B），所形成的半导体为 P 型半导体。当它和周围的硅原子组成共价键时，由于缺少一个电子而形成空穴。控制掺入杂质的多少，便可控制空穴数量。这样，空穴数量就远大于自由电子数，在这种半导体中，以空穴导电为主，因此空穴为多数载流子。由于空穴带正电，这种半导体称为 P（Positive）型半导体（空穴型），如图7-3所示。

（2）N 型半导体

在本征硅（或锗）中掺入少量的五价元素杂质，如磷（P），所形成的半导体为 N 型半导体。由于磷元素有 5 个价电子，其最外层的 4 个电子与相邻的 4 个硅（或锗）原子组成共价键结构，有 1 个价电子游离于共价键之外，成为自由电子。控制掺入杂质的多少，便可控制自由电子数量。这样，自由电子数目就远大于空穴数，在这种半导体中，以自由电子导电为主，因此自由电子为多数载流子。由于自由电子带负电，这种半导体称为 N（Negative）型半导体（自由电子型），如图 7-4 所示。

图 7-3　P 型半导体晶体结构

图 7-4　N 型半导体晶体结构

二、PN 结

PN 结是半导体的核心。

图 7-5　PN 结的形成

将 P 型半导体和 N 型半导体使用特殊工艺连在一起时，N 区中浓度高的自由电子会扩散到 P 区，并与 P 型半导体中的空穴复合。同时，P 区中浓度高的空穴会扩散到 N 区，并与 N 型半导体中的自由电子复合。在 P 型半导体和 N 型半导体的交界面上，可自由移动的空穴和自由电子相互中和，形成了一个具有特殊电性能的薄层，称为空间电荷区，即 PN 结，如图 7-5 所示。

做一做

　　PN 结的导电性可以通过下面的实验来验证。实验电路如图 7-6 所示。

　　图 7-6 中，将 P 区接在电池的正极上，N 区通过小灯泡接在电池的负极上，小灯泡正常发光，此时的外加电压为正向电压，如图 7-6a）所示。将电池的正、负极反接后，小灯泡不能发光，此时的外加电压为反向电压，如图 7-6b）所示。

a)正偏导通　　　　　　　　　　b)反偏截止

图 7-6　PN 结的单向导电性

单元7.2　半导体二极管

一、半导体二极管的结构

半导体二极管由一个 PN 结加上相应的电极引线及管壳封装而成。由 P 区引出的电极称为阳极，N 区引出的电极称为阴极。因为 PN 结的单向导电性，二极管导通时电流方向是由阳极通过管子内部流向阴极。

二极管的种类很多，按材料来分，最常用的有硅管和锗管两种；按结构来分，有点接触型（电流小，高频应用），面接触型（电流大，用于整流）；按用途来分，有普通二极管、整流二极管、稳压二极管等多种，如图 7-7、图 7-8 所示。

图 7-7　常用二极管的符号、结构和外形示意图

图 7-8　二极管的图形符号

二极管两管脚有正、负极之分，二极管电路符号中，三角一端为正极，短杠一端为负极。二极管实物中，有的将电路符号印在二极管上标示出极性，塑料封装二极管中有色点/色环/色带端为阴极，金属螺栓二极管的螺栓端为阳极。使用中应注意识别。

根据国家标准《半导体分立器件型号命名方法》（GB/T 249—2017）的规定，二极管的型号由 5 部分组成，见表 7-1。

二极管的型号组成及其意义　　　　　　　　　　　　　　表 7-1

第一部分			第二部分		第三部分		第四部分	第五部分
用阿拉伯数字表示器件的电极数目			用汉语拼音字母表示器件的材料和极性		用汉语拼音字母表示器件的类别		用阿拉伯数字表示序号	用汉语拼音字母表示规格号
符号	意义		符号	意义	符号	意义		
2	二极管		A	N 型锗材料	P	小信号管		
			B	P 型锗材料	V	混频检波管		
			C	N 型硅材料	W	电压调整管和电压基准管		
			D	P 型硅材料	C	变容管		

常见的二极管有 2AP7、2DZ54C 等，根据表 7-1 可自行判断其意义。

二、半导体二极管的伏安特性及其检测

二极管的电流与电压的关系曲线称为二极管的伏安特性。二极管的伏安特性曲线如图 7-9 所示。

二极管的核心是一个 PN 结，具有单向导电性，其实际伏安特性与理论伏安特性略有区别。由图 7-9 可见，二极管的伏安特性曲线是非线性的，可分为三部分：正向特性、反向特性和反向击穿特性。

1. 正向特性

正向特性位于图中第一象限。当外加正向电压很低时，管子内多数载流子的扩散运动没形成，故正向电流几乎为零。当正向电压超过一定数值时，才有明显的正向电流，这个电压值称为死区电压。通常硅管的死区电压约为 0.5V，锗管的死区电压约为 0.2V。当正向电压大于死区电压后，正向电流迅速增长，曲线接近上升直线，在伏安特性的这一部分，当电流迅速增加时，二极管的正向压降变化很小，硅管正向压降为 0.6 ~ 0.7V，锗管的正向压降为 0.2 ~ 0.3V。二极管的伏安特性对温度很敏感，温度升高时，正向特性曲线向左移，如图 7-9 所示。这说明，对应同样大小的正向电流，正向压降随温升而减小。研究表明，温度每升高 1℃，正向压降减小 2mV。

图 7-9 二极管的伏安特性曲线

二极管极性测试

2. 反向特性

反向特性位于图中第三象限。二极管加上反向电压时，形成很小的反向电流，且在一定温度下，它的数量基本维持不变。因此，当反向电压在一定范围内增大时，反向电流的大小基本恒定，而与反向电压大小无关，故称为反向饱和电流。一般小功率锗管的反向电流可达几十 μA，而小功率硅管的反向电流要小得多，一般在 0.1μA 以下。当温度升高时，少数载流子数目增加，使反向电流增大，特性曲线下移。研究表明，温度每升高 10℃，反向电流近似增大一倍。

当二极管的外加反向电压大于一定数值（反向击穿电压）时，反向电流突然急剧增加称为二极管反向击穿。反向击穿电压一般在几十伏以上。

> **小要点**
>
> **理想二极管**
>
> 当忽略二极管的正向压降和反向电流时，二极管称为理想二极管。理想二极管是一个电子开关，当其承受正向电压时开关闭合，当其承受反向电压时开关断开。

3. 二极管的管脚识别和检测

（1）检测时，指针式万用表置于 "$R \times 1K$" 挡，两表笔分别接到二极管的两端，如果测

得的电阻值较小，则为二极管的正向电阻，这时与黑表笔（表内电池正极）相连接的是二极管正极，与红表笔（表内电池负极）相连接的是二极管负极；如果测得的电阻值很大，则为二极管的反向电阻，这时与黑表笔相接的是二极管负极，与红表笔相接的是二极管正极。

（2）正常的二极管，其正、反向电阻的阻值应该相差很大，且反向电阻接近于无穷大。如果某二极管正、反向电阻值均为无穷大，说明该二极管内部断路损坏；如果正、反向电阻值均为0，说明该二极管已被击穿短路；如果正、反向电阻值相差不大，说明该二极管质量太差，也不宜使用。

（3）由于锗二极管和硅二极管的正向管压降不同，因此可以用测量二极管正向电阻的方法来区分锗二极管和硅二极管。若指针指示靠近0的位置，则为锗二极管。如果指针指示刻度中间偏右一点，则为硅二极管。

三、半导体二极管的主要参数

二极管的特性除用伏安特性曲线表示外，参数同样能反映二极管的电性能，器件的参数是正确选择和使用器件的依据。各种器件的参数由厂家产品手册给出，由于制造工艺方面的原因，即使同一型号的管子，参数也存在一定的分散性，因此手册常给出某个参数的范围。半导体二极管的主要参数有以下几个。

1. 最大整流电流 I_{DM}

I_{DM} 指二极管长期工作时，允许通过的最大正向平均电流。在使用时，若电流超过这个数值，将使 PN 结过热而把管子烧坏。

2. 反向工作峰值电压 U_{RM}

U_{RM} 是指管子不被击穿所允许的最大反向电压。一般这个参数是二极管反向击穿电压的一半，若反向电压超过这个数值，管子将会有击穿的危险。

3. 反向峰值电流 I_{RM}

I_{RM} 是指二极管加反向电压 U_{RM} 时的反向电流值，I_{RM} 越小，二极管的单向导电性越好。I_{RM} 受温度影响很大，使用时要加以注意。硅管的反向电流较小，一般在几微安以下，锗管的反向电流较大，为硅管的几十到几百倍。

4. 最高工作频率 f_M

f_M 指二极管单向导电作用开始明显退化的交流信号的频率。二极管在外加高频交流电压时，由于 PN 结的电容效应，单向导电作用退化。

四、二极管的应用电路

1. 开关电路

普通二极管可以作为电子开关，如图7-10所示。图中 u_i 为交流信号（有用信息），是受控对象，其电压幅值一般很小，约几毫伏以下；E 为控制二极管 VD 通断的直流电压，

图 7-10 电子开关电路

其值最大可达几伏以上。当 $E = 0$ 时，由于二极管的开启电压约为 0.5V，几毫伏的交流电压 u_i 不足使其导通，因此，二极管 VD 截止，近似为断路，输出电压 $u_o = 0$；当 E 为几伏以上时，二极管导通，近似为短路，输出交流电压 $u_o = u_i$。由此可见，只要简单改变直流电压 E 的大小，就可以很方便地实现对交流信号的开关控制。

2. 整流电路

普通二极管可以用于整流电路，若电流较大，一般用大电流整流管。图 7-11 所示为简单整流电路，其输入、输出波形如图 7-12 所示。

图 7-11 二极管整流电路

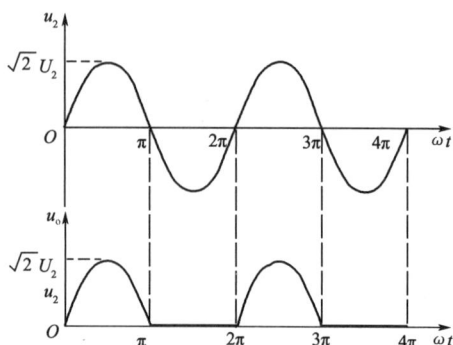

图 7-12 整流电路波形

整流的过程可以把交流电变为单向脉动的直流电。但由于脉动成分仍较大，所以还不能直接用作直流电。通常在输出端并接电容或串联电感滤除交流分量，从而使输出电压中的脉动成分大大减小，比较接近于直流电。

通常在输出端并接电容或串联电感滤除交流分量，从而使输出电压中的脉动成分大大减小，比较接近于直流电。

图 7-13 例 7-1 图

【例 7-1】 在图 7-13 所示电路中，当开关 S 闭合后，H_1、H_2 两个指示灯哪一个可能发光？

解：由电路图可知，开关 S 闭合后，只有二极管 V_1 正极电位高于负极电位，即处于正向导通状态，所以 H_1 指示灯发光。

单元 7.3 特殊二极管

一、稳压管

稳压管是一种特殊的面接触型半导体硅二极管，具有稳定电压的作用。图 7-14a）为稳

146

压管在电路中的正确连接方法，图 7-14b）、图 7-14c）为稳压管的伏安特性及电路符号。稳压管与普通二极管的主要区别在于，稳压管工作在 PN 结的反向击穿状态。通过在制造过程中的工艺措施和使用时限控制反向电流的大小，能保证稳压管在反向击穿状态下不会因过热而损坏。从稳压管的反向特性曲线可以看出，当反向电压较小时，反向电流几乎为零；当反向电压增高到击穿电压 U_Z（也是稳压管的工作电压）时，反向电流 I_Z（稳压管的工作电流）会急剧增加，稳压管反向击穿。在特性曲线 ab 段，当 I_Z 在较大范围内变化时，稳压管两端电压 U_Z 基本不变，具有恒压特性，利用这一特性可以起到稳定电压的作用。

a)稳压电路   b)伏安特性曲线   c)电路符号

图 7-14 稳压管的电路图、电路符号和伏安特性

稳压管与一般二极管不一样，它的反向击穿是可逆的，只要不超过稳压管的允许值，PN 结就不会过热损坏，当外加反向电压去除后，稳压管恢复原性能，所以稳压管具有良好的重复击穿特性。

小要点

稳压管的应用

稳压管是利用 PN 结反向击穿后，其端电压在一定范围内基本保持不变的原理工作的。稳压管的作用是稳压，主要应用在各类稳压电路中。

二、发光二极管

发光二极管是一种将电能直接转换成光能的半导体固体显示器件，简称 LED（Light Emitting Diode）。和普通二极管相似，发光二极管也是由一个 PN 结组成。发光二极管的 PN 结封装在透明塑料壳内，外形有方形、矩形和圆形等。发光二极管的驱动电压低、工作电流小，具有很强的抗振动能力和抗冲击能力，还有体积小、可靠性高、耗电少和寿命长等优点，广泛用于信号指示等电路中。在电子技术中常用的数码管，就是用发光二极管按一定的排列组成的。

发光二极管的原理与光电二极管相反。这种管子在正向偏置通过电流时会发出光来，这是由于电子与空穴直接复合时放出能量的结果。它的光谱范围比较窄，其波长由所使用的基本材料而定。不同半导体材料制造的发光二极管发出的光颜色不同，如磷砷化镓（GaAsP）材料发红光或黄光，磷化镓（GaP）材料发红光或绿光，氮化镓（GaN）材料发蓝光，碳化硅（SiC）材料发黄光，砷化镓（GaAs）材料发不可见的红外线，如图 7-15 所示。

147

图 7-15　发光二极管

发光二极管的伏安特性和普通二极管相似，死区电压为 0.9 ~ 1.1V，正向工作电压为 1.5 ~ 2.5V，工作电流为 5 ~ 15mA。反向击穿电压较低，一般小于10V。

三、光电二极管

光电二极管又称光敏二极管。它的管壳上备有一个玻璃窗口，以便于接受光照。其特点是，当光线照射于它的 PN 结时，可以成对地产生自由电子和空穴，使半导体中少数载流子的浓度提高。这些载流子在一定的反向偏置电压作用下可以产生漂移电流，使反向电流增大。因此它的反向电流随光照强度的增加而线性增大，这时光电二极管等效于一个恒流源。当无光照时，光电二极管的伏安特性与普通二极管一样。光电二极管的等效电路如图 7-16a) 所示，图 7-16b) 为光电二极管的符号。

光电二极管作为光控元件，可用于各种物体检测、光电控制、自动报警等方面。当制成大面积的光电二极管时，可当作一种能源而称为光电池。此时，它不需要外加电源就能够直接把光能变成电能。

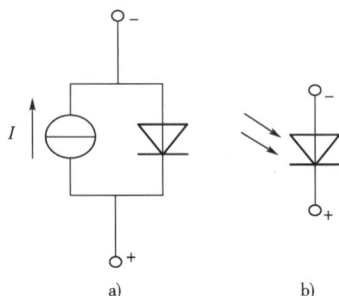

a)　　　　　　　b)

图 7-16　光电二极管

> **想一想**
>
> 利用特殊二极管的特性分析光电耦合器与遥控器。

单元7.4　半导体三极管

一、三极管的结构

三极管内部有两个 PN 结，且 N 型半导体和 P 型半导体交错排列，形成三个区，分别称为发射区、基区和集电区。从三个区引出的引脚分别称为发射极、基极和集电极，用符号 e、b、c 表示。处在发射区和基区交界处的 PN 结称为发射结，处在基区和集电区交界处的 PN 结称为集电结。根据组成结构的不同，三极管分为 NPN 型三极管和 PNP 型三极管，如图 7-17 所示。符号中箭头的指向表示发射结处在正向偏置时电流的流向。

PNP的原理

三极管通常也称双极型晶体管，简称晶体管或三极管。三极管在电路中常用字母 V 表示。因三极管内部的两个 PN 结相互影响，三极管呈现出单个 PN 结所没有的电流放大的功能，开拓了 PN 结应用的新领域，促进了电子技术的发展。

晶体管除了 PNP 和 NPN 两种类别的区分外，还有很多种类。三极管根据其工作频率的不同，可分为低频管和高频管；根据其消耗功率的不同，可分为小功率管、中功率管和大功率管等。

NPN的原理

图 7-17　三极管内部结构与符号

常见三极管的外形如图 7-18 所示。

图 7-18　常见三极管的外形

根据国家标准《半导体分立器件型号命名方法》（GB/T 249—2017）的规定，三极管的型号由 5 部分组成，见表 7-2。

三极管的型号组成及其意义 　　　　　　表 7-2

第一部分		第二部分		第三部分		第四部分	第五部分
用阿拉伯数字表示器件的电极数目		用汉语拼音字母表示器件的材料和极性		用汉语拼音字母表示器件的类别		用阿拉伯数字表示序号	用汉语拼音字母表示规格号
符号	意义	符号	意义	符号	意义		
3	三极管	A	PNP 型锗材料	Z	整流管		
		B	NPN 型锗材料	L	整流堆		
		C	PNP 型硅材料	S	隧道管		
		D	NPN 型硅材料	K	开关管		
		E	化合物材料	X	低频小功率晶体管 ($f_a < 3\mathrm{MHz}$, $P_c < 1\mathrm{W}$)		
				G	高频小功率晶体管 ($f_a \geqslant 3\mathrm{MHz}$, $P_c < 1\mathrm{W}$)		
				D	低频大功率晶体管 ($f_a < 3\mathrm{MHz}$, $P_c \geqslant 1\mathrm{W}$)		
				A	高频大功率晶体管 ($f_a \geqslant 3\mathrm{MHz}$, $P_c \geqslant 1\mathrm{W}$)		
				T	闸流管		
				Y	体效应管		
				B	雪崩管		
				J	阶跃恢复管		

常见的三极管有 3DG130C、3AX52B 等，根据表 7-2 可自行判断它们的意义，如 3AX81C PNP 型锗材料低频小功率三极管（C 为规格代号）。

二、三极管的电流分配与放大作用

1. 三极管的结构特点

三极管具有电流放大作用，其结构有以下特点：

（1）为了便于发射结发射电子，发射区半导体的掺杂溶度远高于基区半导体的掺杂溶度，且发射结的面积较小。

（2）发射区和集电区虽为同一性质的掺杂半导体，但发射区的掺杂溶度要高于集电区的掺杂溶度，且集电结的面积要比发射结的面积大，便于收集电子。

（3）联系发射结和集电结两个 PN 结的基区非常薄，且掺杂溶度也很低。

上述结构特点是三极管具有电流放大作用的内因。要使三极管具有电流放大作用，除了三极管的内因，还要有外部条件：三极管的发射极为正向偏置，集电结为反向偏置，这是三极管具有电流放大作用的外部条件。

2. 三极管的电流分配关系和电流放大系数

如图 7-19 所示，在实验电路中，由基极 b、发射结、发射极 e、电源 U_{BB} 和电位器 R_B 组成的回路称为基极回路。由集电极 c、三极管 V、发射极 e、电源 U_{CC} 组成的回路称为集电极回路。这两个回路的公共点是发射极，所以称为共发射极电路。

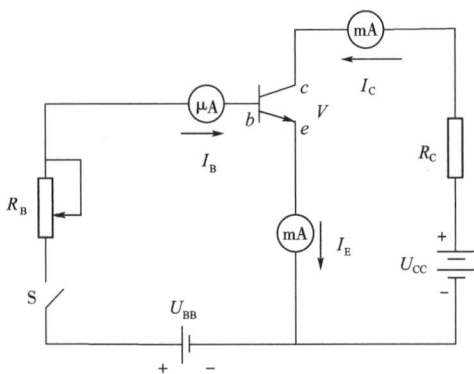

图 7-19 三极管实验电路

改变基极回路中电位器 R_B 的阻值，导致发射结正偏电压 U_{BE} 变化，使基极电流 I_B 变化。I_B 变化引起集电极电流 I_C 和发射极电流 I_E 都随之发生变化，且三极管三个电极的电流 I_E、I_B、I_C 之间的关系满足：

$$I_E = I_B + I_C \tag{7-1}$$

且 I_C 稍小于 I_E，而比 I_B 大得多。因此，集电极电流与发射极电流近似相等，即 $I_E \approx I_C$。

令

$$\overline{\beta} = \frac{I_C}{I_B} \tag{7-2}$$

式中，$\overline{\beta}$ 为三极管的直流电流放大倍数。它是描述三极管基极电流对集电极电流控制能力大小的物理量，$\overline{\beta}$ 大的管子，基极电流对集电极电流控制的能力极大。$\overline{\beta}$ 是由晶体管的结构决定的，一根管子做成以后，该管子的 $\overline{\beta}$ 就确定了。

> **小要点**
>
> **三极管的电流放大作用**
>
> 三极管基极电流 I_B 的微小变化会引起集电极电流 I_C 的较大变化。利用三极管的电流放大作用可以把微弱的电信号放大到所需要的数值。

三、三极管的伏安特性

三极管的特性曲线是描述三极管各个电极之间电压与电流关系的曲线，它们是三极管内部载流子运动规律在管子外部的表现。三极管的特性曲线反映了它的技术性能，是分析放大电路技术指标的重要依据。三极管特性曲线可在晶体管图示仪上直观地显示出来，也可从手册上查到某一型号三极管的典型曲线。

三极管共发射极放大电路的特性曲线有输入特性曲线和输出特性曲线，下面以硅材料NPN 型三极管为例来讨论三极管共射电路的特性曲线。

1. 输入特性曲线

输入特性曲线是描述三极管在管压降 U_{CE} 保持不变的前提下，基极电流 i_B 和发射结压降 u_{BE} 之间的关系。三极管输入特性曲线如图 7-20 所示。

由图 7-20 可见，NPN 型三极管共射极输入特性曲线的特点如下：

（1）在输入特性曲线上也有一个开启电压，在开启电压内，u_{BE} 虽已大于零，但 i_B 几乎仍为零，只有当 u_{BE} 的值大于开启电压后，i_B 的值才与二极管一样随 u_{BE} 的增加按指数规律增大。硅晶体管的开启电压约为 0.5V，发射结导通电压为 0.6～0.7V；锗晶体管的开启电压约为 0.2V，发射结导通电压为 0.2～0.3V。

（2）当 $U_{CE} =0V$ 时，相当于集电极和发射极短路，即集电结和发射结并联，输入特性曲线和 PN 结的正向特性曲线相类似。由于正常工作时，要求集电结反偏，所以对于硅管来说，总有 $U_{CE}\geqslant1V$（正常工作时，硅管发射结正偏电压 U_{BE} 为 0.6～0.7V）。而且图示仪测量出 $U_{CE}\geqslant1V$ 以后的输入特性曲线都是重合的。为此，只要给出 $U_{CE} =1V$ 时的输入特性就可以了。

2. 输出特性曲线

输出特性曲线是描述三极管在输入电流 I_B 保持不变的前提下，集电极电流 i_C 和管压降 u_{CE} 之间的关系。三极管的输出特性曲线如图 7-21 所示。

由图 7-21 可见，当 I_B 改变时，i_C 和 u_{CE} 的关系是一组平行的曲线族，并有截止、饱和、放大三个工作区。

图 7-20　三极管的输入特性曲线

图 7-21　三极管的输出特性曲线

（1）截止区

$I_B = 0$ 特性曲线以下的区域称为截止区。此时晶体管的集电结处于反偏，发射结电压 $u_{BE} < 0$，也处于反偏的状态。由于 $I_B = 0$，在反向饱和电流可忽略的前提下，I_C 也等于 0，晶体管无电流的放大作用。处在截止状态下的三极管，发射极和集电结都是反偏，在电路中犹如一个断开的开关。实际的情况是：处在截止状态下的三极管集电极有很小的电流 I_{CEO}，该电流称为三极管的穿透电流，它是在基极开路时测得的集电极-发射极间的电流，不受 I_B 的控制，但受温度的影响。

开关电路
（截止状态）

（2）饱和区

在图 7-21 所示的三极管放大电路中，集电极接有电阻 R_C。如果电源电压 U_{CC} 一定，当集电极电流 i_C 增大时，$u_{CE} = U_{CC} - i_C R_C$ 将下降。对于硅管，当 u_{CE} 降低到小于 0.7V 时，集电结也进入正向偏置的状态，集电极吸引电子的能力将下降，此时 I_B 再增大，I_C 几乎就不再增大了，三极管失去了电流放大的作用。在这种状态下工作的三极管称为饱和。

开关电路
（饱和状态）

规定 $U_{CE} = U_{BE}$ 时的状态为临界饱和态，图 7-21 中的虚线为临界饱和线。三极管饱和时的 U_{CE} 值称为饱和管压降，记作 U_{CES}。小功率硅管的 U_{CES} 约为 0.3V，锗管的 U_{CES} 约为 0.1V。当管子两端的电压 $U_{CE} < U_{CES}$ 时，三极管将进入深度饱和的状态，在深度饱和的状态下，$I_C = \beta I_B$ 的关系不成立，三极管的发射结和集电结都处于正向偏置会导电的状态下，在电路中犹如一个闭合的开关。

三极管截止和饱和的状态与开关断、通的特性很相似，数字电路中的各种开关电路就是利用三极管的这种特性来制作的。

（3）放大区

三极管输出特性曲线饱和区和截止区之间的部分就是放大区。工作在放大区的三极管才具有电流的放大作用。此时三极管的发射结处在正偏，集电结处在反偏。由放大区的特性曲线可见，特性曲线非常平坦，当 I_B 等量变化时，I_C 几乎也按一定比例等距离平行变化。由于 I_C 只受 I_B 控制，几乎与 u_{CE} 的大小无关，说明处在放大状态下的三极管相当于一个输出电流受 I_B 控制的受控电流源。

> **小要点**
>
> **三极管的应用**
>
> 三极管有三种工作状态，在模拟电子电路中，三极管大多工作在放大状态，作为放大管使用；在数字电子电路中，三极管大多工作在饱和和截止状态，作为开关使用。

四、三极管的主要参数

1. 电流放大系数 $\overline{\beta}$ 和 β

在三极管放大电路中，若交流输入信号为零，则管子各极间的电压和电流都是直流量，此时的集电极电流 I_C 和基极电流 I_B 的比就是 $\bar{\beta}$，$\bar{\beta}$ 称为共射直流电流放大系数。

当三极管放大电路有交流信号输入时，因交流信号的作用，必然会引起 I_B 的变化，相应的也会引起 I_C 的变化，两电流变化量的比 β 称为交流电流放大系数。

$$\bar{\beta} = \frac{I_C}{I_B} \qquad \beta = \frac{\Delta I_C}{\Delta I_B} \tag{7-3}$$

电流放大系数 $\bar{\beta}$ 和 β 的含义虽然不同，但工作在输出特性曲线放大区平坦部分的三极管，两者的差异极小，可做近似相等处理，故在今后应用时，通常不加区分，直接互相替代使用。

由于工艺的分散性，同一型号三极管的 β 值差异较大。常用的小功率三极管的 β 值一般为 $20 \sim 100$。β 太小，管子的电流放大作用小，β 太大，管子工作的稳定性差，一般选用 β 在 $40 \sim 80$ 范围内的管子较为合适。此外，β 还与工作温度有关系，温度每升高 $1\,^{\circ}\mathrm{C}$，β 值增加 $0.5\% \sim 1\%$。

2. 极间反向饱和电流 I_{CBS} 和 I_{CES}

（1）集电结反向饱和电流 I_{CBS} 是指发射极开路，集电结加反向电压时测得的集电极电流。常温下，硅管的 I_{CBS} 在 nA（10^{-9}）的量级通常可忽略。

（2）集电极—发射极反向电流 I_{CES} 是指基极开路时，集电极与发射极之间的反向电流，即穿透电流。穿透电流的大小受温度的影响较大，穿透电流小的管子热稳定性好。

3. 极限参数

（1）集电极最大允许电流 I_{CM}

晶体管的集电极电流 I_C 在相当大的范围内 β 值基本保持不变，但当 I_C 的数值大到一定程度时，电流放大系数 β 值将下降。使 β 明显减少的 I_C 即为 I_{CM}。为了使三极管在放大电路中能正常工作，I_C 不应超过 I_{CM}。

（2）集电极最大允许功耗 P_{CM}

晶体管工作时，集电极电流在集电结上将产生热量，产生热量所消耗的功率就是集电极的功耗 P_{CM}，即

$$P_{CM} = I_{CM} U_{CE} \tag{7-4}$$

功耗与三极管的结温有关，结温又与环境温度、管子是否有散热器等条件相关。根据式（7-3）可在输出特性曲线上作出三极管的允许功耗线，如图 7-22 所示。功耗线在左下方为安全工作区，右上方为过损耗区。

手册上给出的 P_{CM} 值是在常温下 $25\,^{\circ}\mathrm{C}$ 时测得的硅管集电结的上限温度为 $150\,^{\circ}\mathrm{C}$ 左右，锗管为 $70\,^{\circ}\mathrm{C}$ 左右，使用时应注意不要超过此值，否则管子将损坏。

（3）反向击穿电压

反向击穿电压 $U_{BR(CES)}$ 是指基极开路时，加在集电极与发射极之间的最大允许电压。使用中如果管子

图 7-22 三极管极限参数

两端的电压 $U_{CE} > U_{BR(CES)}$，集电极电流 I_C 将急剧增大，这种现象称为击穿。管子击穿将造成三极管永久性的损坏。三极管电路在电源 U_{CC} 的值选得过大时，有可能会出现；当管子截止时，$U_{CE} > U_{BR(CES)}$，出现三极管被击穿而损坏的现象。一般情况下，三极管电路的电源电压 U_{CC} 应小于 $1/2U_{BR}$。

4. 温度对三极管参数的影响

几乎所有的三极管参数都与温度有关，因此温度不容忽视。温度对下列三个参数的影响最大。

（1）温度对 β 的影响

三极管的 β 随温度的升高而增大，温度每上升 1℃，β 值增大 $0.5\% \sim 1\%$，其结果是在相同的 I_B 情况下，集电极电流 I_C 随温度上升而增大。

（2）温度对反向饱和电流 I_{CES} 的影响

I_{CES} 是由少数载流子漂移运动形成的，它与环境温度关系很大，I_{CES} 随温度上升会急剧增加。温度上升 10℃，I_{CES} 将增加一倍。由于硅管的 I_{CES} 很小，温度对硅管 I_{CES} 的影响不大。

（3）温度对发射结电压 u_{BE} 的影响

和二极管的正向特性一样，温度上升 1℃，u_{BE} 将下降 $2 \sim 2.5\mathrm{mV}$。

综上所述，随着温度的上升，β 值将增大，i_C 也将增大，u_{CE} 将下降，这对三极管放大作用不利，使用中应采取相应的措施克服温度的影响。

五、三极管的选择

在设计电路和修理电子设备时，也存在如何选购三极管的问题，其要点如下：

（1）根据电路对三极管的要求查阅手册，从而确定选用的三极管型号，其极限参数 I_{CM}、P_{CM}、$U_{BR(CES)}$ 应分别大于电路对三极管的集电极最大电流，集—射极间击穿电压和集电极最大功耗的要求是管子工作在安全工作区。此外，如果工作频率高，应选高频管；而在开关电路中则选开关管；如果要求稳定性好则选硅管；而当要求导通电压低时则选锗管；当直流电源的电压对地为正值时，多选用 NPN 管组成电路，负值时多选用 PNP 管组成电路。

（2）当三极管型号确定后，应选反向电流小的管子，因为同型号管子的反向电流越小，它的性能越好。而 β 值一般选几十至一百，因为 β 值太大，管子性能不稳定。

（3）在修理电子设备时，如发现三极管损坏，则用同型号管子来代替。如果找不到同型号的管子而用其他型号的管子来代替，要注意：PNP 管用 PNP 管代替，NPN 管用 NPN 管代替；硅管用硅管代替，锗管用锗管代替。代替管子的参数 I_{CM}、P_{CM}、$U_{BR(CES)}$ 和截止频率不得低于原管。

本模块实验

通过本模块理论学习，完成以下实验，详见本书实验手册。

实验 7　三极管的电流放大作用测试

复习与思考 ··

7-1　最常用的半导体材料有哪几种？

7-2　本征半导体中有哪几种载流子？

7-3　P 型半导体和 N 型半导体有什么区别？

7-4　什么是 PN 结？PN 结最重要的导电性是什么？

7-5　硅二极管和锗二极管的导通电压各是多少？

7-6　如何用万用表判别二极管的极性？

7-7　三极管有几种工作状态？不同的工作状态需要的条件是什么？

7-8　稳压二极管要起到稳压的作用，必须满足什么条件？

7-9　二极管电路如题图 7-1 所示，D_1、D_2 为理想二极管，判断图中的二极管是导通还是截止，并求 AO 两端的电压 U_{AO}。

题图　7-1

7-10　测得某放大电路中三极管的三个电极 A、B、C 的对地点位分别是 $U_A = -9V$、$U_B = -6V$、$U_C = -6.2V$，试分析 A、B、C 中哪个是基极 b、发射极 e、集电极 c，并说明此三极管是 NPN 管还是 PNP 管。

7-11　在选择三极管时应注意什么问题？

教学目标

1. 掌握共射极放大电路的结构及各元件的作用；
2. 了解三极管放大电路的微变等效；
3. 掌握三极管放大电路的分析方法；
4. 掌握分压式偏置电路，了解稳定静态工作点的原理；
5. 了解多级放大电路的分类及特点；
6. 掌握反馈的判断和对电路的影响；
7. 掌握功率放大电路的工作原理。

建议学时

10 学时

单元8.1 共射极基本放大电路

在广播、通信、测量和自动控制中，经常需要将微弱的电信号放大，以便有效地进行处理。放大微弱信号的电路以半导体三极管或场效应晶体管为主要组成部分，利用半导体三极管的电流控制作用或场效应管的电压控制作用实现放大。

三极管具有电流放大作用，本单元将讨论如何使用三极管构成一个电路，实现对输入信号的放大。基本放大电路一般是指由一个三极管或场效应管组成的放大电路。从电路的角度来看，可以将基本放大电路看成一个双端口网络。放大的作用体现在如下方面：

（1）放大电路主要利用三极管或场效应管的控制作用放大微弱信号，输出信号在电压或电流的幅度上得到了放大，输出信号的能量得到了加强。

（2）输出信号的能量实际上是由直流电源提供的，只是经过三极管的控制，使之转换成信号能量，提供给负载。放大电路的结构如图8-1所示。

一、共射极基本放大电路的组成

单管共射极放大电路如图8-2所示。

图8-1　放大电路的结构

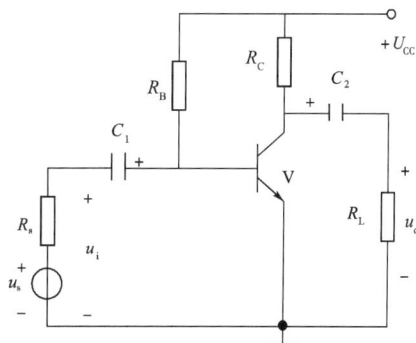

图8-2　单管共射极放大电路

放大电路的组成原则如下：

（1）放大电路的核心元件晶体管工作在放大状态，即要求其发射结正偏、集电结反偏。

（2）输入回路的设置应当使输入信号耦合到晶体管的输入电极，并形成变化的基极电流 I_B，进而产生晶体管的电流控制关系，变成变化的集电极电流 I_C。

（3）输出回路的设置应当保证晶体管放大后的电流信号能够转换成负载需要的电压形式。

（4）信号通过放大电路时不允许出现失真。

二、各元器件的作用

1. 晶体管

晶体管 V 是放大电路的核心元件，利用其基极小电流控制集电极较大电流的作用，使输入的微弱电信号通过直流电源 U_{CC} 提供能量，获得一个能量较强的输出电信号。

2. 集电极电源

实用中通常采用单电源供电方式，在这个电路中，直流电源常用集电极电源 U_{CC} 表示。U_{CC} 的作用有两个：一是为放大电路提供能量；二是保证晶体管的发射结正偏，集电结反偏。交流信号下的 U_{CC} 呈交流接地状态，U_{CC} 的数值一般为几伏至几十伏。

3. 集电极电阻

集电极电阻 R_C 的阻值一般为几千欧至几十千欧。其作用是将集电极的电流变化转换成晶体管集、射极间的电压变化，以实现由放大电路负载上获得电压放大的目的。

4. 固定偏置电阻

固定偏置电阻 R_B 的阻值一般为几十千欧至几百千欧。其主要作用是保证发射结正向偏置，并提供一定的基极电流 I_B，使放大电路获得一个合适的静态工作点。

5. 耦合电容

耦合电容 C_1 和 C_2 在电路中的作用是"隔离直流通过交流"。电容器的容抗 X_C 与频率 f 为反比关系，因此，在直流情况下，电容相当于开路，使放大电路与信号源之间可靠隔离；在电容量足够大的情况下，耦合电容对规定频率范围内的交流输入信号呈现的容抗极小，可近似视为短路，从而让交流信号无衰减地通过。

三、放大原理

在输入信号为零时，直流电源通过各偏置电阻为三极管提供直流的基极电流和直流集电极电流，并在三极管的三个极间形成一定的直流电压。由于耦合电容的隔直流作用，直流电压无法到达放大电路的输入端和输出端。

当输入交流信号通过耦合电容 C_1 和 C_2 加在三极管的发射结上时，发射结上的电压变成交、直流的叠加。放大电路中信号的情况比较复杂，各信号的符号规定如下：

u_{BE} 代表发射结上的交直流总电压，变量为斜体小写，下标为正体大写；u_{be} 代表交流量，变量为斜体小写，下标为正体小写；U_{BE} 代表直流量，相当于平均值，将交流量的正半周填平负半周，如图 8-3 所示。所以：

$$u_{BE} = U_{BE} + u_{be} \tag{8-1}$$

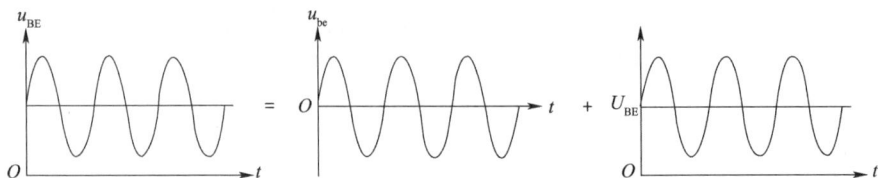

图 8-3　波形图

u_{BE} 的改变，使基极电流发生改变，从而使集电极电流变化：

$$i_B = I_B + i_b \qquad i_C = I_C + i_c \tag{8-2}$$

集电极电流变化，通过在 R_c 上电压降的变化造成三极管 c、e 间管压降的变化：

$$u_{CE} = U_{CC} - i_C R_c \tag{8-3}$$

由于三极管的电流放大作用，i_c 要比 i_b 大几十倍，一般来说，只要电路参数设置合适，输出电压可以比输入电压高许多倍。u_{CE} 中的交流量有一部分经过耦合电容到达负载电阻，形成输出电压，实现电路的放大作用。

由此可见，放大电路中三极管集电极的直流信号不随输入信号而改变，而交流信号随输入信号发生变化。在放大过程中，集电极交流信号是叠加在直流信号上的，经过耦合电容，从输出端提取的只是交流信号。因此，在分析放大电路时，可以采用将交、直流信号分开的办法，可以分成直流通路和交流通路来分析。

单元8.2　放大电路分析

放大电路的工作状态分为交流和直流状态，分别称为"动态"和"静态"。分析电路的步骤是先静态、后动态。常用的分析方法有计算法、图解法和微变等效电路法。由于三极管的特性曲线是非线性的，不能用数学表达式来描述，只能用特性曲线来表示。在分析放大电路时，可采用图解的方法，在放大电路的输入回路、三极管的一方，可以用三极管的输入特性曲线表示；外电路的一方，可以用基极回路直流通路方程式来描述。在放大电路的输出回路，可以用三极管的输出特性曲线和输出侧直流通路的方程式来描述。曲线是非线性的，方程式是线性的，在坐标平面上，二者交点的坐标值就是解。由于纯粹的图解方法比较麻烦，工程上往往采用计算法进行放大电路的静态求解，或用计算和图解混合的方法求解。分析放大电路时必须建立正确的静态和动态的概念。

静态——输入信号等于 0 时放大电路的工作状态，也称直流工作状态。

动态——输入信号不等于 0 时放大电路的工作状态，也称交流工作状态。

分析放大电路必须正确地区分静态和动态，放大电路建立正确的静态，是保证动态工作的前提，没有正确的静态就不可能有正确的动态。在进行放大电路动态分析之前，必须先进行静态分析，静止工作状态正确了，动态的分析才有意义。

一、静态分析

当放大电路没有输入信号，即 $u_i = 0$ 时的工作状态称为静态。静态分析的主要任务是确定放大电路的静态值（直流值）I_{BQ}、I_{CQ}、U_{BEQ} 和 U_{CEQ}。这些静态值的大小反映了静态时放大电路的工作情况，被称为"静态工作点"值。"静态工作点"值关系到放大电路能否正常实现放大及放大质量的好坏，合适的"静态工作点"值是放大电路提供正常放大的必备条件。

1. 直流通路及画法

直流通路是指放大电路中直流电流流过的路径。它是进行"静态工作点"值估算的基础。由于电容 C_1 和 C_2 的隔直作用，图 8-2 可简化成图 8-4 所示的形式。

2. 静态工作点的估算

由图 8-4 共射极基本放大电路的直流通路可知：

$$I_{BQ} \cdot R_B + U_{BEQ} = U_{CC}$$

则基极电流：

$$I_{BQ} = \frac{U_{CC} - U_{BEQ}}{R_B} \tag{8-4}$$

因硅管的 U_{BEQ} 为 0.7V，锗管为 0.3V，一般情况下，$U_{CC} \gg U_{BEQ}$，忽略 U_{BEQ} 时，则有：

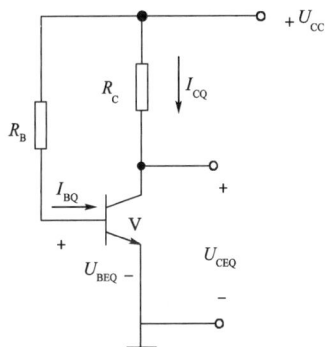

图 8-4　共射极基本放大电路的直流通路

$$I_{BQ} \sim \frac{U_{CC}}{R_B}$$

集电极电流：

$$I_{CQ} = \beta I_{BQ} \tag{8-5}$$

集电极发射极电压：

$$U_{CEQ} = U_{CC} - I_{CQ} \cdot R_C \tag{8-6}$$

3. 静态工作点的图解法

静态工作点的图解法就是利用在三极管输入特性和输出特性曲线上绘图的方法确定静

态工作点，解出各静态值。具体步骤如下：

（1）由式（8-4）求解出 I_{BQ}，静态工作点必定位于静态基极电流 I_{BQ} 所对应的输出特性曲线上。

（2）由集电极输出回路列直流负载方程式 $U_{CE} = U_{CC} - I_C R_C$，在输出特性曲线 X 轴及 Y 轴上确定两个特殊点 U_{CC} 和 U_{CC}/R_C，即可画出直流负载线。

（3）直流负载线与输出特性曲线上所对应的静态基极电流 I_{BQ} 相交一点 Q，即为静态工作点。于是可得到 Q 点在 X 轴上的数值 U_{CEQ}，在 Y 轴上的数值 I_{CQ}，如图 8-5 所示。

一般在放大电路中，均是小信号工作，不会进入饱和区和截止区，只要静态工作点合适，不必考虑失真问题。但在大信号运用时或工作点设置不正确，会产生失真。为了具体研究三极管工作的动态范围或失真的情况，才需要在输出特性曲线上作图。

图 8-5　静态工作点图解法

二、动态分析

当放大电路有输入信号，即 $u_i \neq 0$ 时的工作状态称为动态。动态分析就是分析信号在电路中的传输情况，即分析各个电压、电流随输入信号变化的情况。

1. 交流通路及画法

交流信号在放大电路中的传输通道称为交流通路。画交流通路的原则是在信号频率范围内，电路中耦合电容 C_1、C_2 的容抗 X_C 很小，可视为短路；直流电源的内阻一般很小，可忽略，视为短路。按此原则画出图 8-2 电路的交流通路，如图 8-6 所示。

2. 微变等效电路分析法

把非线性元件晶体管所组成的放大电路等效成一个线性电路，就是放大电路的微变等效电路，然后用线性电路的分析方法来分析，这种方法称为微变等效

图 8-6　共射极基本放大电路的交流通路

电路分析法。等效的条件是晶体管在小信号（微变量）情况下工作。这样就能在静态工作点附近的小范围内，用直线段近似地代替晶体管的特性曲线。微变等效电路如图 8-7 所示。

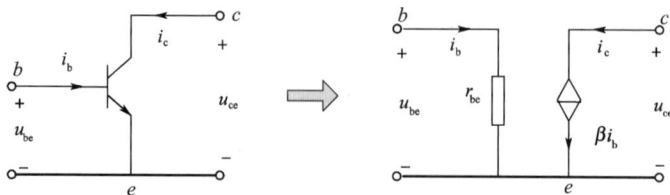

图 8-7　微变等效电路

在此处引入晶体管输入电阻的计算公式如下：

$$r_{\mathrm{be}} \approx 300 + （1+\beta）\frac{26（\mathrm{mV}）}{I_{\mathrm{EQ}}（\mathrm{mA}）} \tag{8-7}$$

则图 8-6 的微变等效电路如图 8-8 所示。

电压放大倍数：

$$A_{\mathrm{u}} = \frac{\dot{U}_{\mathrm{o}}}{\dot{U}_{\mathrm{i}}} = \frac{-\dot{I}_{\mathrm{c}}（R_{\mathrm{L}}//R_{\mathrm{C}}）}{\dot{I}_{\mathrm{b}}r_{\mathrm{be}}} = -\frac{\beta R_{\mathrm{L}}'}{r_{\mathrm{be}}} \tag{8-8}$$

输入电阻指从放大电路输入端看进去的等效电阻，定义为

图 8-8　放大电路的等效电路

$$r_{\mathrm{i}} = r_{\mathrm{be}}//R_{\mathrm{B}} \tag{8-9}$$

输出电阻指放大器信号源短路、负载开路，从输出端看进去的等效电阻，定义为

$$r_{\mathrm{o}} \approx R_{\mathrm{C}} \tag{8-10}$$

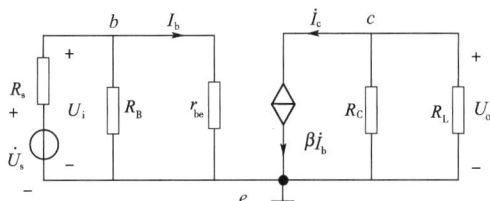

【例 8-1】　图 8-2 所示的电路中，若 $U_{\mathrm{CC}} = 12\mathrm{V}$，$R_{\mathrm{B}} = 200\mathrm{k\Omega}$，$R_{\mathrm{C}} = 2\mathrm{k\Omega}$，负载电阻 $R_{\mathrm{L}} = 2\mathrm{k\Omega}$，$\beta = 50$，试用近似估算法求：

（1）静态工作点；

（2）输入电阻、输出电阻；

（3）空载和有载时的电压放大倍数。

解：（1）

$$I_{\mathrm{BQ}} \approx \frac{U_{\mathrm{CC}}}{R_{\mathrm{B}}} = \frac{12}{200 \times 10^3} = 0.06（\mathrm{mA}）$$

$$I_{\mathrm{CQ}} = \beta I_{\mathrm{BQ}} = 50 \times 0.06 = 3（\mathrm{mA}）$$

$$U_{\mathrm{CEQ}} = U_{\mathrm{CC}} - I_{\mathrm{CQ}} \cdot R_{\mathrm{C}} = 12 - 3 \times 10^{-3} \times 2 \times 10^3 = 6（\mathrm{V}）$$

（2）

$$r_{\mathrm{be}} \approx 300 + （1+\beta）\frac{26（\mathrm{mV}）}{I_{\mathrm{EQ}}（\mathrm{mA}）} = 300 + （1+50）\frac{26}{3} = 742（\Omega）$$

$$r_{\mathrm{i}} = r_{\mathrm{be}}//R_{\mathrm{B}} = 742//200 \times 10^3 \approx 742（\Omega）$$

$$r_{\mathrm{o}} \approx R_{\mathrm{C}} = 2（\mathrm{k\Omega}）$$

（3）空载时：

$$A_{\mathrm{u}} = -\frac{\beta R_{\mathrm{C}}}{r_{\mathrm{be}}} = -50 \times \frac{2}{0.742} \approx -135$$

有载时：

$$R_{\mathrm{L}}' = R_{\mathrm{L}}//R_{\mathrm{C}} = 1（\mathrm{k\Omega}）$$

$$A_{\mathrm{u}} = -\frac{\beta R_{\mathrm{L}}'}{r_{\mathrm{be}}} = -50 \times \frac{1}{0.742} \approx -68$$

三、单管放大电路的波形测试

1. 波形的非线性失真

放大电路输出信号要求其形状保持输入信号的形状，如果输出波形的形状与输入波形

不同，输出波形产生变形称为波形失真。产生失真的原因有多种，这里介绍的是由于三极管输出与输入关系的非线性引起的失真，称为非线性失真。三极管特性曲线的线性区是有一定范围的，如果放大电路工作时，由于静态工作点接近饱和区或截止区，或是工作点正确，但输入信号太大，使三极管的工作范围超出了特性曲线的线性区，交流量在饱和区或截止区放大倍数低或不能放大就会产生非线性失真。非线性失真包括饱和失真和截止失真，如图 8-9 所示。

图 8-9　工作点对放大波形的影响

饱和失真是由于放大电路的工作点达到了三极管特性曲线的饱和区而引起的非线性失真。

截止失真是由于放大电路的工作点达到了三极管特性曲线的截止区而引起的非线性失真。

2. 放大电路的最大不失真输出幅度

放大电路要想获得大的不失真输出幅度，需要工作点 Q 设置在输出特性曲线放大区的中间部位，并且要有合适的交流负载线。

单元 8.3　分压偏置电路及静态工作点的稳定

一、温度对静态工作点的影响

半导体器件对温度非常敏感，当温度升高时，三极管的电流放大系数 β 和穿透电流 I_{CEO} 都会加大；在相同的发射结电压 U_{BE} 下，基极电流 I_B 也会加大。这些因素都会使集电极电流 I_C 加大，从而引起静态工作点的移动，导致放大电路性能不稳定和出现失真等不正常现象。

稳定静态工作点有两种方法：一是采用恒温设备，但其造价高；二是利用分压式偏置电路实现。

二、分压偏置放大电路

分压式偏置放大电路如图 8-10 所示。V 是放大管；R_{B1}、R_{B2} 是偏置电阻，R_{B1}、R_{B2} 组成分压式偏置电路，将电源电压 U_{CC} 分压后加到晶体管的基极。

R_E 既是射极电阻，又是负反馈电阻；C_E 是旁路电容，与晶体管的射极电阻 R_E 并联，C_E 的容量较大，具有"隔直、导交"的作用，使此电路有直流负反馈而无交流负反馈，既保证了静态工作点的稳定性，又保证了交流信号的放大能力没有降低。

为了稳定静态工作点，一般取 $I_1 \gg I_{BQ}$，静态时有：

$$U_B = \frac{U_{CC} R_{B2}}{R_{B1} + R_{B2}} \qquad (8\text{-}11)$$

图 8-10　分压式偏置放大电路

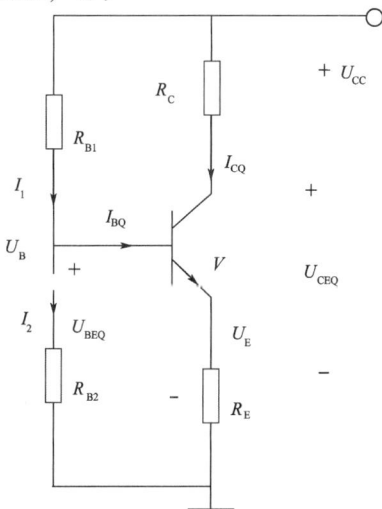

当 U_{CC}、R_{B1}、R_{B2} 确定后，U_B 也就基本确定，不受温度影响。

假设温度上升，使三极管的集电极电流 I_C 增大，发射极电流 I_E 也增大，I_E 在发射极电阻 R_E 上产生的压降 U_E 也增大，使三极管发射结上的电压 $U_{BE} = U_B - U_E$ 减小，从而使基极电流 I_B 减小，又导致 I_C 减小。其工作过程可以描述为

$$温度\ T \uparrow \rightarrow I_C \uparrow \rightarrow I_E \uparrow \rightarrow U_E \uparrow \rightarrow U_{BE} \downarrow \rightarrow I_B \downarrow \rightarrow I_C \downarrow \qquad (8\text{-}12)$$

分压式偏置电路有稳定静态工作点 Q 的作用，在实际电路中应用广泛。

1. 静态分析

图 8-10 所示的分压式偏置电路的直流通路如图 8-11 所示，有：

$$I_{EQ} = I_{CQ} = \frac{U_B - U_{BE}}{R_E} \qquad (8\text{-}13)$$

$$I_{BQ} = \frac{I_{CQ}}{\beta} \qquad (8\text{-}14)$$

$$U_{CEQ} = U_{CC} - I_{CQ}(R_C + R_E) \qquad (8\text{-}15)$$

2. 动态分析

图 8-10 分压式偏置电路的交流通路如图 8-12 所示，其微变等效电路如图 8-13 所示。可知电压放大倍数 A_u、输出电阻 r_0 均与固定偏置放大电路的计算公式（8-8）、式（8-10）相同，只有放大电路的输入电阻为

$$r_i = r_{be} // R_{B1} // R_{B2} \qquad (8\text{-}16)$$

图 8-11　直流通路

163

图 8-12　交流通路

图 8-13　交流通路的微变等效电路

单元 8.4　多级放大电路

在实际应用中，需要放大的电信号是很微弱的，一般为毫伏级，而单级放大电路的电压放大倍数一般只有几十倍，远不能满足实际需要。为此，实用的电子电路往往把多个单级放大电路组合起来，组成多级放大电路，将微弱的电信号逐级放大，以获得足够高的电压放大倍数。

多级放大器级与级之间的连接方式称为耦合。常见的耦合方式有直接耦合、阻容耦合、变压器耦合等。下文简要介绍直接耦合和阻容耦合。

一、直接耦合放大电路

图 8-14　直接耦合放大电路

直接耦合放大电路如图 8-14 所示，可放大直流信号，方便集成，目前在集成电路中广泛应用。但是直接耦合的各级静态工作点相互影响，并且存在零点漂移现象。

零点漂移是指当输入信号为零时，在输出端出现的不规则信号。这种现象会使输出信号失真。由于零点漂移信号是变化缓慢的信号，所以阻容耦合和变压器耦合具有抑制零点漂移的作用。

二、阻容耦合放大电路

阻容耦合放大电路如图 8-15 所示，这种方式的特点是通过电容将前后级的直流隔开，避免静态工作点的相互影响；但对于频率较低的信号，电容容抗较大，所以阻容耦合多级放大器不能用于放大缓慢变化的信号，更不能放大直流信号；集成电路中无法制作大容量的电容，因而阻容耦合电路无法集成化。

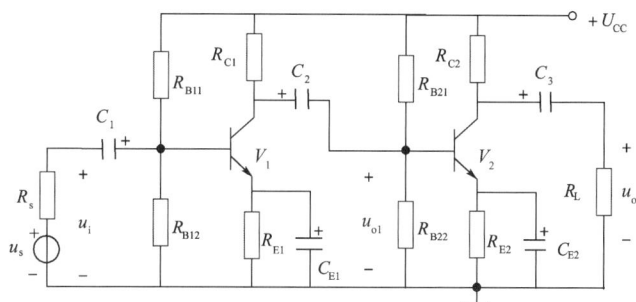

图 8-15 阻容耦合放大电路

单元 8.5 放大电路中的负反馈

在三极管放大电路中，由于三极管是非线性器件等各种原因，信号在放大传递的过程中不可避免地会失真。为了进一步改善放大器的工作性能，满足实际应用的需要，在放大电路中引入负反馈。

一、负反馈的概念

反馈就是在电子系统中把输出回路的电量（电压或电流）馈送到输入回路的过程。存在两类反馈：一是使输出信号增强的反馈，称为正反馈；二是使输出信号减弱的反馈，称为负反馈。

反馈电路由基本放大电路和反馈网络两部分组成。图 8-16 为负反馈放大电路的原理框图。

图 8-16 负反馈放大电路的原理框图

其中，x_i 表示输入信号，x_f 表示反馈信号，x_d 表示净输入信号，x_o 表示输出信号。放大器的开环放大倍数：

$$A = \frac{x_o}{x_d} \tag{8-17}$$

反馈网络的反馈系数：

$$F = \frac{x_f}{x_o} \tag{8-18}$$

二、负反馈放大电路的分类

根据反馈网络在输出端采样方式的不同及与输入端连接方式的不同，负反馈放大电路分为四种组态：电压串联负反馈、电压并联负反馈、电流串联负反馈、电流并联负反馈。四种反馈组态的形式如图 8-17 所示。

a)电压串联负反馈   b)电流串联负反馈

c)电压并联负反馈   d)电流并联负反馈

图 8-17 负反馈放大电路的反馈组态的形式

知识链接

反馈的分类及判别方法

（1）直流反馈和交流反馈

直流反馈放大电路的直流量，可以稳定放大电路的静态工作点。

交流反馈影响放大电路的交流量，可以改善放大器的动态性能。

【判别方法】

画电路的直流通路和交流通路进行判断。若反馈仅存在于直流通路，则为直流反馈；若反馈仅存在于交流通路，则为交流反馈；若反馈既存在于直流通路，又存在于交流通路，则为交、直流并存的反馈。换言之，交、直流反馈的判断一般看反馈环节中有无电容，根据电容的"通交隔直"特点来判断。

（2）电压反馈和电流反馈

电压反馈是指反馈信号取自输出电压或输出电压的部分。

电流反馈是指反馈信号取自输出电路的电流。

【判别方法】

①负载短路法。令 $u_o=0$，若反馈信号消失，则为电压反馈；若反馈信号依然存在，则为电流反馈。

②结构判断法。除公共地线外，若输出线与反馈线接在同一点上，则为电压反馈；若输出线与反馈线接在不同点上，则为电流反馈。

（3）串联反馈和并联反馈

串联反馈是反馈信号与外加输入信号以电压的形式相叠加（比较），即反馈信号与外加输入信号二者相互串联。

并联反馈是反馈信号与外加输入信号以电流的形式相叠加（比较），即两种信号在输入回路并联。

【判别方法】

①反馈节点短路法。令 $u_f=0$，若输入信号仍能送入开环放大器中，则为串联反馈；若输入信号被短路，则为并联反馈。

②结构判断法。除公共地线外，若反馈信号与输入信号接在同一点上，则为并联反馈；若反馈信号与输入信号接在不同点上，则为串联反馈。

（4）正反馈和负反馈

正反馈是经过反馈后，使输入量的变化得到加强，或者从输出量来看，使输出量变化变大。正反馈常常使系统的工作不稳定。

负反馈是经过反馈后，使输入量的变化被削弱，或者从输出量来看，使输出量变化变小。负反馈可以改善电路的性能。

【判别方法】

瞬时极性法。假设输入信号的变化处于某一瞬时极性，沿闭环系统逐步标出放大器各级输入和输出的瞬时极性。之后按以下方法判别正、负反馈。

对串联反馈，若 u_i 与 u_f 同极性，为负反馈；若 u_i 与 u_f 反极性，为正反馈。

对并联反馈，若 i_i 与 i_f 相对于反馈节点同流向，为正反馈；若 i_i 与 i_f 相对于反馈节点流向相反，为负反馈。

【例8-2】 电路如图8-18所示，试判断电路的反馈类型。

解：设基极输入信号 u_i 的瞬时极性为正，则发射极反馈信号 u_f 的瞬时极性也为正，发射结上实际得到的信号 u_{be}（净输入信号）与没有反馈时相比减小了，即反馈信号削弱了输入信号的作用，故可确定为负反馈。因 u_i 与 u_f 相串联，所以是串联反馈；令 $u_o = 0$，反馈信号依然存在，则为电流反馈。所以此电路为电流串联负反馈。

图8-18 例8-2图

三、射极输出器

射极输出器是典型的负反馈放大器，其电路如图8-19所示。

a)电路组成   b)直流通路   c)交流微变等效电路

图8-19 射极输出器

该电路为电压串联负反馈放大电路。由于输出信号是从发射极输出的，故称其为射极输出器。从交流通路可以看出，输入回路和输出回路的公共端为集电极 C，因此，射极输出器也称共集电极放大电路。

1. 射极输出器的特点

射极输出器的特点如下：

（1）电压倍数近似等于1。如图8-19c）所示，$u_i = u_{be} + u_f = u_{be} + u_o$，忽略$u_{be}$时，$u_i \approx u_o$，故射极输出器的电压放大倍数近似为1（略小于1），$u_i \approx u_o$表明它没有电压放大作用，但是涉及电流时，为基极电流的$(1+\beta)$倍，故它有电流放大作用。

（2）输出电压和输入电压同相。从图8-19中可以看出，输出电压u_o的瞬时极性和输入电压u_i的瞬时极性相同，因此，射极输出器也称射极跟随器。

（3）输入电阻大，输出电阻小。电压串联负反馈使放大器的输入电阻增大，输出电阻减小，所以射极输出器的输入电阻比共射极放大器的输入电阻高几十倍到几百倍。

$$r_i = \left[r_{be} + (1+\beta) R'_L \right] // R_B \tag{8-19}$$

$$R'_L = R_L // R_E \tag{8-20}$$

输出电阻一般仅为几欧姆到几十欧姆。

$$r_o = \frac{r_{be}}{\beta} \tag{8-21}$$

2. 射极输出器的应用

射极输出器具有输入电阻很大、输出电阻很小及电压跟随的作用，有一定的电流和功率放大作用，因而它的应用十分广泛。

（1）射极输出器用作多级放大电路的输入级。输入电阻很大，对信号源的影响很小。

（2）射极输出器用作多级放大电路的输出级。输出电阻很小，可以提高带负载能力。

（3）射极输出器用作多级放大电路的中间级。射极输出器具有电压跟随的作用，输入电阻很大，对前级的影响小；输出电阻小，对后级的影响也小。所以，射极输出器用作中间级起缓冲、隔离的作用。

四、负反馈对放大电路性能的改善

负反馈使电压放大倍数降低，但是可以改善放大器的性能。在引入负反馈后，它对放大器的工作性能主要产生以下方面的影响。

1. 降低放大倍数

由于负反馈使净输入信号减小，输出信号减小，相对于原输入信号的放大倍数降低。

2. 提高放大倍数的稳定性

实际电路中，由于环境温度的变化、电源电压和负载的波动使电压放大倍数不稳定，而负反馈有稳定输出电压的作用，可以使放大倍数的稳定性提高。

3. 减小非线性失真

三极管的非线性特性使输出信号的波形产生失真，负反馈的补偿作用可以有效地改善波形失真。

4. 影响输入电阻和输出电阻

串联负反馈在输入端使净输入电压减小，输入电流减小，相对于原输入电压，输入电阻增大；并联负反馈在输入端起分流作用，在原输入电压不变的情况下，由于输入电流增大，使输入电阻减小。

电压负反馈有稳定输出电压的作用，如果把放大器看作电压源，输出电阻（电压源内阻）越小，输出电压越稳定，所以电压负反馈有降低输出电阻的作用。

电流负反馈有稳定输出电流的作用，如果把放大器看作电流源，输出电阻（电流源内阻）越大，输出电流越稳定，所以电流负反馈有提高输出电阻的作用。

此外，在放大电路中引入负反馈后，还能提高电路的抗干扰能力，降低噪声，改善电路的频率响应特性等。实际上，放大器的性能改善都是以降低放大倍数为代价的。

单元 8.6　功率放大电路

一、放大电路的组成

小信号放大电路主要是放大微弱的电信号的电压幅度，所以又称为电压放大器，一般位于多级放大器的前面若干级。功率放大电路又称功率放大器，位于多级放大电路的末级。因为其输入信号电压已经达到较大的数值，所以其主要任务就是在此基础上放大输出信号的功率，以推动负载工作。

二、互补对称功率放大电路

互补功率放大电路的组成如图 8-20 所示。采用双电源供电，V_1 是 NPN 型管，V_2 是 PNP 型管，要求两管的特性相同。由图 8-20 可见，两管的基极和基极连在一起，两管的发射极和发射极连在一起，信号由基极输入，发射极输出。负载接在公共发射极上，因此它是由两个射极输出器组合而成的。

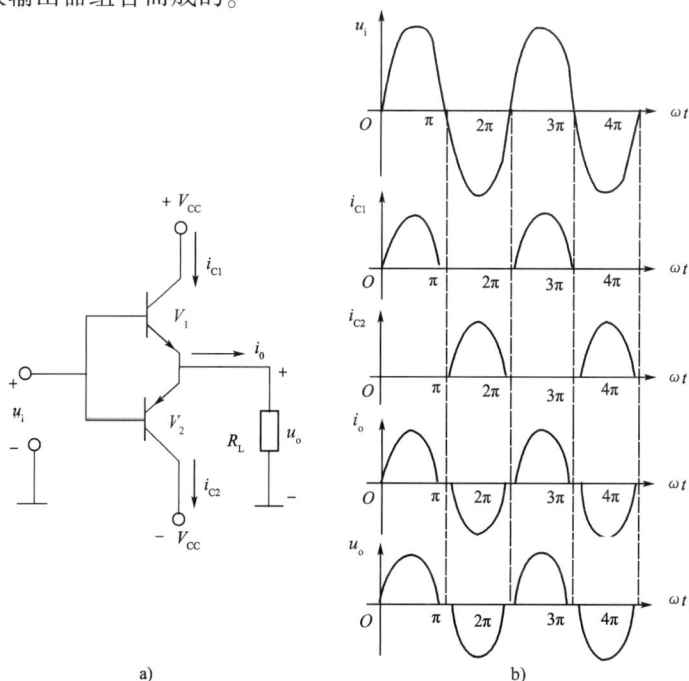

图 8-20　互补功率放大电路的组成

三、集成功率放大器

随着集成技术的发展，集成功率放大器产品越来越多，集成功率放大器具有内部元件参数一致性好、失真小、安装方便、适应大批量生产等特点，因此得到广泛的应用。在电

图 8-21　集成功率放大电路

视机的伴音、录音机的功放等电路中一般采用集成功率放大器，如图 8-21 所示。该电路主要由三个三极管组成，其中 V_1 起信号放大的作用，V_2、V_3 起功率放大的作用。与前面的 OCL 电路相比，功率放大电路的 V_2、V_3 管的基极串联了两个二极管，由于二极管的导通电压跟三极管基极导通电压是相适的，因此在电路正常工作时，就保证了 V_2、V_3 始终处在微导通状态，起到了克服交越失真的作用。由于 V_2、V_3 完全对称，因此 K 点电压为 0 伏（V）。

下面简单介绍目前应用较多的小功率音频集成功率放大器 LM386。集成功率放大器 LM386 为 8 引脚双列直插式塑料封装结构，引脚如图 8-22 所示。

集成功率放大器 LM386 是一种通用型宽带集成功率放大器，属于 OTL 功放，使用的电源电压为 4～10V，常温下功耗为 600mV。图 8-23 是 LM386 的应用接线图。其中，R_1 和 C_1 接在引脚 1 和 8 之间，可将电压增益调为任意值；R_2 和 R_3 串联构成校正网络，用来补偿扬声器音量电感产生的附加相移，防止电路自激；C_2 为旁路电容；C_4 为去耦电容，滤掉电源的高次谐波分量；C_5 为输出耦合电容。

图 8-22　LM386 引脚

1-增益；2-负输入；3-正输入；4-地；5-输出；

6-电源 U_S；7-旁路；8-增益

图 8-23　LM386 的应用接线图

复习与思考 ---

8-1 一个单管放大电路由哪些基本元件组成？各元件的作用是什么？

8-2 放大电路为什么要设置静态工作点？合适的静态工作点是什么样的？

8-3 由于放大电路的输入变量是交流量，故三极管各电极电流方向总是变化着的。这句话对吗？为什么？

8-4 要使放大电路处于放大状态，遵循的基本原则是什么？

8-5 共射极放大电路的集电极电阻 R_c 起什么作用？

8-6 如何画放大电路的直流和交流通路？直流和交流通路的作用是什么？

8-7 分压式偏置电路是如何实现稳定静态工作点的？

8-8 题图8-1所示为固定偏置共射极放大电路。输入电压 u_i 为正弦交流信号，试问输出电压 u_0 出现了怎样的失真？如何调整偏置电阻 R_b 才能减小此失真？

8-9 设题图8-2中 $U_{CC}=24\text{V}$，$R_{b1}=20\text{k}\Omega$，$R_{b2}=60\text{k}\Omega$，$R_e=1.8\text{k}\Omega$，$R_c=3.3\text{k}\Omega$，$\beta=50$，$U_{BE}=0.7\text{V}$，求其静态工作点。

题图 8-1

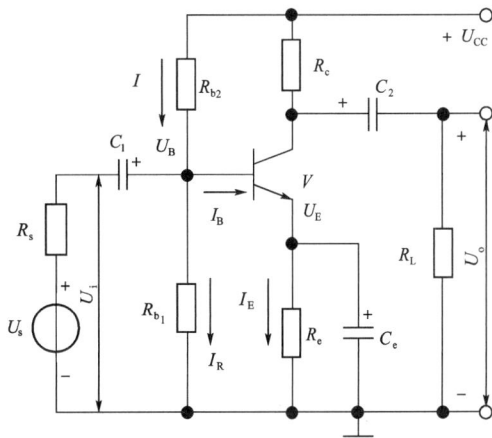

题图 8-2

模块9　集成运算放大器及其应用

教学目标

1. 掌握集成运算放大器的组成、性能指标和理想运算放大器；
2. 掌握虚短和虚断的概念及分析方法；
3. 掌握集成放大器的线性应用和非线性应用；
4. 了解 *RC* 桥式正弦波振荡器。

建议学时

8 学时

单元 9.1　集成运算放大器简介

集成电路是 20 世纪 60 年代初期发展起来的一种半导体器件。集成电路是把晶体管、电阻等元器件和连接导线集中，组合制作在一块很小的半导体基片上，构成特定功能的电子电路。

集成电路按照所完成功能的不同，主要分为模拟集成电路和数字集成电路两大类。按照集成度（每一片硅片中所含元器件数）的高低，集成电路分为小规模集成电路（简称 SSI）、中规模集成电路（简称 MSI）、大规模集成电路（简称 LSI）和超大规模集成电路（VLSI）。集成运算放大器是模拟集成电路中最重要、应用最广泛的器件，在很大程度上代表了模拟电路的发展方向。

运算放大器是具有很高放大倍数的电路单元。在实际电路中，运算放大器通常与反馈网络共同组成某种功能模块。由于早期应用于模拟计算机中，用于实现数学运算，故得名"运算放大器"，此名称一直延续至今。运算放大器是一个从功能的角度命名的电路单元，可以由分立的器件实现，也可以实现在半导体芯片当中。随着半导体技术的发展，如今绝大部分的运算放大器以单片的形式存在。运算放大器的种类繁多，广泛应用于几乎所有的行业当中。运算放大器实质上是高增益的直接耦合放大电路，集成运算放大器是集成电路的一种，简称集成运放，它常用于各种模拟信号的运算，如比例运算、微分运算、积分运算等。运算放大器由于其高性能、低价位，在模拟信号处理和发生电路中几乎完全取代了分立元件放大电路。采用集成电路工艺制作的运算放大器，除保持了原有的很高的增益和输入阻抗的特点，还具有精巧、廉价和可灵活使用等优点，因而在有源滤波器、开关电容电路、数模和模数转换器、直流信号放大、波形的产生和变换以及信号处理等方面得到十分广泛的应用。

一、集成运放的组成及特点

集成运放是一种高电压增益、高输入电阻和低输出电阻的多级直接耦合放大器。

集成运放的类型很多，电路也不一样，但结构具有共同之处，集成电路的外形如图9-1所示，其内部电路组成原理如图9-2所示。

图9-1 集成电路的外形

图9-2 集成运放组成原理框图

输入级：输入电阻高，能减少零点漂移和抑制干扰信号，都采用带恒流源的差分放大器。

中间级：要求电压放大倍数高。常采用带恒流源的共发射极放大电路。

输出级：与负载相接，要求输出电阻低，带负载能力强，一般由互补对称电路或射极输出器构成。

偏置电路：由各种恒流源等电路组成。

其中对输入级的要求是输入电阻大、噪声低、零漂小；中间级的主要作用是提供电压增益，它可由一级或多级放大电路组成；输出级一般由电压跟随器或互补电压跟随器组成，以降低输出电阻，提高带负载能力；偏置电路为各级提供合适的偏置电流。此外还有一些辅助环节，如单端化电路、相位补偿环节、电平移位电路、输出保护电路等。

二、集成运放的主要参数

1. 最大输出电压

能使输出和输入保持不失真关系的电压为最大输出电压（U_{OPP}）。一般情况下该值略小于电源电压。

2. 开环差模电压增益

开环差模电压增益（A_{ud}）为运放没有接反馈电路时的差模电压放大倍数。A_{ud}越高，所构成的运算电路越稳定，运算精度也越高。目前高增益集成运放的A_{ud}可高达107倍。

3. 输入失调电压

当运放的输入级不对称时，输入电压为零而输出电压不为零。必须在输入端加补偿电压，使输出为零，该电压称为输入失调电压（U_{IO}）。

4. 共模输入电压范围

共模输入电压范围（U_{ICM}）为运放所能承受的共模输入电压最大值。超出此值，运放的共模抑制性能下降，甚至造成器件损坏。集成运放 μA741 的最大共模输入电压为15V。

5. 共模抑制比

共模抑制比（K_{CMR}）反映了集成运放对共模输入信号的抑制能力。

三、集成运算放大器的分类

按照集成运算放大器的参数来分，集成运算放大器可分为如下几类。

1. 通用型运算放大器

通用型运算放大器就是以通用为目的而设计的。这类器件的主要特点是价格低廉、产品量大面广，其性能指标能适合于一般性使用。例如，μA741（单运放）、LM358（双运放）、LM324（四运放）及以场效应管为输入级的 LF356 都属于此种，它们是应用最为广泛的集成运算放大器。

2. 高阻型运算放大器

高阻型运算放大器的特点是差模输入阻抗非常高，输入偏置电流非常小，具有高速、宽带和低噪声等优点，但输入失调电压较大。常见的集成器件有 LF355、LF347（四运放）及更高输入阻抗的 CA3130、CA3140 等。

3. 低温漂型运算放大器

在精密仪器、弱信号检测等自动控制仪表中，总是希望运算放大器的失调电压要小且不随温度的变化而变化。低温漂型运算放大器就是为此而设计的。常用的高精度、低温漂型运算放大器有 OP07、OP27、AD508 及由 MOSFET 组成的斩波稳零型低漂移器件 ICL7650 等。

4. 高速型运算放大器

在快速模数 A/D 和数模 D/A 转换器、视频放大器中，要求集成运算放大器的转换速率 SR 一定要高，单位增益带宽 BWG 一定要足够大，像通用型集成运放是不能适合于高速应用的场合的。高速型运算放大器的主要特点是具有高的转换速率和宽的频率响应。常见的运放有 LM318、μA715 等，其 SR = 50 ~ 70V/us，BWG > 20MHz。

5. 低功耗型运算放大器

由于电子电路集成化的最大优点是能使复杂电路小型轻便，所以随着便携式仪器应用范围的扩大，必须使用低电源电压供电、低功率消耗的运算放大器。常用的运算放大器有 TL-022C、TL-060C 等，其工作电压为 ±2 ~ ±18V，消耗电流为 50 ~ 250μA。有的产品功耗已达 μW 级，如 ICL7600 的供电电源为 1.5V，功耗为 10mW，可采用单节电池供电。

6. 高压大功率型运算放大器

运算放大器的输出电压主要受供电电源的限制。在普通的运算放大器中，输出电压的最大值一般仅几十伏，输出电流仅几十毫安。若要提高输出电压或增大输出电流，集成运放外部必须加辅助电路。高压大电流集成运算放大器外部不需附加任何电路，即可输出高电压和大电流。例如，D41 集成运放的电源电压可达 ±150V，μA791 集成运放的输出电流可达 1A。

四、集成运放的电压传输特性

1. 理想集成运放的主要参数

在分析运算放大器的电路时，一般将它看成理想的运算放大器。理想化的主要条件如下：

（1）开环电压放大倍数 $A_{od} \to \infty$。

（2）开环输入电阻 $R_{id} \to \infty$。

（3）开环输出电阻 $R_{od} = 0$。

（4）共模抑制比 $K_{CMR} \to \infty$。

2. 理想集成运放的工作特性

图 9-3 所示为集成运放的电压传输特性。传输特性分为线性区和非线性区。

（1）线性区

$$u_o = A_{uo}(u_+ - u_-)$$

此时的集成运放是一个线性元件。由于集成运放电压放大倍数很高，即使输出的电压很小，也可以使电路饱和。所以，一般电路引入负反馈以保证集成运放工作在线性区。

集成运放工作在线性区时有如下两个重要的特征：

①虚短。理想运算放大器的 $A_{od} \to \infty$，即可认为两个输入端的点位近似相同，若将其理想化，则有：

$$u_+ \approx u_- \tag{9-1}$$

但不是短路，故称为虚短。

②虚断。理想运算放大器的 $R_{id} \to \infty$，即可认为流入两个输入端的电流近似为零，则有：

$$i_+ \approx i_- \approx 0 \tag{9-2}$$

但不是断开，故称虚断。

利用这两个概念，分析各种运算与处理电路的线性工作情况将十分简便。

（2）非线性区

$U_+ > U_-$ 时，

$$U_o = + U_o \tag{9-3}$$

$U_+ < U_-$ 时，

$$U_o = - U_o \tag{9-4}$$

集成运放工作在非线性区时，输入信号较大，不存在虚短特征。由于输入阻抗很高，近似为 0，输入电流仍然很小，还可以应用虚断特征。

单元 9.2　集成运放的线性应用

一、比例运算电路

1. 反相比例运算

当输入信号从反相输入端输入时，输出信号与输入信号相位相反，运算电路就构成了

图 9-3　集成运放的电压传输特性

反相比例运算电路，如图9-4所示。

图9-4　反相比例运算电路

根据虚短和虚断，有：

$$i_+ \approx i_- \approx 0 \qquad u_+ \approx u_-$$
$$i_1 = i_f$$

则：

$$i_1 = \frac{u_i - u_-}{R_1} = \frac{u_i}{R_1}$$

$$i_f = \frac{u_- - u_o}{R_F} = -\frac{u_o}{R_F}$$

则：

$$\frac{u_i}{R_1} = -\frac{u_o}{R_F} \tag{9-5}$$

即

$$u_o = -\frac{R_F}{R_1} u_i \tag{9-6}$$

图9-4中 R_2 为平衡电阻：

$$R_2 = R_1 // R_f \tag{9-7}$$

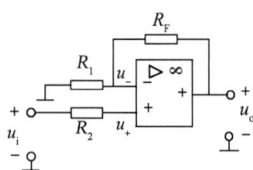

图9-5　同相比例运算电路

2. 同相比例运算

当输入信号从同相输入端输入时，输出信号与输入信号相位相同，运算电路就构成了同相比例运算电路，如图9-5所示。

根据虚短和虚断，有：

$$u_+ \approx u_- \approx u_i$$

$$u_- = \frac{R_1}{R_1 + R_F} \cdot u_o$$

则：

$$u_o = \left(1 + \frac{R_F}{R_1}\right) u_i \tag{9-8}$$

在同相比例电路中，当 $R_1 = \infty$ 或 $R_F = 0$ 时，电路的电压放大倍数为1，称该电路为电压跟随器。

二、加法运算电路

能实现输出电压与几个输入电压之和成比例的电路，称为加法运算电路。其电路结构是在反相比例运算电路的输入端增加若干个输入支路即可，如图 9-6 所示。

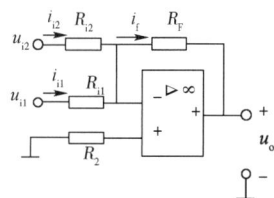

图 9-6 反相加法运算电路

根据虚短和虚断，有：

$$i_{i1} = \frac{u_{i1}}{R_{i1}} \qquad i_{i2} = \frac{u_{i2}}{R_{i2}} \qquad i_f = -\frac{u_0}{R_F} = i_{i1} + i_{i2}$$

则：

$$u_o = -\left(\frac{R_F}{R_{i1}}u_{i1} + \frac{R_F}{R_{i2}}u_{i2}\right) \tag{9-9}$$

若 $R_{i1} = R_{i2} = R_1$，则：

$$u_o = -\frac{R_F}{R_1}(u_{i1} + u_{i2}) \tag{9-10}$$

平衡电阻 R_2 的取值为

$$R_2 = R_{i1} /\!/ R_{i2} \tag{9-11}$$

三、减法运算电路

减法运算电路可以用加法器构成，也可以通过差动电路实现。如果运算放大器的同、反相输入端都有信号输入，就构成了差动输入的运算放大电路，如图 9-7 所示。

设反相输入端信号 u_{i1} 单独作用，产生的输出电压分量是 u'_o，此时 u_{i2} 不作用，对应输入端相当于对地短路。根据式（9-6）得：

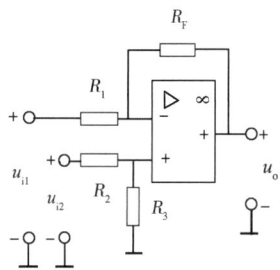

图 9-7 减法运算电路

$$u'_o = -\frac{R_F}{R_1}u_{i1}$$

同相输入端信号 u_{i2} 单独作用，产生的输出电压分量是 u''_o，此时 u_{i1} 不作用，对应输入端相当于对地短路。

同相输入端对地的电压为

$$u_+ = \frac{R_3}{R_2 + R_3}u_{i2}$$

根据式（9-8）得：

$$u''_o = \left(1 + \frac{R_F}{R_1}\right)u_+ = \left(1 + \frac{R_F}{R_1}\right)\frac{R_3}{R_2 + R_3}u_{i2}$$

减法运算电路的输出电压 u_o 是 u'_o 和 u''_o 的叠加，即

$$u_o = u'_o + u''_o = -\frac{R_F}{R_1}u_{i1} + \left(1 + \frac{R_F}{R_1}\right)\frac{R_3}{R_2 + R_3}u_{i2} \tag{9-12}$$

当 $R_1 = R_2$ 且 $R_F = R_3$ 时，上式为

$$u_o = \frac{R_F}{R_1}(u_{i2} - u_{i1}) \tag{9-13}$$

图9-8 积分运算电路

四、积分运算电路

积分运算是模拟计算机中的基本单元电路，该电路如图9-8所示。

在反相输入式放大电路中，将反馈电阻串电容就构成了积分运算电路。

$$i_1 = \frac{u_i}{R_1}$$

$$i_f = i_C = C\frac{du_c}{dt} = -C\frac{du_o}{dt}$$

根据虚断的特点，$i_1 = i_c$，可得：

$$\frac{u_i}{R_1} = -C\frac{du_o}{dt}$$

输出电压：

$$u_o = -\frac{1}{R_1C}\int u_i dt \tag{9-14}$$

五、微分运算电路

微分运算是积分运算的逆运算。将积分运算电路的电阻 R_1 和电容 C 互换位置就可以实现微分运算，如图9-9所示。

图9-9 微分运算电路

反相输入方式下，有：

$$i_1 = i_C = C_1\frac{du_c}{dt} = C_1\frac{du_i}{dt}$$

同时，反馈支路电流：

$$i_f = -\frac{u_o}{R_F}$$

根据理想运放虚断的特点，$i_1 = i_f$，所以：

$$u_o = -R_F C_1\frac{du_i}{dt} \tag{9-15}$$

单元9.3 集成运放的非线性应用

一、电压比较器

a) 电路　　b) 电压传输特性曲线

图9-10 电压比较器电路及电压传输特性曲线

集成运放在开环状态时，一般工作在非线性区，可作为电压比较器使用。

电压比较器电路及电压传输特性曲线如图9-10所示。当 $u_i > U_R$ 时，$u_o = -U_{OM}$；当 $u_i < U_R$ 时，$u_o = U_{OM}$。通过输出电压的正、负

可显示两输入端点位的关系，实现电压比较。

当 $U_R = 0$ 时，电压比较器称为过零比较器。

电压比较器的输入信号也可以从同相输入端输入，其输出电压的正、负与反相输入相反。

二、方波发生器

利用集成运算放大器电路可产生正弦波、方波和三角波，但产生不同波形时运放的工作状态及分析方法是不同的。产生正弦波时，运放工作在线性区；产生方波和三角波时，运放工作在非线性区。

方波发生器是用来产生方波电压信号的振荡电路，它由一个过零滞回电压比较器和一个 RC 充放电回路组成，如图 9-11 所示。电路中 V 是限幅稳压管，其作用是将输出电压掐位在某一电压值，R_1 和 R_2 构成分压电路，R 和 C 构成充放电电路，R_3 为限流电阻。

a)电路　　　　　　　　　b)输出波形

图 9-11　方波发生器

设接通电源的瞬间电容两端的电压 $u_c = 0$，因运放同相端受干扰信号的作用，输出电压为高电平，即 $u_o = +U_Z$，此时输出电压 u_o 通过电阻 R 向电容 C 充电，使电容两端的电压 u_c 按指数规律上升。当该电压升至反相滞回比较器的上限触发电平时，$u_{H1} = U_Z R_1 / (R_1 + R_2)$，输出状态变为低电平，$u_o = -U_Z$。之后，电容器 C 放电，随着放电，电容上电压 u_c 下降，当下降到下限门限电平 $u_{H2} = -U_Z R_1 / (R_1 + R_2)$ 时，输出状态又回到高电平，如此周而复始，在输出端得到方波，而在电容器上将得到三角波形。

单元9.4　RC 桥式正弦波振荡器

正弦波振荡器在量测、自动控制、无线电通信及遥控等许多领域有着广泛的应用。例如，调整放大器时，用一个"正弦波信号发生器"生成一个频率和振幅均可以调整的正弦信号，作为放大器的输入电压，以便观察放大器输出电压的波形有没有失真，并且测量放大器的电压放大倍数和频率特性。这种正弦信号发生器就是一个正弦波振荡器，它在各种放大电路的调整测试中是一种基本的试验仪器。在无线电的发送和接收机中，经常将高频正弦信号作为音频信号的"载波"，对信号进行"调制"变换，以便于进行远距离的传输。高频振荡还可以直接作为加工的能源，如焊接半导体器件引脚时使用的"超声波压焊机"，就是利用 60kHz 左右的正弦波（超声波）作为焊接的"能源"。那么一个正弦波振荡器为什么能够自己产生一个正弦波的振荡呢？它产生的正弦波振荡又怎么能够满足一定频率和振幅的要求呢？最后，这个正弦振荡在外界干扰之下又怎么能够维持其确定的振荡频率和振幅呢？

振荡器通常可以分为反馈型振荡电路和负阻型振荡电路。反馈型振荡电路由含有两端口的射频晶体管两端口网络和一个反馈网络构成。例如，使用双极型晶体管或者场效应管构成的振荡电路，采用在射频放大电路中引入正反馈网络和频率，选择网络形成振荡电路。负阻型振荡电路由射频负阻有源器件和频率选择网络构成。例如，使用雪崩二极管、隧道二极管、耿氏二极管等可构成射频信号源。在负阻型振荡电路中，通常不出现反馈网络，而反馈型振荡电路必须包含正反馈网络，因此反馈网络是区分两种类型振荡电路的标志。通常，反馈型振荡电路的工作频率为射频的中低端频段，负阻振荡电路的工作频率为射频的高端频段。负阻振荡电路更适合于工作在微波、毫米波等频率更高的频段。

一、正弦波振荡电路的构成

图 9-12　RC 桥式正弦波振荡器电路

RC 桥式正弦波振荡器电路如图 9-12 所示。图中右边为同相比例放大器，左边为正反馈网络，又称选频网络，由 RC 串、并联网络组成。反馈信号频率 $1/2\pi RC$ 的信号，满足相位平衡条件，此时反馈系数的幅值达到最大值，为 $1/3$，只要放大器的放大倍数大于 3，即可使振荡器起振。根据同相比例放大器 $A_u = 1 + R_f/R_1$，只要使 $R_f > 2R_1$ 即可。

正弦波振荡器还有 LC 正弦波振荡器、石英晶体正弦波振荡器，其基本原理与 RC 正弦波振荡器相似。

二、正弦波振荡电路的应用

1. 电路结构

压控振荡器是振荡频率受电压控制的振荡器电路，它常常作为自动控制装置的基本单元电路。压控振荡器电路如图 9-13 所示，该电路的输入控制电压为直流电压。A_1 为差动积分电路，积分电压由控制电压 U_1 提供，积分方向由场效应管 V 来改变，A_2 为滞回比较器，它的输出控制着场效应管的导通和截止。

2. 工作原理

设滞回比较器 A_2 的输出电压为负饱和电压 $-U_{om}$，此值一方面使比较器的同相端电压为下门限电压，即

$$U_{TH2} = -\frac{R_5}{R_5 + R_6} U_{om} \tag{9-16}$$

另一方面，通过隔离二极管 V_2 将比较大的负电压加在了场效应管的栅极，使场效应管进入夹断区而截止，此时，积分电路可等效为图 9-14a）。

图 9-13　压控振荡器电路

a) 场效应晶体管截止　　　　　　　　b) 场效应晶体管导通

图 9-14　积分电流的流向

由图可以看出，$u_+ = U_i/2$，根据"虚短"的概念，$u_- = u_+ = U_i/2$，再根据"虚断"的概念，电容器上的充电电流为

$$I_C = I_1 = \frac{U_i - \dfrac{U_i}{2}}{2R} = \frac{U_i}{4R} \tag{9-17}$$

由于输入电压 U_i 为直流电压，因此电容器 C 为恒流充电，电容器 C 上的电压直线上升，而 A_1 的输出电压 u_{o1} 直线下降，比较器 A_2 翻转为 $+U_{om}$。比较器 A_2 的输出电压 $+U_{om}$，一方面使比较器的同相端电压为上门限电压，即

$$U_{TH1} = -\frac{R_5}{R_5 + R_6} U_{om} \tag{9-18}$$

另一方面使隔离二极管 V_2 截止，此时，场效应管因栅源电压为零而饱和导通，其积分电路可等效为图 9-14b）。

由图可知：

$$I_1 = \frac{U_i - \dfrac{U_i}{2}}{2R} = \frac{U_i}{4R} \qquad I_2 = \frac{\dfrac{U_i}{2}}{R} = \frac{U_i}{2R} \tag{9-19}$$

根据基尔霍夫定律：$I_1 = I_C + I_2$，则

$$I_C = I_1 - I_2 = \frac{U_i}{4R} - \frac{U_i}{2R} = -\frac{U_i}{4R} \tag{9-20}$$

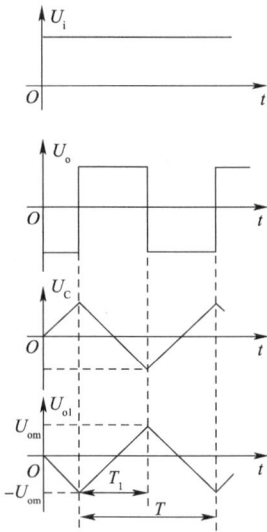

式（9-20）中的负号说明实际电容器上的电流与标定方向相反。电容以 $U_i/(4R)$ 的电流放电，U_C 直线下降，U_{o1} 直线上升，比较器 A_2 翻转为 $-U_{om}$，场效应管又截止，电容器开始充电，周而复始，会产生如图 9-15 所示波形。

由上述分析可知，该电路是利用比较器输出端的高低电平控制场效应管的通断状态的，保证积分器以同样大小的恒定电流充放电，使三角波上升、下降的时间相等。

3. 振荡频率

通过以上分析可知，差动积分电路的输出电压 u_{o1} 是三角波电压。由于电容器上的充放电电流受到电压 U_i 的控制，所以三角波的振荡频率也受外加电压的控制。

在图 9-15 所示的压控振荡器电路中，电容器为恒流充电，充电电流用 I_C 表示，那么电容器上的充电速率为

图 9-15　压控振荡器波形

$$\frac{\mathrm{d}u_C}{\mathrm{d}t} = \frac{I_C}{C}$$

又由式（9-20）可知，电容器也是以恒流放电，其放电的速率仍为

$$\frac{\mathrm{d}u_C}{\mathrm{d}t} = \frac{I_C}{C}$$

由图 9-15 可看出：积分器 A_1 的输出三角波电压的峰-峰值为 $U_{P-P} = U_{TH1} - U_{TH2}$，三角波的斜率即为电容器的充（放）电的速率。

可知，压控振荡器的振荡频率 f 与控制电压 U_i 成正比。

本模块实验

通过本模块理论学习，完成以下实验，详见本书实验手册。
实验8　集成运放构成的放大电路测试

🖳 复习与思考 ··

9-1　集成运放一般由哪几部分组成？各部分的作用如何？

9-2　理想运放的主要条件有哪些？

9-3　如何理解虚短和虚断？

9-4　试用集成运放实现下列运算。

（1）$u_o = u_{i1} + 10u_{i2} + 2u_{i3}$

（2）$u_o = u_{i1} - u_{i2} + u_{i3}$

9-5　求题图 9-1 所示电路的 u_o 和 u_{i1}、u_{i2} 的运算关系。

9-6　如题图 9-2 所示，计算输出电压 u_o。

题图　9-1

题图　9-2

9-7　题图 9-3 所示的运算放大器都为理想放大器，试写出 u_o 与 u_{i1}、u_{i2} 之间的关系式。

题图　9-3

模块10 直流电源

教学目标

1. 掌握直流稳压电源的组成；
2. 掌握桥式整流电路；
3. 了解整流、滤波电路有关电流的计算，二极管、电容的选择；
4. 掌握电容滤波对整流电路的影响；
5. 掌握晶体管稳压电路。

建议学时

8 学时

单元 10.1　直流稳压电源

把交流电转换为平滑的、稳定的直流电的装置称为直流稳压电源。电子电路工作时需要电压稳定的直流电源提供能量，如各种电子仪器、通信设备、电解、电镀等。电池因使用费用高，一般只用于低功耗便携式的仪器设备中，现在大多数情况下是利用电网提供的交流电经过转换而得到直流电源。

一、直流电源的组成

直流稳压电源的结构如图 10-1 所示。

如图 10-1 所示，通过整流电路将交流电压变为脉动的直流电压。由于此脉动的直流电压还有较大的波动，必须通过滤波电路加以滤除，从而得到平滑的直流电压。但这样的电压还随电网电压波动（一般有 ±10% 左右的波动）、负载和温度的变化而变化。因而在整流、滤波电路之后，还需要接稳压电路。直流稳压电源一般由以下几部分组成。

1. 电源变压器

电源变压器也称整流变压器。由于所需要的直流电压比电网的交流电压在数值上相差较大，因此利用变压器降压得到比较合适的交流电压再进行转换。有些电源利用其他方式进行降压，而不用变压器。

图 10-1 直流稳压电源结构

2. 整流电路

整流电路是将工频交流电转换为脉动直流电。

3. 滤波电路

滤波电路将脉动直流中的交流成分滤除，减少交流成分，增加直流成分，使脉动直流电的变化幅度更小，波形更平滑。

4. 稳压电路

稳压电路采用负反馈技术，消除电网电压、负载变化对输出电压的影响，对整流后的直流电压进一步进行稳定。

二、电源变压器的分类

直流稳压电源分为线性稳压电路和非线性稳压电路两大类。

线性电源按稳压方式分为参数稳压电源和反馈调整型稳压电源。参数稳压电源电路简单，主要是利用元件的非线性实现稳压。比如，一只电阻和一只稳压二极管即可构成参数稳压电路。反馈调整型稳压电源具有负反馈闭环，是闭环自动调整系统，优点是技术成熟、性能优良、稳定，设计与制造简单；缺点是体积大、效率低。

非线性电源主要是指开关电源。开关电源按激励方式分为自激式和他激式；按调制方式有脉宽调制型（PWM）、频率调制型（PFM）、宽度和频率均改变的混合型；按使用开关管的类型分为有晶体管和可控硅型；按开关管电流工作方式分为分开关型变换器和谐振型变换器，分开关型变换器是用晶体管开关把直流变成方波或准方波的高频交流，谐振型变换器是将晶体管开关连接在 LC 谐振电路上，开关电流不是方波而是正弦波或准正弦波。

单元 10.2 整 流 电 路

电力网供给用户的是交流电，而各种无线电装置需要用直流电。整流是利用二极管的单向导电性，将具有正负两个极性的交流电能变换成只有

整流电路作用

185

一个极性的电能，整流后的单极性电能不仅包含有用的直流分量，还包含有害的交流分量，利用滤波电路滤去交流分量，取出直流分量，就得到比较平滑的直流电。由于采用滤波器的目的只是得到一个平滑的直流，故滤波器又称平滑滤波器。

整流电路的任务是将交流电变换成直流电。完成这一任务主要是靠二极管的单向导电作用，因此二极管是构成整流电路的关键元件。常见的几种整流电路有单相半波、全波、桥式和倍压整流电路。本节主要研究单向桥式整流电路。为了分析方便，二极管采用理想模型来处理，即正向导通电阻为零，反向电阻为无穷大。

一、单相桥式整流电路的工作原理

桥式整流电路是使用最多的一种整流电路。这种电路中，四个二极管连接成"桥"式结构，使其具有全波整流电路的优点，如图 10-2 所示。

图 10-2　单相桥式整流电路

单相桥式整流电路的工作原理如下：当 u_2 为正半周时，a 点电位高于 b 点电位，二极管 D_1、D_3 承受正向电压而导通，D_2、D_4 承受反向电压而截止。此时电流的路径为 $a \to D_1 \to R_L \to D_3 \to b$。当 u_2 为负半周时，b 点电位高于 a 点电位，二极管 D_2、D_4 承受正向电压而导通，D_1、D_3 承受反向电压而截止。此时电流的路径为 $b \to D_2 \to R_L \to D_4 \to a$。上述工作过程如图 10-3 所示。

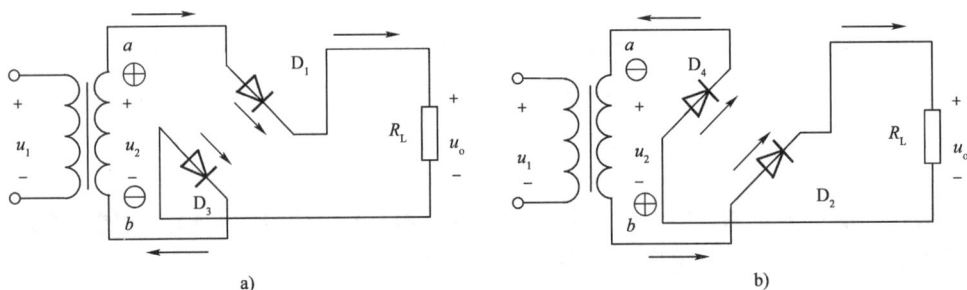

图 10-3　单相桥式整流电路工作过程

如此重复下去，在 R_L 上便得到全波整流电压。利用图 10-2 可得单向整流电路波形，如图 10-4 所示。

做一做

使用双踪示波器测量图 10-2 单相桥式整流电路输入、输出波形，并与图 10-4 波形进行比对。

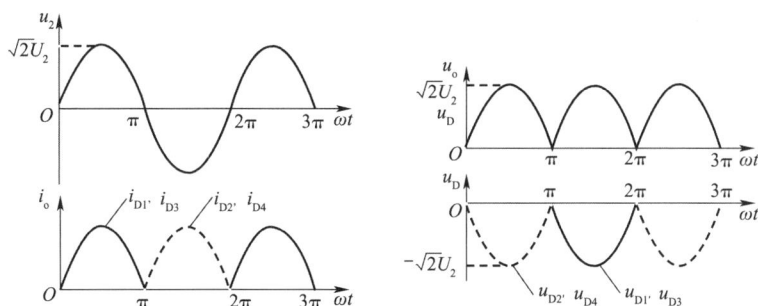

图 10-4 单相桥式整流电路波形

二、单相桥式整流电路的性能指标

1. 输出电压平均值 U_o

$$U_o \approx 0.9U_2 \tag{10-1}$$

2. 流过负载的电流平均值 I_L

$$I_L = \frac{0.9U_2}{R_L} \tag{10-2}$$

3. 每只二极管的电流平均值 I_V

$$I_V = \frac{0.45U_2}{R_L} \tag{10-3}$$

4. 二极管承受的最大反向电压 U_{RM}

$$U_{RM} = \sqrt{2}\,U_2 \tag{10-4}$$

二极管的平均电流和二极管承受的最大反向电压是选择二极管的依据。

【例 10-1】 设计一个单相桥式整流电路，要求输出电压为 120V，电流为 3A。试求整流变压器次级绕组的电压，并选择合适的整流二极管。

解：根据单相桥式整流电路公式，得：

$$U_2 = \frac{U_L}{0.9} = 120/0.9 \approx 133 \text{（V）}$$

流过二极管的平均电流：

$$I_V = \frac{1}{2}I_L = \frac{1}{2} \times 3 = 1.5 \text{（A）}$$

二极管承受的最大反向电压：

$$U_{RM} = \sqrt{2}\,U_2 = \sqrt{2} \times 133 \approx 187.5 \text{（V）}$$

查阅晶体管手册，可选 2CZ56E 型二极管 4 只，其最大整流电流为 3A，最大反向电压为 300V。

桥式整流电路的优点是输出电压高，输出电压脉动小，每只整流二极管通过的电流小，管子所承受的最大反向电压较低；每半周内变压器二次绕组都有电流流过，电源变压器得到充分的利用，效率较高。因此，这种电路在半导体整流电路中得到了广泛的应用。电路的缺点是二极管用得较多。

需要特别指出的是，二极管作为整流元件，要根据不同的整流方式和负载大小加以选择。如选择不当，则或者不能安全工作，甚至烧了管子；或者大材小用，造成浪费。

知识链接

常见的几种整流电路

常见的几种整流电路的电路图、整流电压的波形及计算公式，见表10-1。

常见的几种整流电路的电路图、整流电压的波形及计算公式　　　表10-1

类型	电路	整流电压的波形	整流电压平均值	每管电流平均值	每管承受最高反压
单相半波			$0.45U_2$	I_o	$\sqrt{2}U_2$
单相全波			$0.9U_2$	$1/2I_o$	$2\sqrt{2}U_2$
单相桥式			$0.9U_2$	$1/2I_o$	$\sqrt{2}U_2$
三相半波			$1.17U_2$	$1/3I_o$	$\sqrt{3}\sqrt{2}U_2$
三相桥式			$2.34U_2$	$1/3I_o$	$\sqrt{3}\sqrt{2}U_2$

单元 10.3　滤波电路

整流电路虽将交流电变为直流，但输出的却是脉动电压。这种大小变动的脉动电压，除了含有直流分量，还含有不同频率的交流分量，这就远不能满足大多数电子设备对电源的要求。为了改善整流电压的脉动程度，提高其平滑性，在整流电路中都要加滤波器。

滤波就是保留脉动电压的直流成分，尽可能滤除它的不同频率的交流成分，使波形更为平滑，这样的电路称为滤波电路。电感元件和电容元件可以起到滤波的作用。电容具有阻碍电压变化的作用，其容抗与交流信号频率成反比；电感具有阻碍电流变化的作用，其感抗与交流信号频率成正比。下面主要分析电容元件的滤波作用。

一、电容滤波电路

单相桥式整流电容滤波电路如图 10-5 所示。电容与负载并联，对于引起电流波动幅度大的高频交流成分，电容容抗低，分流作用强。

对于变化缓慢的交流成分或直流成分，电容容抗高，分流作用弱。这样使负载中电流高频交流成分大大减少，脉动幅度减弱，波形变得平滑。

图 10-5　单相桥式整流电容滤波电路

单相桥式整流电容滤波电路的工作原理如下：当接入电容 C 时，在输入电压 u_2 正半周时间内，二极管 D_1、D_3 导通，D_2、D_4 截止。整流电流分两路：一路经二极管 D_1、D_3 向负载 R_L 提供电流，另一路向电容器 C 充电，如图 10-6 中 ab 段，充电时间 $t = R_L C$。当电容电压被充至最大值时，输入电压 u_2 按正弦规律下降，而电容电压下降速度较慢，使得 $u_2 < u_c$，此时 D_1、D_3 反向截止。电源不能给负载提供电流，电容器 C 向负载 R_L 放电，如图 10-6 中 bcd 段。在输入电压 u_2 进入负半周时间内，D_2、D_4 在短时间内不能导通，在 u_2 电压高于 u_c 绝对值时，D_2、D_4 导通，电源向负载提供电流，并再一次对电容进行充电，重复上一个循环。当电容进行不断地充、放电时，负载上得到图 10-6 所示的波形。该波形与整流后的波形相比，脉动幅度减小，波形更为平滑。电容容量越大，放电越慢。一般电容取得较大时，输出电压按式（10-5）估算：

图 10-6　单相桥式整流电容滤波电路波形

$$U_o \approx 1.2 U_2 \qquad (10-5)$$

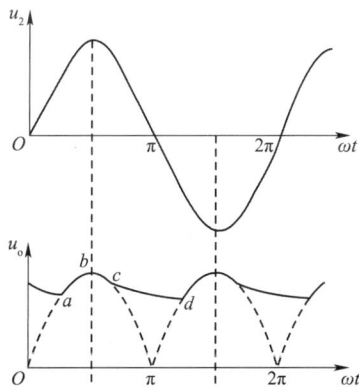

做一做

使用双踪示波器测量图 10-5 单相桥式整流电容滤波电路的输入、输出波形，并与图 10-6 的波形相比对。

小要点

电容滤波电路中电容的选用

一般滤波电容采用电解电容器，使用时电容器的极性不能接反。电容器的耐压应该大于它实际工作时所承受的最大耐压，滤波电容器的容量一般根据输出电流的大小选择，具体参考数据见表10-2。

滤波电容容量的选用   表10-2

输出电流 I_o（A）	0.05 以下	0.05 ~ 0.1	0.1 ~ 0.5	0.5 ~ 1	1	2
电解电容量 C（μF）	200	200 ~ 500	500	1000	2000	3000

二、其他形式的滤波电路

1. 电感滤波电路

利用储能元件电感器 L 的电流不能突变的性质，把电感 L 与整流电路的负载 R_L 相串联，也可以起到滤波的作用。

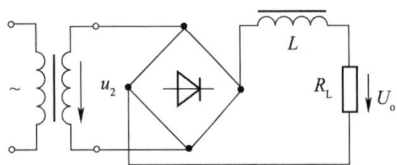

图10-7　桥式整流电感滤波

在桥式整流电路和负载电阻 R_L 间串入一个电感器 L，如图10-7所示。利用电感的储能作用可以减小输出电压的纹波，从而得到比较平滑的直流。当忽略电感器 L 的电阻时，负载上输出的平均电压和纯电阻（不加电感）负载相同，即

$$U_o = 0.9 U_2 \tag{10-6}$$

电感滤波的特点是，整流管的导电角较大（电感 L 的反电势使整流管导电角增大），峰值电流很小，输出特性比较平坦。其缺点是，由于铁芯的存在，笨重、体积大，易引起电磁干扰。一般只适用于大电流的场合。

2. 复式滤波电路

在滤波电容 C 之前一个电感 L 构成了 LC 滤波电路，如图10-8a）所示。这样可使输出至负载 R_L 上的电压的交流成分进一步降低。该电路适用于高频或负载电流较大并要求脉动很小的电子设备中。

为了进一步提高整流输出电压的平滑性，可以在 LC 滤波电路之前再并联一个滤波电容 C_1，如图10-8b）所示。这就构成了 πLC 滤波电路。

a)LC型滤波器　　　b) πLC滤波器　　　c) πRC型滤波器

图10-8　复式滤波电路

由于带有铁芯的电感线圈体积大，价也高，因此常用电阻 R 来代替电感 L 构成 πRC 滤波电路，如图10-8c）所示。只要适当选择 R 和 C_2 参数，在负载两端可以获得脉动极小

的直流电压。这种 πRC 滤波电路在小功率电子设备中被广泛采用。

单元 10.4　稳 压 电 路

交流电经过滤波后变成较为平滑的直流电压，但是当交流电网 U_2 的数值波动或负载 R_L 发生变化时，负载电压不稳定。利用电路的调整作用使输出电压稳定的过程称为稳压。

一、硅稳压管稳压电路

经过整流和滤波后的电压往往会随交流电源的波动和负载的变化而变化。电压的不稳定有时会产生测量和计算的误差，引起控制装置的工作不稳定，甚至根本无法正常工作。特别是精密电子测量仪器、自动控制、计算装置及晶闸管的触发电路等都要求有很稳定的直流电源供电。最简单的直流稳压电源是采用稳压管来稳定电压的。

1. 硅稳压二极管的特性

硅稳压管的伏安特性及符号如图 10-9 所示。

（1）稳压管工作在反向击穿状态。

（2）当工作电流 I_Z 满足 $I_A < I_Z < I_B$ 条件时，稳压管两端电压 V_Z 几乎不变。

2. 稳压二极管的主要参数

（1）稳定电压 V_Z——稳压管在规定电流下的反向击穿电压。

（2）稳定电流 I_Z——稳压管在稳定电压下的工作电流。

（3）最大稳定电流 I_{Zmax}——稳压管允许长期通过的最大反向电流。

（4）动态电阻 r_Z——稳压管两端电压变化量与电流变化量的比值。此值越小，管子稳压性能越好。

3. 稳压管稳压电路的工作原理

（1）电路图

硅稳压管稳压电路如图 10-10 所示。V 为稳压管，起电流调整的作用；R 为限流电阻，起电压调整的作用。

图 10-9　硅稳压管的伏安特性及符号

图 10-10　硅稳压管整流稳压电路

191

（2）电路的稳压过程

$$U_o\downarrow\to I_Z\downarrow\to I_R\downarrow\to U_R\downarrow\to U_o\uparrow$$

（3）应用

稳压管稳压电路用于小功率场合。

二、串联型可调直流稳压电路

根据稳压管的工作原理可知，稳压管是靠改变自身所取的电流来调节的，在电网电压不变时，负载电流的变化就是稳压管电流的调节范围。扩大电流变化范围的方法就是利用放大电路来实现的。

1. 电路组成

串联型可调直流稳压电路如图 10-11 所示，其输入端接整流、滤波电路的输出端。该电路由以下四部分组成。

（1）取样电路：由 R_1、R_2、R_P 组成电阻分压电路。

（2）基准电压：由稳压管 VD_Z 与 R_3 串联组成。

（3）比较放大电路：由运算放大器完成。

（4）调整电路：由调整管 V 组成。

图 10-11　串联型可调直流稳压电路

2. 稳压原理

当交流电网电压 U_2 升高时，有：

$$U_2\uparrow\to U_I\uparrow\to U_o\uparrow\to \text{运放反相输入电压}$$

$$U_-\uparrow\to(U_Z-U_-)\downarrow\to V_B\downarrow\to I_B\downarrow\to I_C\downarrow\to U_{CE}\uparrow\to U_o\downarrow$$

当交流电网电压不变，负载 R_L 变小时，有：

$$R_L\downarrow\to I_o\uparrow\to U_o\downarrow\to \text{运放反相输入电压}$$

$$U_-\downarrow\to(U_Z-U_-)\uparrow\to V_B\uparrow\to I_B\uparrow\to I_C\uparrow\to U_{CE}\downarrow\to U_o\uparrow$$

想一想

当交流电网电压有效值 U_2 下降时，分析图 10-11 串联型直流稳压电路的稳压过程。

知识链接

集成稳压器

集成稳压器是把一个完整的稳压电路制作在一片半导体芯片上，形成具有稳压功能的固体集成电路。集成稳压器具有体积小、价格低、使用方便、工作可靠、稳压精度高等特点，广泛应用于各种仪器、仪表等电子设备中。常见的有 W78×× 和 W79×× 系列的三端集成稳压器。

三、直流稳压电路在城市轨道交通供电系统中的应用

城市轨道交通牵引供电系统中，整流机组是直流牵引变电所的关键设备，为降低整流电路中的脉动分量和整流变压器的谐波含量，常采用多相脉波整流机组（如十二相整流、二十四相整流）向电动车组提供直流电源。现代整流机组的单机功率可达 3500kW 及以上。

本模块实验

通过本模块理论学习，完成以下实验，详见本书实验手册。

实验9　二极管单相半波整流电路测试

复习与思考

10-1　（1）为什么稳压管的动态电阻越小，稳压越好？

（2）利用稳压管或二极管的正向导通区是否也可以稳压？

（3）用两个稳压值相等的稳压管反向串联起来使用可获得较好的温度稳定性，这是为什么？

10-2　题图 10-1 所示电路中，已知稳压管的稳定电压 $U_Z = 6V$，$u_i = 12\sin\omega t$（V），二极管的正向压降可忽略不计，试分别画出输出电压 U_L 的波形，并说出稳压管在电路中所起的作用。

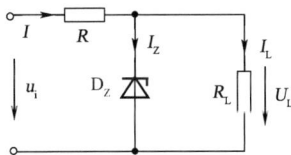

题图　10-1

10-3　题图 10-2 所示电路中，稳压管 D_{Z1} 的稳定电压为 8V，D_{Z2} 的稳定电压为 10V，正向压降均为 0.7V，试求图中输出电压 U_o。

10-4　（1）设一半波整流电路和一桥式整流电路的输出电压平均值和所带负载大小完全相同，均不加滤波，试问两个整流电路中整流二极管的电流平均值和最高反向电压是否相同？

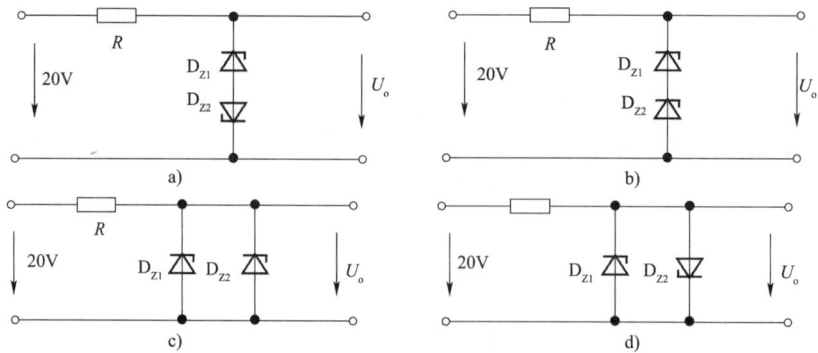

题图 10-2

（2）单相桥式整流电路中，若某一整流管发生开路、短路或反接三种情况，电路中将会发生什么问题？

（3）在某一特殊场合，将单相桥式整流电路，不经变压器直接接入交流电源，试问：若负载 R_L 一端接"地"，结果如何？

（4）电容滤波和电感滤波电路的特性有什么区别？各适用于什么场合？

10-5　如题图 10-3 所示，试标出输出电压 U_{o1}、U_{o2} 的极性，画出输出电压的波形，并求出 U_{o1}、U_{o2} 的平均值。

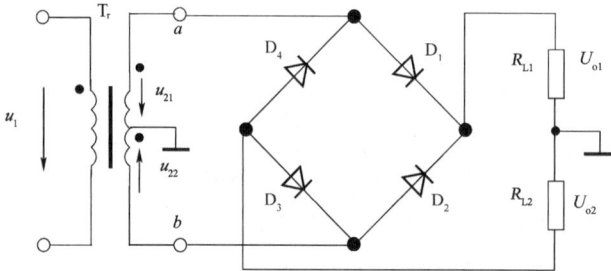

题图 10-3

10-6　题图 10-4 所示为单相桥式整流电容滤波电路。用交流电压表测得变压器副边电压 $U_2 = 20V$。现在用直流电压表测量 R_L 两端的电压 U_o，如果出现下列几种情况时，试分析哪些是合理的，哪些表明出了故障，并指出原因。

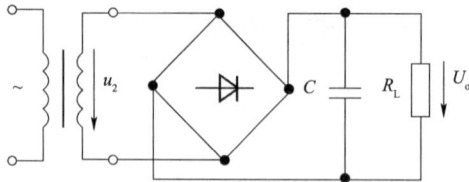

题图 10-4

（1）$U_o = 28V$；

（2）$U_o = 24V$；

（3）$U_o = 18V$；

（4）$U_o = 9V$。

模块11 数字电路

1. 了解数字电路的基本概念；
2. 了解常用的几种数制和码制；
3. 掌握常用的门电路；
4. 掌握逻辑代数的基本公式和法则；
5. 掌握组合逻辑电路的分析和设计方法；
6. 掌握编码器和译码器的逻辑功能；
7. 掌握常见的触发器；
8. 掌握时序逻辑电路的特点和分析方法；
9. 掌握计数器和寄存器的逻辑功能；
10. 掌握555定时器；
11. 了解数模和模数变换器、ROM和RAM存储器。

🕐 **建议学时**

18学时

单元11.1 概 述

一、数字电路

电子电路中的电信号可以分成两类：一类是随时间连续变化的电信号——模拟信号，如温度、速度、压力等的模拟；另一类是不连续的突变信号——数字信号，其在时间和数值上都是离散的，如图11-1所示。

用于存储、传递和处理数字信号的电子电路称为数字电路。任何一个数字电路的输出信号与输入信号之间都有一定的逻辑关系，具有一定的逻辑功能。数字电路的主要逻辑单元是逻辑门电路和触发器。由于具有稳定性好、抗干扰能力强、便于集成和存储等特点，数字电路广泛应用于电子

数字电路的特点

数字电路
应用行业

计算机、数字通信、数字式家用电器、数字仪表、数字控制装置及工业逻辑系统等领域。

图 11-1　模拟信号与数字信号

二、脉冲信号

数字电路中的工作信号通常都是持续时间短暂的跃变信号，称为脉冲信号。常用的脉冲波形如图 11-2 所示。但实际波形并不像图 11-2 所示的那样理想，如实际的矩形波如图 11-3 所示。

图 11-2　常用的脉冲波形

图 11-3 中主要参数意义如下。

脉冲幅度 A：脉冲信号变化的最大值。

脉冲上升沿 t_r：从脉冲幅度的 10% 上升到 90% 所需的时间。

脉冲下降沿 t_f：从脉冲幅度的 90% 下降到 10% 所需的时间。

脉冲宽度 t_w：从上升沿的脉冲幅度的 50% 到下降沿的脉冲幅度的 50% 所需的时间，这段时间也称为脉冲持续时间。

脉冲周期 T：周期性脉冲信号前后两次出现的时间间隔。

脉冲频率 f：每秒钟内脉冲出现的次数，即为周期的倒数，$f = \dfrac{1}{T}$。

脉冲信号有正、负之分。如果脉冲跃变后的值比初始值高，则为正脉冲；反之，则为负脉冲，如图 11-4 所示。

图 11-3　实际矩形波及矩形脉冲波形参数

图 11-4　正脉冲和负脉冲

三、几种常用数制与码制

1. 二进制与十进制

数制即为计数的规则或体制。生活中常采用十进制数，而数字信号只有 0 和 1 两种状态，故数字电路中多采用二进制数。二进制采用 0 和 1 两个数码，计数基数为 2，进位规则是逢二进一。

做一做

将二进制整数（110011）$_2$ 转换成等值十进制数。

---

2. BCD 码

码制是指各种编码的制式。在数字系统中，各种数据只有转换为二进制代码才能进行处理，而人们习惯于使用十进制数，所以在数字系统的输入输出中仍采用十进制数，电路处理时则采用二进制数，这样就产生了用四位二进制数分别表示 0~9 这 10 个十进制数码的编码方法，把用于表示一位十进制数的四位二进制代码称为二—十进制代码，简称 BCD 码。最常用的 BCD 码是 8421BCD 码，见表 11-1。

8421BCD 码　　　　　　　　　　　　　　　　　　　　　　　　　表 11-1

十进制数	0	1	2	3	4	5	6	7	8	9
8421BCD 码	0000	0001	0010	0011	0100	0101	0110	0111	1000	1001

单元 11.2　门　电　路

门电路是数字电路最基本的逻辑单元。它是一种开关电路，当若干个输入信号满足一定条件时，就有信号输出，否则没有信号输出。在门电路的输入和输出信号之间存在一定的逻辑关系，故门电路也称为逻辑门电路。

基本逻辑门电路有与门、或门、非门。用这些基本门电路还可以组成各种复合门电路。

一、分立元件门电路

门电路可以用二极管、晶体管和电阻等分立元件组成，称为分立元件门电路。

1. 与门

（1）与逻辑关系

当决定一件事情的各个条件全部具备之后，这件事情才会发生，这样的因果关系称为与逻辑关系。如图 11-5a）所示，只有当开关 A 和 B 都闭合时，电灯 F 才会亮；开关 A 和 B 只要有一个断开，电灯 F 就不亮。所以电灯 F 亮的条件是开关 A 与 B 都闭合，这就是与逻辑关系。

（2）二极管与门电路

实现与逻辑关系的电路称为与门电路。图 11-5b）所示为最简单的二极管与门电路。与门电路具有多个输入端（图中是两个，即 A、B），只有一个输出端 F。图 11-5c）所示为与门的逻辑符号。设输入信号低电平为 0V，高电平为 3V，两个输入端信号电平的状态可以有四种不同的组合。现分析其输入和输出间的逻辑关系如下：

①$V_A = V_B = 0V$，此时 D_A、D_B 均导通，$V_F = 0.7V$。

②$V_A = 0V$，$V_B = 3V$，此时 D_A 迅速导通，D_B 承受反向电压而截止，$V_F = 0V$。

③$V_A = 3V$，$V_B = 0V$，此时 D_B 迅速导通，D_A 承受反向电压而截止，$V_F = 0.7V$。

④$V_A = V_B = 3V$，此时 D_A、D_B 均导通，$V_F = 3.7V$。

综上所述，只有当输入 V_A、V_B 全为高电平（3V）时，输出才是高电平（3V），否则输出均为低电平。

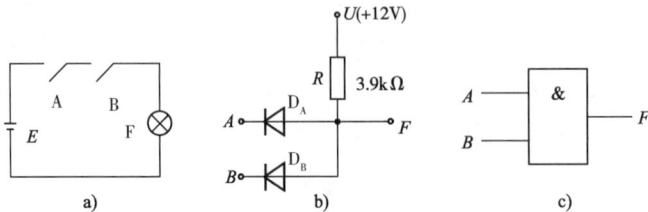

图 11-5　与门

用符号 1 和 0 来表示电平的高低，如用 1 表示高电平，0 表示低电平，则称为正逻辑；反之，则称为负逻辑。下面如不特别指明均采用正逻辑。与门逻辑状态见表 11-2。

与门逻辑状态　　　　　　　　　　　　　　　　　　　表 11-2

A	B	F	A	B	F
0	0	0	1	0	0
0	1	0	1	1	1

与逻辑关系可用逻辑运算表达式（11-1）（简称逻辑表达式）来表示：

$$F = A \cdot B \tag{11-1}$$

这种逻辑关系称为逻辑乘。为便于记忆，可概括为：全 1 出 1，有 0 出 0。

2. 或门

（1）或逻辑关系

当决定一件事情的几个条件中，有一个或一个以上条件具备时，这件事情就会发生，这样的因果关系称为或逻辑关系。如图 11-6a）所示，只有当开关 A 和 B 中有一个闭合时，电灯 F 才会亮。所以电灯 F 亮的条件是开关 A 或 B 闭合，这就是或逻辑关系。

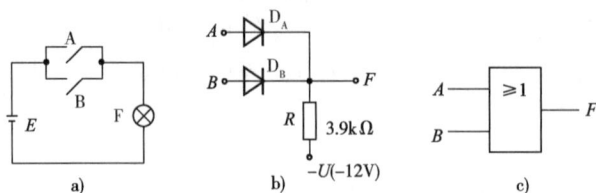

图 11-6　或门

（2）二极管或门电路

实现或逻辑关系的电路称为或门电路。图11-6b）所示为最简单的二极管或门电路，两个输入端为A、B，输出端为F。图11-6c）所示为或门的逻辑符号。或门逻辑状态见表11-3。

或门逻辑状态 表11-3

A	B	F	A	B	F
0	0	0	1	0	1
0	1	1	1	1	1

或逻辑关系可用逻辑运算表达式（11-2）（简称逻辑表达式）来表示：

$$F = A + B \tag{11-2}$$

这种逻辑关系称为逻辑加。为便于记忆，可概括为：有1出1，全0出0。

3. 非门

（1）非逻辑关系

非即是相反。当条件具备时，事情不发生；而条件不具备时，事件必然发生，这样的因果关系称为非逻辑关系。如图11-7a）所示，当开关A闭合时，电灯F不会亮；而开关A断开时，电灯F会亮。所以，灯亮与开关闭合是非逻辑关系。

（2）非门电路

实现非逻辑关系的电路称为非门电路。图11-7b）所示为晶体管非门电路，只有一个输入端A和一个输出端F。图11-7c）所示为非门的逻辑符号。非门逻辑状态见表11-4。

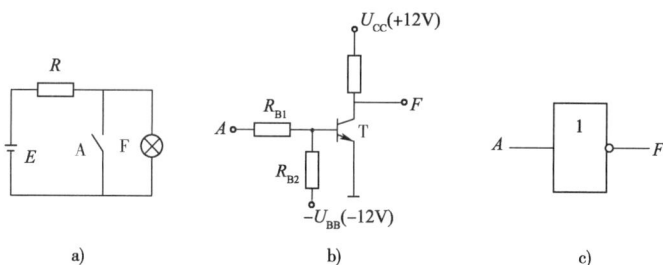

图11-7　非门

非门逻辑状态 表11-4

A	F	A	F
0	1	1	0

非逻辑关系可用逻辑运算表达式（11-3）（简称逻辑表达式）来表示：

$$F = \overline{A} \tag{11-3}$$

这种逻辑关系称为逻辑非，可概括为有1出0，有0出1。

4. 常用的复合门电路

将与门、或门、非门组合起来可构成各种复合门电路。复合门电路性能好、功能强、使用灵活，是目前数字电路中最常用的基本逻辑单元。常用的复合门电路见表 11-5。

常用的几种复合门电路　　　　　　　　　　　　　　　　　　　表 11-5

名称	逻辑符号	逻辑表达式
与非门		$F = \overline{A \cdot B}$
或非门		$F = \overline{A + B}$
异或门		$F = \overline{A}B + A\overline{B} = A \oplus B$
与或非门		$F = \overline{A \cdot B + C \cdot D}$

二、集成门电路

由于分立元件门电路存在体积大、可靠性差等缺点，随着半导体技术的飞速发展，目前广泛使用的是集成门电路。集成门电路具有耗电量小、高可靠性、微型化、使用方便等优点。

集成门电路的种类很多，按所使用的基本开关元件的不同，可分为双极型（以晶体管—晶体管 TTL 门电路为代表）和单极型（互补式金属—氧化层—半导体 CMOS 门电路为代表）两大类。常见的 TTL 集成电路如 74LS 系列产品，如图 11-8a) 所示；常见的 CMOS 集成电路如 4000 系列产品，如图 11-8b) 所示，为六反相器 CD4069 芯片引脚图。

图 11-8　74LS00 和 CD4069 引脚图

TTL 门电路的结构形式采用半导体三极管，由于这种形式的电路功耗较大，广泛应用于中、小规模集成电路中。CMOS 集成电路是近年来在半导体金属氧化物 MOS 电路基础上发展起来的一种互补对称型电路，因具有功耗低、电源电压范围宽、抗干扰能力强、制造工艺简单、集成度高等优点，在数字电路、电子计算机及显示仪表等许多方面获得了广泛的应用。

200

单元 11.3　组合逻辑电路的分析与设计

根据逻辑功能的不同，数字电路分为两大类：组合逻辑电路和时序逻辑电路。

由逻辑门电路所组合起来用以实现复杂逻辑功能的电路称为组合逻辑电路。组合逻辑电路的特点是任何时刻的输出信号仅由该时刻的输入信号决定，而与其原来的状态无关。

一、逻辑代数

逻辑代数是分析和设计各种逻辑电路的主要数学工具。逻辑代数的基本公式见表 11-6。

逻辑代数的基本公式

表 11-6

说明	名称	与运算有关公式	或运算有关公式
变量与常数的关系	01 律	$A \cdot 1 = A$ $A \cdot 0 = 0$	$A + 0 = A$ $A + 1 = 1$
与普通代数相似的定律	交换律	$A \cdot B = B \cdot A$	$A + B = B + A$
	结合律	$A \cdot (B \cdot C) = (A \cdot B) \cdot C$	$A + (B + C) = (A + B) + C$
	分配律	$A \cdot (B + C) = A \cdot B + A \cdot C$	$A + (B \cdot C) = (A + B)(A + C)$
逻辑代数特有的定律和定理	互补律	$A \cdot \overline{A} = 0$	$A + \overline{A} = 1$
	同一律	$A \cdot A = A$	$A + A = A$
	德·摩根定理	$\overline{A \cdot B} = \overline{A} + \overline{B}$	$\overline{A + B} = \overline{A} \cdot \overline{B}$
	还原律	$\overline{\overline{A}} = A$	

做一做

利用逻辑代数的基本公式推导证明下述公式成立。

（1）$AB + \overline{AB} = 1$；

（2）$A + AB = A$；

（3）$A + \overline{A}B = A + B$；

（4）$AB + \overline{A}C + BC = AB + \overline{A}C$。

按照上述公式可对逻辑函数进行化简。逻辑函数的表达式中最常用的是与或形式，与或式的最简单标准为：表达式中所含乘积项数最少，每项中所含变量个数最少。

二、组合逻辑电路的分析方法

组合逻辑电路的分析是在电路结构给定后，研究电路的输出与输入之间的逻辑关系，其分析步骤为：根据已知的逻辑图→写出逻辑表达式→用逻辑代数对表达式进行化简→列逻辑状态表→分析逻辑功能。

【例11-1】 试分析图11-9的逻辑功能。

图11-9　例11-1图

解：根据逻辑图写出逻辑表达式并化简如下：

$$F = \overline{\overline{\overline{AB} + A\overline{B}}} = \overline{\overline{AB}} \cdot \overline{A\overline{B}} = (A + \overline{B})(\overline{A} + B) = \overline{AB} + AB$$

列出逻辑状态，见表11-7。分析此表可知：当电路输入端 A 和 B 同为 1 或同为 0 时，输出端 F 为 1；否则 F 为 0。这种电路称为同或门电路，常记为 $F = A \odot B$。

图11-9 的逻辑状态

表11-7

A	B	F
0	0	1
0	1	0
1	0	0
1	1	1

小要点

逻辑函数表示方法

任何一个逻辑关系都可以用一个逻辑函数来描述。逻辑函数常用逻辑状态表、逻辑表达式、逻辑图、卡诺图和波形图五种方法来表示，而且它们之间可相互转换。

三、组合逻辑电路的设计方法

组合逻辑电路的设计是根据给定的实际逻辑要求设计出最简单的逻辑电路图。其步骤为：根据实际问题的逻辑关系列出逻辑状态表→写出逻辑表达式并进行化简→画出逻辑图。

下面以加法器为例来介绍组合逻辑电路的设计。加法器是用来进行二进制数加法运算的组合逻辑电路。

1. 半加器

不考虑低位进位信号的两个 1 位二进制数相加，实现这种加法运算的电路称为半加器。

设两个加数分别用 A、B 表示，和用 S 表示，向高位的进位用 C 表示。根据半加器的功能和二进制加法运算规则，可列出半加器的逻辑状态，见表 11-8。

半加器的逻辑状态

表 11-8

A	B	S	C	A	B	S	C
0	0	0	0	1	0	1	0
0	1	1	0	1	1	0	1

由逻辑状态表可得半加器的逻辑表达式为

$$S = \overline{A}B + A\overline{B} = A \oplus B$$

$$C = AB$$

由逻辑表达式可画出逻辑图，其逻辑图和逻辑符号如图 11-10 所示。

a)逻辑图　　　　　　　　　　b)逻辑符号

图 11-10　半加器的逻辑图和逻辑符号

2. 全加器

考虑低位进位信号的两个 1 位二进制数相加，实现这种运算的电路称为全加器。

设两个加数分别用 A_i、B_i 表示，低位来的进位用 C_{i-1} 表示，和用 S_i 表示，向高位的进位用 C_i 表示。根据全加器的功能和二进制加法运算规则，可列出全加器的逻辑状态，见表 11-9。

全加器的逻辑状态

表 11-9

A_i	B_i	C_{i-1}	S_i	C_i
0	0	0	0	0
0	0	1	1	0
0	1	0	1	0
0	1	1	0	1
1	0	0	1	0
1	0	1	0	1
1	1	0	0	1
1	1	1	1	1

由逻辑状态表可得全加器的逻辑表达式为

$$S_i = \overline{A_i}\overline{B_i}C_{i-1} + \overline{A_i}B_i\overline{C_{i-1}} + A_i\overline{B_i}\overline{C_{i-1}} + A_iB_iC_{i-1}$$
$$= (\overline{A_i}B_i + A_i\overline{B_i})\,\overline{C_{i-1}} + (\overline{A_i}\,\overline{B_i} + A_iB_i)\,C_{i-1}$$
$$= A_i \oplus B_i \oplus C_{i-1}$$

$$C_i = A_iB_iC_{i-1} + A_iB_i\overline{C_{i-1}} + A_i\overline{B_i}C_{i-1} + \overline{A_i}B_iC_{i-1}$$
$$= (\overline{A_i}B_i + A_i\overline{B_i})\,C_{i-1} + A_iB_i\,(C_{i-1} + \overline{C_{i-1}})$$
$$= (A_i \oplus B_i)\,C_{i-1} + A_iB_i$$

由逻辑表达式可画出逻辑图，其逻辑图和逻辑符号如图 11-11 所示。

a)逻辑图　　　　　　　　　　　b)逻辑符号

图 11-11　全加器的逻辑图和逻辑符号

单元 11.4　编码器和译码器

在数字系统中，将二进制数码 0 和 1 按一定规律编排组成不同的代码，并赋予特定的含义，这个过程称为编码，如 BCD8421 编码。实现编码的电路称为编码器。译码则相反，是将赋予的这种特定含义"翻译"出来，实现译码操作的电路称为译码器。

一、编码器

编码器的典型应用是计算机和数字系统的键盘。按下某一个按键时，对应的输入端由低电平变为高电平，输入了一个表示数据或指令的信号。在机器内部有编码器将该信号转换为确定的二进制代码，才能够进行存储或执行操作。

如同使用键盘，每次只能按下一个键一样。在同一时刻，普通编码器的多个输入端中，只允许一个有输入信号（如是高电平），其余的输入端没有输入信号（是低电平）。

按照输出二进制代码编码方法的不同，编码器分为二进制编码器和二—十进制编码器等。

1. 二进制编码器

二进制编码器是用 n 位二进制代码来表示 2^n 个一般信号的数字电路。根据编码器输出二进制代码的位数，二进制编码器可分为 2 位二进制编码器、3 位二进制编码器等。

这里以 2 位二进制编码器为例，分析二进制编码器的工作原理。

如图 11-12 所示，二进制编码器有 4 个输入信号 $I_0 \sim I_3$，输出的 2 位二进制代码为 Y_0 和 Y_1，故又称为 4 线—2 线二进制编码器。

当输入信号端的按键未按合时，其上端电位是高电位（$+U_{CC}$），使与非门的输入端是高电平。当按键按合后，就使相应与非门的输入端接地，输入低电平。

编码器输出信号的逻辑函数表示式为

$$Y_1 = \overline{I_2 \cdot I_3}$$

$$Y_0 = \overline{I_1 \cdot I_3}$$

2 位二进制编码器的逻辑状态见表 11-10。

2 位二进制编码器的逻辑状态　　　　　　　　表 11-10

I_3	I_2	I_1	I_0	Y_1	Y_0
0	1	1	1	1	1
1	0	1	1	1	0
1	1	0	1	0	1
1	1	1	0	0	0

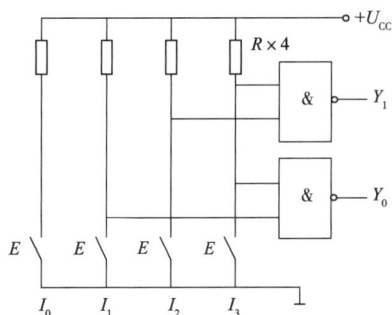

做一做

根据表 11-10 分析 2 位二进制编码器的逻辑功能。

2 位二进制编码器电路可将 $I_3 \sim I_0$ 四个输入信号编成二进制代码输出。它输出的每一个二进制代码均与一个确定的输入信号相对应，完成了输入信号的编码。

2. 二—十进制编码器

二—十进制编码器是将十进制的十个数码 0，1，2，…，9 编成二进制代码的逻辑电路。最常用的二—十进制编码器就是 8421BCD 码编码器。

一种键控式 8421BCD 码编码器逻辑电路如图 11-13 所示。其输入是表示 0 ~ 9 的十条信号线，输出是四位 8421BCD 码 $Y_3 \sim Y_0$，是一种 10 线—4 线编码器。

做一做

根据图 11-13，列出其输出端逻辑函数式和逻辑状态表。

现在分析 8421BCD 码编码器的工作原理：当按下"1"键时，只有 Y_0 对应与非门的输入有 0（低电平），使 $Y_1 = 1$。其余三个与非门的输入全是 1（高电平），输出均为 0。此时，编码器输出 $Y_3 Y_2 Y_1 Y_0 = 0001$。同理，当按下"7"键时，编码器输出 $Y_3 Y_2 Y_1 Y_0 = 0111$。

显然，在使用时，同一时刻只能有一个输入端为 0，即只能按下一个键。

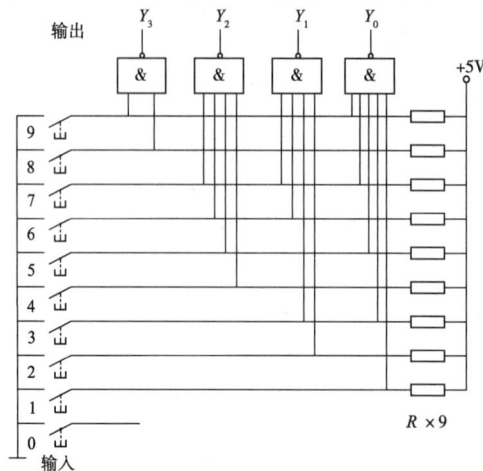

图 11-13　8421BCD 码编码器

知识链接

优先编码器与集成编码器

前面介绍的编码器输入信号都是相互排斥的，如有两个或两个以上信号同时输入，则编码器输出就会出错。优先编码器是编码时允许多个信号同时输入，但电路只对其中级别最高的信号优先进行编码，级别低的信号不起作用，由特殊编码器进行编码。

为使用方便，包括编码器在内的一些常用的组合电路都已被制成了通用型中、小规模集成电路产品。常用的集成 8421BCD 编码器产品有 CT340、CT1147、CT4147 等，其中 CT4147 是优先编码器。

二、译码器

译码器是把给定的代码进行"翻译"，变成相应的状态，使输出通道中相应的一路有信号输出。译码器在数字电路系统中有广泛的用途，不仅用于代码的转换、终端的数字显示，还用于数据分配、存储器寻址和组合控制信号等。不同的功能可选用不同种类的译码器。

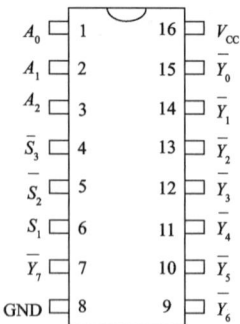

图 11-14　CT4138 外引脚排列图

1. 二进制译码器

二进制译码器是把二进制代码翻译成对应输出信号的电路，又称变量译码器。它若有 n 个输入线，则对应 2^n 个输出线。常见的芯片有 2 线—4 线译码器、3 线—8 线译码器、4 线—16 线译码器等。

3 线—8 线译码器 CT4138（74LS138）外引脚排列图如图 11-14 所示。其中，$A_0 \sim A_2$ 为译码地址输入端，S_1、$\overline{S}_2$、$\overline{S}_3$ 为选通控制端，$\overline{Y}_0 \sim \overline{Y}_7$ 为译码输出端（低电平有效）。当 $S_1 = 1$ 且 $\overline{S}_2 + \overline{S}_3 = 0$ 时，译码器处于工作状态；当 $S_1 = 0$ 或 $\overline{S}_2 + \overline{S}_3 = 1$ 时，译码器处于禁止状态。

译码器 CT4138 逻辑功能见表 11-11。表中符号"×"表示任意电平。

CT4138 逻辑功能 表 11-11

输入					输出							
S_1	$\overline{S}_2 + \overline{S}_3$	A_2	A_1	A_0	$\overline{Y}_0$	$\overline{Y}_1$	$\overline{Y}_2$	$\overline{Y}_3$	$\overline{Y}_4$	$\overline{Y}_5$	$\overline{Y}_6$	$\overline{Y}_7$
0	×	×	×	×	1	1	1	1	1	1	1	1
×	1	×	×	×	1	1	1	1	1	1	1	1
1	0	0	0	0	0	1	1	1	1	1	1	1
1	0	0	0	1	1	0	1	1	1	1	1	1
1	0	0	1	0	1	1	0	1	1	1	1	1
1	0	0	1	1	1	1	1	0	1	1	1	1
1	0	1	0	0	1	1	1	1	0	1	1	1
1	0	1	0	1	1	1	1	1	1	0	1	1
1	0	1	1	0	1	1	1	1	1	1	0	1
1	0	1	1	1	1	1	1	1	1	1	1	0

2. 二—十进制译码器

二—十进制译码器是将二—十进制代码（BCD 码）翻译成对应的 10 个二进制数字信号的电路，又称为 4 线—10 线译码器。

集成 4 线—10 线译码器 CT4042 如图 11-15 所示。CT4042 没有使能控制端，输出为反变量，即为低电平有效，且采用完全译码方案。

a)引出端排列图　　　b)逻辑功能示意图　　　c)逻辑符号

图 11-15 集成 4 线—10 线译码器 CT4042

知识链接

二进制译码器的应用

利用二进制译码器可组成数据选择器及多路输出分配器等。

数据分配器是一路输入、多路输出的多路开关。图 11-16a）所示为用 CT4139 译码器接成的数据分配器，其示意图如图 11-16b）所示。将译码器作为数据分配器用时，其输入端的连接与做译码器用时刚好相反，信号输入端 A_0、A_1 改做分配器控制端，而用使能端 $\overline{S}$ 作为数据输入端。专用的集成数据分配器产品有 CT1138（8 路输出）、CT1154（16 路输出）、CT1139（双 4 路输出）等。

图 11-16　数据分配器

　　数据选择器是一个多路输入、一路输出的多路开关，它可用译码器和门电路构成。专用的集成数据选择器产品有 CT1153（双 4 选 1）、CT1151（8 选 1）、CT1150（16 选 1）等。

　　3. 显示译码器

　　将二进制代码翻译成被驱动的显示器件能直观显示数字、文字、符号，用来驱动各种显示器件所需电平或逻辑信号的电路，称为显示译码器。常见的有七段发光二极管（LED）数码管和集成显示译码器。

　　（1）七段发光二极管（LED）数码管

　　LED 数码管是目前最常用的数字显示器。如图 11-17a）所示，七段半导体数码显示器把要显示的十进制数码分成七段，每段都是一个发光二极管（LED）。LED 数码管中的七段即七个发光二极管有共阴极和共阳极两种接法，如图 11-17b）、图 11-17c）所示。

a)外形图　　b)LED 数码管中 LED 共阴极接法　　c)LED 数码管中 LED 共阳极接法

图 11-17　七段 LED 数码管

图 11-18　CT4248 外引脚排列图

　　（2）集成显示译码器

　　CT4248 是一种功能比较齐全的显示译码器，与共阴极七段数码管配合使用。CT4248 外引脚排列图如图 11-18 所示，CT4248 输出端为高电平有效，用于驱动共阴极的 LED 数码管，使用时可直接与数码管相连接。其中，$A_0 \sim A_3$ 为译码地址输入端，$\overline{I_B}/\overline{Y_{BR}}$ 为消隐输入/串行消隐输出，$\overline{LT}$ 为灯测试输入端，$\overline{I}_{BR}$ 为串行消隐输入端，$Y_a \sim Y_g$ 为段输出端。

　　译码器 CT4248 逻辑功能见表 11-12。

208

译码器 CT4248 逻辑功能   表 11-12

控制端			输入				输出							字形
$\overline{I_{BR}}$	$\overline{LT}$	$\overline{I_B}/\overline{Y_{BR}}$	A_3	A_2	A_1	A_0	Y_a	Y_b	Y_c	Y_d	Y_e	Y_f	Y_g	
1	1	1	0	0	0	0	1	1	1	1	1	1	0	$\square$
×	1	1	0	0	0	1	0	1	1	0	0	0	0	1
×	1	1	0	0	1	0	1	1	0	1	1	0	1	2
×	1	1	0	0	1	1	1	1	1	1	0	0	1	3
×	1	1	0	1	0	0	0	1	1	0	0	1	1	4
×	1	1	0	1	0	1	1	0	1	1	0	1	1	5
×	1	1	0	1	1	0	1	0	1	1	1	1	1	6
×	1	1	0	1	1	1	1	1	1	0	0	0	0	7
×	1	1	1	0	0	0	1	1	1	1	1	1	1	8
×	1	1	1	0	0	1	1	1	1	1	0	1	1	9
×	×	0	×	×	×	×	0	0	0	0	0	0	0	暗
0	1	0	0	0	0	0	0	0	0	0	0	0	0	暗
×	0	1	×	×	×	×	1	1	1	1	1	1	1	8

单元 11.5 双稳态触发器

双稳态触发器是组成时序逻辑电路的基本单元。它是一种具有记忆功能的逻辑元件，具有两种相反的稳定输出状态，即 0 态（$Q=0$，$\overline{Q}=1$）和 1 态（$Q=1$，$\overline{Q}=0$）。触发器的类型很多，按逻辑功能分，有 RS 触发器、JK 触发器、D 触发器等。

一、RS 触发器

1. 基本 RS 触发器

基本 RS 触发器由两个与非门或者或非门交叉耦合组成。由与非门组成的基本 RS 触发器及其逻辑符号如图 11-19 所示。Q、$\overline{Q}$ 是信号输出端，$\overline{R_D}$、$\overline{S_D}$ 是信号输入端。$\overline{R_D}$ 称为置 0 端或复位端，$\overline{S_D}$ 称为置 1 端或置位端。

触发器的两个输入端具有 4 种不同的输入组合，分析其输出状态与输入信号之间的关系，

图 11-19 基本 RS 触发器及其逻辑符号

总结出全部工作情况，得到其特性，见表 11-13。因为触发器属于时序逻辑电路，它的输出不仅与触发信号有关，还与触发信号加入前的触发器原来的状态有关，称这个原来的状态为初态，用 Q^n 表示；触发信号作用之后的新状态则称为次态，用 Q^{n+1} 表示。

基本 *RS* 触发器特性   表 11-13

输入		初态 Q^n	次态 Q^{n+1}	说明
$\overline{R}_D$	$\overline{S}_D$			
0	0	0	×	触发器状态不定，禁用
0	0	1	×	
0	1	0	0	触发器置 0
0	1	1	0	
1	0	0	1	触发器置 1
1	0	1	1	
1	1	0	0	触发器保持原状态不变
1	1	1	1	

基本 *RS* 触发器电路简单，有记忆功能，可以用来表示或存储一位二进制数码，并且它是组成功能更完善的其他各种双稳态触发器的基本部分。

2. 同步 *RS* 触发器

由于基本 *RS* 触发器的输出状态直接受输入信号的控制，一旦输入信号改变，其输出也随之改变，这一点使它的使用范围受到限制。为此，在基本 *RS* 触发器电路基础上增加两个控制门和一个辅助控制信号，让只有在辅助控制信号到来后，输入信号才能作用，并引起触发器输出状态的转换。同步 *RS* 触发器就是这样一种触发器，如图 11-20 所示。

a)逻辑电路图　　　　　　　　　　　　　　　　b)图形符号

图 11-20　同步 *RS* 触发器

同步 *RS* 触发器由四个与非门组成，即与非门 *A*、*B* 构成基本 *RS* 触发器，与非门 *C*、*D* 是控制门，*CP* 是起辅助控制作用的信号，称为时钟脉冲。$\overline{R}_D$ 和 $\overline{S}_D$ 分别是直接复位端和直接置位端，用来使触发器直接置 0 和置 1，它们不受时钟脉冲 *CP* 的控制。

时钟脉冲是一个等间隔、波形宽度较窄的正脉冲系列，当时钟脉冲未到时，$CP = 0$，*C* 门、*D* 门被封锁，迫使它们的输出全为 1，基本 *RS* 触发器保持原来的状态不变。只有当时钟脉冲到来之后，即 $CP = 1$ 时，触发器才按 *R*、*S* 端的输入状态来决定其输出状态。时钟脉冲过去后，输出状态不变。

根据时钟脉冲到来后输入端 R、S 的不同状态，可以分析同步 RS 触发器的工作情况，并列出其特性，见表 11-14。

同步 RS 触发器特性 表 11-14

输入		初态 Q^n	次态 Q^{n+1}	说明
R	S			
0	0	0	0	触发器保持原状态不变
0	0	1	1	
0	1	0	1	触发器置 1
0	1	1	1	
1	0	0	0	触发器置 0
1	0	1	0	
1	1	0	×	触发器状态不定
1	1	1	×	

【例 11-2】 已知同步 RS 触发器的输入信号 R、S 及时钟脉冲 CP 的波形如图 11-21 所示。设触发器的初始状态为 0 态，试画出输出端 Q 的波形图。

解： 根据同步 RS 触发器特性表 11-14，画出四个时钟脉冲 CP 到来时刻的 Q 端的波形图，如图 11-21 所示，称为触发器的工作波形图。特别指出，第四个时钟脉冲 CP 到来时，$R=S=1$，触发器的输出端 $Q=\overline{Q}=1$，这种情况下，当时钟脉冲过去后，触发器的状态可能为 1 态，也可能为 0 态，是不定状态。

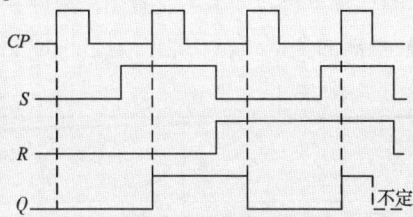

图 11-21 同步 RS 触发器工作波形图

知识链接

触 发 方 式

触发器的触发方式是指触发器的翻转时刻与时钟脉冲的关系。触发器的触发方式主要有电平触发、边沿触发和主从触发。

上述同步 RS 触发器属于电位触发或称电平触发。电平触发的特点是只要达到时钟脉冲 CP 的规定电平，触发器的状态便能够发生翻转。如果只能在 $CP=1$ 期间翻转、在 $CP=0$ 期间不能翻转，称为正电位触发或高电平触发；反之，称为负电位触发或低电平触发。电平触发的触发器图形符号如图 11-22 所示。

电平触发的缺点是抗干扰能力低。若时钟脉冲 CP 宽度较长，而在 CP 维持 1 的时间内输入端的 R、S 的状态又发生了变化，就会导致触发器状态的重新改变，即产生了"空翻"现象，使系统出现逻辑错误。

为了克服电位触发方式的缺点，提高触发器的抗干扰能力和电路工作的可靠性，以同步 RS 触发器为基础组成了维持—阻塞结构触发器和主—从结构触发器。这两种不同电路结构形式的触发器分别采用边沿触发方式和主从触发方式。

边沿触发方式的特点是，触发器只在时钟脉冲 CP 发生跳变时才能发生翻转，而且触发器的次态仅仅取决于 CP 跳变前输入端的状态，而在此前或此后输入端状态的变化对次态都不会产生影响。这就大大提高了触发器的抗干扰能力，增加了电路工作的可靠性。如果触发器的状态变化发生在时钟脉冲的上升沿，就称为上升沿触发或正边沿触发；反之，称为下降沿触发或负边沿触发。边沿触发的触发器图形符号如图 11-23 所示。

正电位触发　　　　　负电位触发　　　　　上升沿触发　　　　　下降沿触发

图 11-22　电平触发的触发器图形符号　　　　图 11-23　边沿触发的触发器图形符号

二、JK 触发器

JK 触发器有两个输入信号，分别用 J 和 K 表示。JK 触发器的逻辑功能是，在时钟脉冲 CP 的作用下，具有置 0、置 1、保持和翻转（计数）的功能。这就表明，JK 触发器能够完成触发器的全部逻辑功能，是一种性能优良的全功能触发器。JK 触发器的特性见表 11-15。

JK 触发器的特性　　　　　　　　　　　　　　　　表 11-15

J	K	Q^{n+1}	说明
0	0	Q^n	输出状态不变
0	1	0	触发器置 0
1	0	1	触发器置 1
1	1	$\overline{Q^n}$	计数翻转

JK 触发器主要采用边沿触发方式和主从触发方式。常用的下降沿触发方式 JK 触发器的图形符号如图 11-24 所示。

JK 触发器的逻辑功能可用波形图表示，如图 11-25 所示。

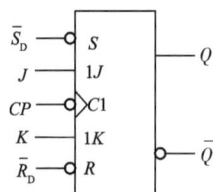

图 11-24　下降沿触发方式 JK 触发器的图形符号　　　　图 11-25　JK 触发器的波形图

常用的边沿 JK 触发器有：双 JK 边沿触发器 CT3112/4112、CT2108、CT1109/4109 等，均为下降沿触发；单 JK 边沿触发器 CT2101/2102 为下降沿触发，CT1070 为上升沿触发。

三、D 触发器

D 触发器只有一个信号输入端,该输入端信号用 D 表示。D 触发器的逻辑功能是,在时钟脉冲作用下,有置 0 和置 1 两种功能。D 触发器的特性见表 11-16。

D 触发器的特性 表 11-16

D	Q^{n+1}	说明
0	0	输出状态与 D 端相同
1	1	

在 TTL 集成触发器中,D 触发器多采用维持—阻塞电路结构形式。这种电路结构形式的触发器使用的是边沿触发方式。上升沿触发方式 D 触发器的图形符号如图 11-26 所示。

常用的集成 D 触发器有:CT1074/2074/4074(双 D 触发器)、CT4377(8D 触发器)(仅 Q 端输出,无预置和复位端)等。

四、T 触发器和 T′触发器

T 触发器只具有一个信号输入端,用 T 表示。T 触发器在时钟脉冲的作用下,具有保持和翻转(计数)的功能,其特性见表 11-17。

T 触发器特性 表 11-17

T	Q^{n+1}	说明	T	Q^{n+1}	说明
0	Q^n	输出状态不变	1	$\overline{Q}^n$	翻转

下降沿触发方式 T 触发器的图形符号如图 11-27 所示。

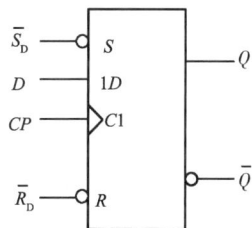

图 11-26 上升沿触发方式 D 触发器的图形符号   图 11-27 下降沿触发方式 T 触发器的图形符号

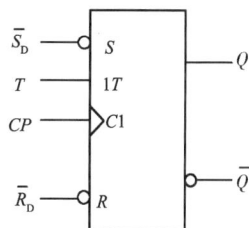

T 触发器在数字系统中应用较多,但较少有专门生产的定型产品,这主要是因为 T 触发器能够利用其他集成触发器转换而成。

T′触发器在时钟脉冲的作用下,只具有翻转(计数)功能,又称计数触发器。实际上当 T 触发器的输入信号保持为 1 时,就构成了 T′触发器。T′触发器只是 T 触发器应用的一个特例。

> **知识链接**
>
> **JK 触发器的功能转换**
>
> JK 触发器功能较完善,可以转换成 D 触发器、T 触发器和 T′触发器,如图 11-28 所示。

a)JK触发器转换为D触发器　　b)JK触发器转换为T触发器　　c)JK触发器转换为T'触发器

图 11-28　JK 触发器转换为其他形式的触发器

单元11.6　计 数 器

计数器是数字系统应用十分广泛的单元逻辑电路，除直接用作技术、分频、定时，还经常应用于数字仪表、程序控制、计算机等领域。

计数器种类繁多，按计数的进位体制不同，可分为二进制、十进制和任意进制的计数器；按计数器中数值的增、减情况，可分为加法计数器、减法计数器、可逆（加/减）计数器。

一、二进制加法计数器

由于双稳态触发器有 0 和 1 两个状态，一个触发器可以表示一位二进制数。如果要表示 n 位二进制数，就要用 n 个双稳态触发器。

1. 异步二进制加法计数器

由三个 D 触发器组成的三位异步二进制加法计数器，如图 11-29 所示。各触发器已转换成 T'触发器，具有 $Q^{n+1} = \overline{Q^n}$ 的计数功能。高位触发器在相邻低位触发器从 1 变为 0 时翻转。

图 11-29　三位异步二进制加法计数器

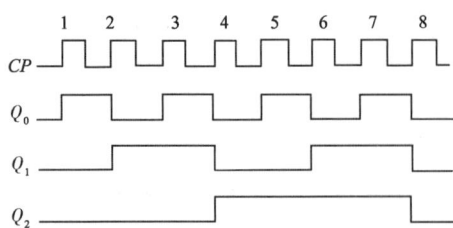

图 11-30　三位异步二进制加法计数器的工作波形

计数脉冲输入前，设各触发器的状态为 0。第一个计数脉冲上升沿过后，Q_0 端由 0 变为 1，其余各触发器状态不变。第二个计数脉冲上升沿过后，Q_0 从 1 变为 0，因此第二个触发器被触发而使其状态从 0 翻转为 1，第三个触发器保持不变。以此类推，三位异步二进制加法计数器的工作波形如图 11-30 所示。

2. 同步二进制加法计数器

异步计数器的进位信号是逐级传送的，因而计数速度受到限制。为提高计数器的工作速度，可用计数脉冲同时去触发所有的触发器，使应该发生状态更新的触发器同时翻转，且与输入计数脉冲同步。这种计数器称为同步计数器。

由三个 JK 触发器组成的三位同步二进制加法计数器，如图 11-31 所示。各触发器的信号输入端 J_i 和 K_i 相连，作为共同的信号输入端，即 JK 触发器转换成了 T 触发器。当 $T_i = J_i = K_i = 0$ 时，来一个时钟脉冲，触发器状态保持不变；当 $T_i = J_i = K_i = 1$ 时，来一个时钟脉冲，触发器状态发生翻转，即由 0→1 或由 1→0。

三位同步二进制加法计数器的工作波形如图 11-32 所示。

图 11-31　三位同步二进制加法计数器

图 11-32　三位同步二进制加法
计数器的工作波形

三位二进制加法计数器，能计的最大十进制数为 $2^3 - 1 = 7$。n 位二进制加法计数器，能计的最大十进制数为 $2^n - 1$。

TTL 型中规模集成的二进制计数器种类很多，如 CT1177、CT1197/4197、CT1293/4293（异步 4 位二进制计数器），CT1161/4161、CT1163/3163/4163（同步 4 位二进制计数器），CT3169/4169、CT1191/4193（同步 4 位二进制可逆计数器）等。

二、十进制加法计数器

十进制计数器是在二进制计数器的基础上得出的，用四位二进制数来代表十进制的每一位数，所以也称为二—十进制计数器。

由四个 JK 触发器组成的同步十进制加法计数器，如图 11-33 所示。

图 11-33　同步十进制加法计数器

各触发器 JK 端的逻辑表达式为

$$J_3 = Q_2Q_1Q_0 \qquad K_3 = Q_0$$

根据上述触发器控制端的逻辑表达式和触发器的功能，可以分析出在 9 个计数脉冲作用下，计数器的状态按照加法计数规律从 0000 变化到 1001。当第 10 个计数脉冲输入时，计数器跳过六个不同状态，回到 0000 状态，完成一个计数循环。同步十进制加法计数器的工作波形如图 11-34 所示。

常用的 TTL 型中规模集成十进制计数器有 CT1196/3196/4196、CT1290/4290（异步计数器），CT1160/4160、CT1162/3162/4162（同步计数器），CT3168/4168、CT1190/4190（同步可逆计数器）等。

中规模集成同步十进制加法计数器 CT4160 的管脚排列图如图 11-35 所示，其中，CP 为时钟脉冲输入端；$\overline{LD}$ 为同步置数控制端；$\overline{CR}$ 为异步清零控制端；CT_P 和 CT_T 为两个计数控制端（使能输入端）；$D_3 \sim D_0$ 为置数数据输入端；$Q_3 \sim Q_0$ 为计数器状态输出端；CO 为进位信号输出端，当计数状态 $Q_3Q_2Q_1Q_0 = 1111$ 时，$CO = 1$，再来一个 CP 作用后，CO 又为 0，利用 CO 由 1→0 跳变，完成向高位计数器进位。CT4160 逻辑功能见表 11-18。

图 11-34　同步十进制加法计数器的工作波形

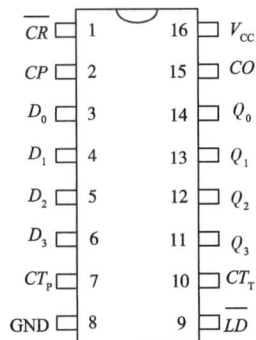

图 11-35　CT4160 的管脚排列图

CT4160 逻辑功能　　　　　　　　　　　　　　　　　　表 11-18

输入									输出				
$\overline{CR}$	$\overline{LD}$	CT_P	CT_T	CP	D_3	D_2	D_1	D_0	Q_3	Q_2	Q_1	Q_0	CO
0	×	×	×	×	×	×	×	×	0	0	0	0	0
1	0	×	×	↑	d_3	d_2	d_1	d_0	d_3	d_2	d_1	d_0	
1	1	1	1	↑	×	×	×	×	计数				
1	1	0	×	×	×	×	×	×	保持				
1	1	×	0	×	×	×	×	×	保持				0

用 CT4160 组成的十进制加法计数器的连线图如图 11-36 所示。图中 $CT_P = CT_T = 1$，计数器工作在计数状态。计数脉冲自 CP 端加入，从 $Q_3 \sim Q_0$ 端输出。

为了使集成计数器使用更方便，某些中规模集成计数器采用了复合结构，即由两个独立的计数器组成，如 CT4090 为二—五进制计数器，即其中包含一个二进制计数器和一个五进制计数器。利用二进制或十进制计数器还可以构成任意进制的计数器。

图 11-36 用 CT4160 组成的十进制加法计数器的连线图

做一做

（1）用一片 CT4160 组成七进制加法计数器。

（2）用两片 CT4160 组成二位十进制加法计数器。

单元 11.7 寄 存 器

寄存器是在数字系统中用来存放二进制数据或运算结果的一种常用逻辑部件，所以它经常被称为中间存储器。它除了具有接收数据、保存数据和传送数据等基本功能，还具有左、右移位，串、并输入，串、并输出以及预置、清零等功能，从而构成多功能寄存器。

寄存器按其功能不同，可分为数码寄存器和移位寄存器。

一、数码寄存器

由四个 D 触发器组成的四位并入并出数码寄存器如图 11-37 所示。使用前，直接在复位端加负脉冲将触发器清零。数码加在输入端 d_3、d_2、d_1、d_0 上，当时钟 CP 上升沿过后，$Q_3^{n+1} Q_2^{n+1} Q_1^{n+1} Q_0^{n+1} = d_3 d_2 d_1 d_0$。可见，数码寄存器只具有存放二进制数码的功能。

常见的国产 TTL 四位数码寄存器有 CT1175、CT451、CT3175、CT4175 等。四位数码寄存器 CT1175 的管脚排列图如图 11-38 所示，其逻辑功能见表 11-19。

图 11-37 四位并入并出数码寄存器

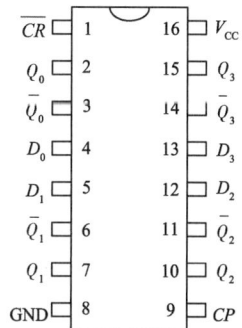

图 11-38 CT1175 的管脚排列图

217

CT1175 逻辑功能   表 11-19

输入						输出				功能
$\overline{CR}$	CP	D_3	D_2	D_1	D_0	Q_3^{n+1}	Q_2^{n+1}	Q_1^{n+1}	Q_0^{n+1}	
0	×	×	×	×	×	0	0	0	0	清零
1	↑	d_3	d_2	d_1	d_0	d_3	d_2	d_1	d_0	送数
1	0	×	×	×	×	Q_3^n	Q_2^n	Q_1^n	Q_0^n	保持

二、移位寄存器

移位寄存器不仅能寄存数码，还具有移位功能，即使其寄存的数码在每一个移位脉冲作用下依次左移或右移一位。移位寄存器在数字系统中应用很多，如使用移位寄存器进行乘法、除法等算术运算以及逻辑运算等。移位寄存器分为单向移位寄存器和双向移位寄存器两大类。

1. 单向移位寄存器

只能沿一个方向（向左或向右）移位的是单向移位寄存器。

由四个 D 触发器组成的单向移位寄存器如图 11-39 所示。根据移位功能的要求，后面一位触发器的 D 输入端接前面一位的 Q 输出端。第一位的 D 输入端外接输入信号，移位脉冲信号直接加入各位触发器的 CP 端。在接收数码之前，所有触发器清零。

图 11-39　单向移位寄存器

图 11-40　移位寄存器的移位过程

在 CP 上升作用下，待存数码送到 FF_0，其他各触发器的状态与 CP 作用前一瞬间第一位触发器的状态相同，即寄存器中的原有数码依次单向移动一位。若需寄存数码 1011，首先要清零，然后在移位脉冲作用下，输入数码依次进入触发器。在第四个移位脉冲作用后，$Q_3 = 1$、$Q_2 = 0$、$Q_1 = 1$、$Q_0 = 1$，即 1011 这个四位二进制码全部移入了寄存器。其移位过程如图 11-40 所示。

这种寄存器的输入方式是串行输入，其输出有并行和串行两种方式。当加入四个时钟脉冲后，输入数码 1011 出现于 $Q_3 \sim Q_0$ 端，这时可在同一输出指令作用下实现并行输出。如果继续加入时钟脉冲，则寄存器中的二进制数码将依次在 Q_3 端输出，且与时钟脉冲同步，即实现了串行输出方式。

2. 双向移位寄存器

既可将数据左移又可将数据右移的寄存器称为双向移位寄存器。

集成双向移位寄存器举例：CT4194 是一种典型的 TTL 集成双向移位寄存器，它的功能比较齐全，有清零、保持、左移位、右移位、并串行输入和并串行输出等功能。CT4194 的管脚排列图如图 11-41 所示，其中，CP 为移位脉冲输入端，$\overline{CR}$ 为异步清零输入端，D_{SR} 为右移串行数据输入端，D_{SL} 为左移串行数据输入端，$D_0 \sim D_3$ 为并行数据输入端，S_A 和 S_B 为工作模式选择端，$Q_0 \sim Q_3$ 为数据并行输出端。CT4194 逻辑功能见表 11-20。

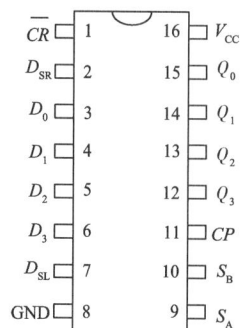

图 11-41　CT4194 的管脚排列图

CT4194 逻辑功能　　　　　　　　　　　　　　　　　　　表 11-20

功能	清零	控制端		输入							输出			
	$\overline{CR}$	S_B	S_A	D_{SR}	D_{SL}	CP	D_0	D_1	D_2	D_3	Q_0^{n+1}	Q_1^{n+1}	Q_2^{n+1}	Q_3^{n+1}
清零	0	×	×	×	×	×	×	×	×	×	0	0	0	0
保持	1	×	×	×	×	0	×	×	×	×	Q_0^n	Q_1^n	Q_2^n	Q_3^n
送数	1	1	1	×	×	↑	d_0	d_1	d_2	d_3	d_0	d_1	d_2	d_3
右移	1	0	1	1	×	↑	×	×	×	×	1	Q_0^n	Q_1^n	Q_2^n
	1	0	1	0	×	↑	×	×	×	×	0	Q_0^n	Q_1^n	Q_2^n
左移	1	1	0	×	1	↑	×	×	×	×	Q_1^n	Q_2^n	Q_3^n	1
	1	0	0	×	×	↑	×	×	×	×	Q_1^n	Q_2^n	Q_3^n	0
保持	1	0	0	×	×	↑	×	×	×	×	Q_0^n	Q_1^n	Q_2^n	Q_3^n

由 CT4194 构成环形计数器如图 11-42 所示。所谓环形计数器，就是把移位寄存器的串行输出反馈到串行输入端，组成自循环移位寄存器。图 11-42 中，$S_B S_A = 01$（右移方式），$D_{SR} = \overline{Q_3}$。设寄存器的初态为 $Q_0 Q_1 Q_2 Q_3 = 0000$，则在时钟作用下进行自循环右移，状态转换如图 11-43 所示。

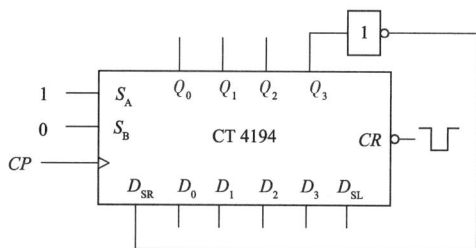

图 11-42　由 CT4194 构成环形计数器

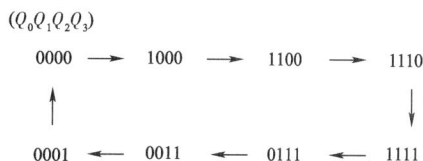

$(Q_0 Q_1 Q_2 Q_3)$

0000 → 1000 → 1100 → 1110

0001 ← 0011 ← 0111 ← 1111

图 11-43　环形计数器状态图

单元 11.8　集成 555 定时器

集成 555 定时器是一种将模拟电路和数字电路集成于一体的中规模集成电路。它使用方便、应用广泛，主要用于脉冲波形产生与变换的电路。

一、集成 555 定时器的组成和逻辑功能

集成 555 定时器有双极型和 CMOS 型两大类，双极型定时器输出电流大，驱动负载能力强，典型产品有 NE555、5G1555 等；CMOS 型定时器功耗低，输出电流较小，典型产品有 CC7555、CC7556 等。它们的外部引线排列与逻辑功能是完全相同的。

集成 555 定时器原理电路与管脚排列图如图 11-44 所示，该电路由以下四部分组成。

a)原理电路　　　　　　　　　　　　b)管脚排列图

图 11-44　集成 555 定时器

电压比较器：C_1 和 C_2 其作用是将 TH 端和 $\overline{TR}$ 端的输入电压分别与参考电压 U_{R1} 和 U_{R2} 进行比较。根据输入电压的不同，C_1 和 C_2 的输出可能是高电平或低电平，从而使后面的基本 RS 触发器置 1 或置 0。

电阻分压器：由三个 5kΩ 电阻串联组成，接于电源 $+V_{CC}$ 与地（GND）之间。其作用是为电压比较器 C_1 和 C_2 提供参考电压：$U_{R1} = U_{+1} = 2/3 V_{CC}$，$U_{R2} = U_{-2} = 1/3 V_{CC}$。如果在电压控制端 CO 外加控制电压 U_C，则将迫使 C_1 的同相输入端 $U_{+1} = U_C$，C_2 的反相输入端 $U_{-2} = 1/2 U_C$。于是，改变 U_C 就可以改变 C_1 和 C_2 的参考电压。

基本 RS 触发器：它的输出端 Q 作为整个电路的输出 u_o，Q 端的状态决定了三极管 V 的饱和导通或截止。触发器的直接复位端 $\overline{R}_d$ 平时保持高电平，当于该端加入负脉冲，可使触发器置零。

放电三极管 V：当基本 RS 触发器 $\overline{Q} = 0$ 时，V 截止；当 $\overline{Q} = 1$ 时，V 饱和导通。

综上所述，可以列出集成 555 定时器的逻辑功能，见表 11-21。

集成 555 定时器逻辑功能 表 11-21

$\overline{R}_d$	u_{TH}	$u_{\overline{TR}}$	u_o	三极管 V	功能
L	×	×	L	导通	直接复位
H	$> \frac{2}{3}V_{CC}$	$> \frac{1}{3}V_{CC}$	L	导通	复位
H	$< \frac{2}{3}V_{CC}$	$> \frac{1}{3}V_{CC}$	原状态	原状态	保持
H	$< \frac{2}{3}V_{CC}$	$< \frac{1}{3}V_{CC}$	H	截止	置位

二、集成 555 定时器的应用

集成 555 定时器的应用十分广泛，最基本的典型应用电路有以下三种。

1. 单稳态触发器

单稳态触发器是一种基本脉冲单元电路，其特点如下：

（1）它只有一个稳定状态，如果没有外加触发信号，它将一直保持这个稳定状态不变。

（2）在外加触发信号作用下，电路能够从稳态翻转到另一个状态，但该状态只是暂时的，称为暂稳态，且经过确定的时间，电路将自动返回原来的稳态。

（3）暂稳态的持续时间完全由电路本身的参数决定，与外加触发信号无关。

由集成 555 定时器、电阻、电容构成的单稳态触发器的电路如图 11-45a）所示。图中无触发信号，u_i 为高电平时，电路处于稳定状态，即 $Q = 0$，这时 u_o 为低电平，放电三极管 V 导通，电容 C 被旁路，$u_C = 0$。当触发脉冲 u_i 下降（$u_i = u_{\overline{TR}} < 1/3 V_{CC}$）到来时，555 定时器实现"置位"功能，电路被触发，立刻由稳态翻转到暂稳态，即 $Q = 1$。这时 u_o 为高电平，V 截止，电源 V_{CC} 经 R 向 C 充电，使 u_C 按指数规律上升，充电时间常数为 RC。经过一段时间 T_W 后，当 $u_C = 2/3 V_{CC}$ 时，555 定时器实现"复位"功能，触发器复位到 0 状态，$Q = 0$，u_o 为低电平，V 导通，电路暂稳态结

图 11-45 单稳态触发器

束，电容 C 经 V 放电。当 $u_C = 0$，电路又返回稳态。到下一个触发脉冲来到时，电路重复上述过程。其工作波形图如图 11-45b）所示。

输出脉冲宽度（暂稳态的持续时间）为 $T_W \approx 1.1 RC$。

2. 多谐振荡器

多谐振荡器是通过自激振荡器能输出一定频率矩形脉冲的电子器件。在数字系统、微

型计算机中，各种部件都是用统一的时钟脉冲来定时操作的，时钟脉冲一般由多谐振荡器产生。

由集成 555 定时器和外接元件 R_1、R_2、C 构成的多谐振荡器的电路如图 11-46a）所示。接通电源后，电源 V_{CC} 通过 R_1 和 R_2 对电容 C 充电。当 $u_C < 1/3V_{CC}$ 时，u_o 为高电平，V 截止。当 u_C 充电到 $\geqslant 2/3V_{CC}$ 后，u_o 翻转为低电平，V 导通，使放电端 D 接地，电容 C 通过 R_2 对地放电，使 u_C 下降。当 u_C 下降到 $\leqslant 1/3V_{CC}$ 后，u_o 又翻转成 1，V 又截止，使放电端 D 不接地，电源 V_{CC} 通过 R_1 和 R_2 又对电容 C 充电，又使 u_C 从 $1/3V_{CC}$ 上升到 $2/3V_{CC}$，触发器又发生翻转。如此周而复始，从而在输出端 u_o 得到连续变化的振荡脉冲波形。其工作波形如图 11-46b）所示。

a) 电路图   b) 波形图

图 11-46　多谐振荡器

输出信号的时间参数是：

$$t_{w1} = 0.7 \left(R_1 + R_2 \right) C$$

$$t_{w2} = 0.7 R_2 C$$

$$T = t_{w1} + t_{w2} = 0.7 \left(R_1 + 2R_2 \right) C$$

3. 施密特触发器

施密特触发器是一种常用的脉冲波形整形电路，它能够把连续变化的信号波形（如正弦波、三角波）转换为矩形脉冲。利用施密特触发器还可以完成脉冲鉴幅（鉴别脉冲幅值的高低）、电压比较等功能。

由集成 555 定时器构成的施密特触发器电路及工作波形图如图 11-47 所示。

a) 电路图   b) 波形图

图 11-47　施密特触发器

想一想

分析施密特触发器的工作原理。

小要点

单稳态触发器、多谐振荡器和施密特触发器的应用

单稳态触发器、多谐振荡器和施密特触发器三种方式中的一种或多种组合起来可以组成各种实用的电子电路，如定时器、分频器、脉冲信号发生器、元件参数和电路检测电路、玩具游戏机电路、音响告警电路、电源交换电路、频率变换电路、自动控制电路等。

单元 11.9 数模和模数转换

在电子技术中，模拟信号和数字信号的相互转换是很重要的。例如，用电子计算机对某生产系统进行控制，首先要经过传感器将温度、压力、流量等模拟量转换成相应的模拟信号，并把这些模拟信号转换为数字信号，才能送到计算机中去进行运算和处理；然后要将运算和处理得出的数字信号转换为模拟信号，才能驱动执行机构实现对生产过程的控制。

能将数字信号转换为模拟信号的电子电路称为数/模转换器，简称 D/A 转换器；将模拟信号转换为数字信号的电子电路称为模数转换器，简称 A/D 转换器。

数模和模数转换的发展方向之一是集成化，特别是发展大规模集成电路。目前市场上已有多种不同型号的产品供选用，十分方便。由于数模和模数转换技术比较复杂，涉及的新概念较多，本节只对其基本概念和基本工作原理作简要说明，然后介绍典型的数模和模数转换集成电路产品，为正确使用这些集成电路打下基础。

一、数模转换器（D/A 转换器）

1. D/A 转换器的工作原理

D/A 转换器输入的是数字信号，输出的则是与数字信号成比例的模拟电压或模拟电流。而数字信号是用二进制码按数位组合起来的，其每一数位上的数码 1 都有其确定的"权"值，即代表一个确定的十进制数。

任何二进制码按"权"值的展开式为

$$D = 2^{n-1} \times d_{n-1} + 2^{n-2} \times d_{n-2} + \cdots + 2^1 \times d_1 + 2^0 \times d_0$$

D/A 转换器输出的模拟量 A 与输入的数字量 D 成正比，即

$$A = K\left(2^{n-1} \times d_{n-1} + 2^{n-2} \times d_{n-2} + \cdots + 2^1 \times d_1 + 2^0 \times d_0\right)$$

式中，K 表示转换比例系数。

D/A 转换器的任务就是实现上述转换：将输入数字信号的每一位二进制数码的 1 按照它的"权"值转换为相应的模拟量；然后将代表各位的模拟量相加；最后将与输入数字量成正比的模拟量输出，完成数模转换功能。

2. D/A 转换器输出模拟电压与输入数字量之间的关系

若 D/A 转换器输入的数字量是 N 位二进制数码，输出的是确定大小的模拟电压（或电流）。当输入的 N 位二进制数码全是 0 时，输出的模拟电压应是 0V。当输入的 N 位二进制数码全是 1 时，输出的模拟电压应是最大值（又称满刻度值，用 U_{FSR} 表示）。其中 N 位二进制数码一共有 2^N 个组态，每一个组态与确定大小的模拟电压相对应。

以四位 D/A 转换器为例，输入的是 4 位二进制数码，共有 $2^4 = 16$ 组态。设其输出的模拟电压满刻度值 $U_{FSR} = 5V$，则该 D/A 转换器能够分辨出来的最小模拟电压是：

$$\frac{5}{2^4 - 1} = \frac{5}{15} = 0.333 \ (V)$$

四位数字量与模拟电压（0~5V）的对应关系见表 11-22。

四位数字量与模拟电压（0~5V）的对应关系 表 11-22

序号	输入数字量				输出模拟电压
	D_3	D_2	D_1	D_0	（V）
0	0	0	0	0	0
1	0	0	0	1	0.333
2	0	0	1	0	0.667
3	0	0	1	1	1.0
4	0	1	0	0	1.333
5	0	1	0	1	1.667
6	0	1	1	0	2.0
7	0	1	1	1	2.333
8	1	0	0	0	2.667
9	1	0	0	1	3.0
10	1	0	1	0	3.333
11	1	0	1	1	3.667
12	1	1	0	0	4.0
13	1	1	0	1	4.333
14	1	1	1	0	4.667
15	1	1	1	1	5.0

3. D/A 转换器的主要技术指标

（1）分辨率

分辨率由输入数字量的二进制码的位数决定，表明其分辨出最小模拟电压的能力。

分辨率用 D/A 转换器能够分辨出的最小输出电压与最大输出电压之比表示。当输入二进制码只有最低位（*LSB*）为 1 时，输出电压最小；当输入二进制码各位全为 1 时，输出电压最大。例如，8 位 D/A 转换器的分辨率为

$$\frac{(00000001)_2}{(11111111)_2} = \frac{1}{2^8 - 1} = \frac{1}{255} = 0.0039$$

N 位 D/A 转换器的分辨率是 $\dfrac{1}{2^N-1}$。

（2）转换误差

转换误差表示 D/A 转换器输出电压的实际值与理论值之差，常用输出电压满刻度值 U_{FSR} 的百分数表示，也可以用最低有效位对应的输出模拟电压 U_{LSR} 的倍数表示。例如，某 D/A 转换器的转换误差是 $\dfrac{1}{2}$LSB，就是其输出模拟电压的绝对误差，为 $\dfrac{U_{LSR}}{2}$。

（3）转换时间

转换时间指从数字量输入到模拟量能够稳定输出之间所需要的时间。它表示的是 D/A 转换器的工作速度，转换时间越小、工作速度越高。

4. 集成 D/A 转换器举例

根据分辨率、转换时间及接口特性等性能的不同，有不同的集成 D/A 转换器产品。其中，DAC0832 是 CMOS 单片直流输出型 8 位数/模转换器，它由两个 8 位输入寄存器和一个 8 位 D/A 转换器三部分组成。它能与多种微处理器芯片配合使用，且接口电路简单，转换控制容易，所以得到较多应用。

DAC0832 的原理方框图和管脚排列图如图 11-48 所示。其中，$DI_0 \sim DI_7$ 为数字信号输入端，$\overline{WR}_1$ 为写信号 1，$\overline{WR}_2$ 为写信号 2，I_{OUT1}、I_{OUT2} 为模拟电流输出端，R_{FB} 为集成在片内的外接运放的反馈电阻，U_{REF} 为基准电压（ $-10 \sim 10$V），U_{CC} 为电源电压（ $+5 \sim +15$V），AGND 为模拟部分接地端，DGND 为数字部分接地端。

图 11-48　DAC0832 的原理方框图管脚排列图

ILE 为输入寄存器允许。当 ILE = 1 时，且 $\overline{CS}$ 与 $\overline{WR}_1$ 均有效（$\overline{CS}=0$、$\overline{WR}_1=0$）时，可以将输入的数字信号存入芯片的输入寄存器（1）。若 ILE = 0，输入的数字信号则被锁存。

$\overline{CS}$ 为片选信号。当 $\overline{CS}=0$，且 $ILE=1$、$\overline{WR}_1=0$ 时，允许将输入的数字信号存入芯片的输入寄存器（1）。

$\overline{XFER}$ 为传送控制信号。当 $\overline{XFER}=0$、$\overline{WR}_2=0$ 时，数据由寄存器（1）送入寄存器（2），且进入 8 位 D/A 转换器进行转换。

DAC0832 输出的是电流，一般要求输出的是电压，所以还必须经过一个外接的运算放大器转换成电压。实验线路如图 11-49 所示。

225

图 11-49　DAC0832 实验线路

二、模数转换器（A/D 转换器）

A/D 转换器按照转换方法的不同，主要分为三种：并联比较型，特点是转换速度快，但精度不高；双积分型，特点是转换精度较高，抗干扰能力强，但转换速度慢；逐次逼近型，特点是转换精度高、速度快，在集成单元电路中用得最多。

1. A/D 转换器的主要技术指标

（1）分辨率

通常用 A/D 转换器输出的二进制码的位数 N 表示。它表明该转换器可以用 2^N 个二进制数对输入模拟量进行量化，反映了转换器对输入模拟量的分辨能力。例如，输入模拟电压的满量程值是 5V，则 8 位 A/D 转换器能够分辨的最小模拟电压值是：

$$\frac{5}{2^8} = \frac{5}{256} = 0.01953（V）$$

（2）相对精度

表示 A/D 转换器实际输出的数字量与理论输出的数字量之间的差值，通常用最低有效位 LSB 的倍数表示。例如，相对精度 ≤ ±1LSB，说明其相对精度不大于最低有效位的数值。

（3）转换速度

A/D 转换器从接收到转换控制信号起，到输出端得到稳定的数字量为止，即完成一次 A/D 转换所需要的时间。并联型 A/D 转换器转换速度最高，可达数十纳秒；逐次逼近型 A/D 转换器的转换速度约为数十微秒；双积分型 A/D 转换器转换速度较慢，约为数十毫秒。

2. 集成 A/D 转换器举例

ADC0804 是应用较多的逐次逼近型集成 A/D 转换器，是 CMOS 集成电路。其分辨率是 8 位，相对精度为 1LSB，转换速度约为 100μs。

ADC0804 管脚排列图如图 11-50 所示。其中，U_{CC} 为电源电压（+5V）；$U_{REF/2}$ 为参考电压端，是芯片内部电阻网络所需用的基准电压，该电压应是输入电压范围的 1/2。如输入电压是 0.5 ~ 4.5V，则于该管脚处外加 2V 电压。当输入电压是 0 ~ 5V 时，该管脚可以悬空，

基准电压可由 U_{CC} 经内部分压得到。DGND 和 AGND 分别为数字接地端和模拟接地端；U_{IN+} 和 U_{IN-} 为被转换的电压信号自该两端加入，此信号可为差动电压信号或不共地的电压信号；$D_0 \sim D_7$ 为 8 位数字信号的输出端，可直接接至系统的数据总线上，无须加接口电路；CLKIN 和 CLKR 为时钟脉冲端，时钟脉冲的频率决定了芯片内部的工作节拍。由于其内部已设置了时钟脉冲发生电路，只需在 CLKIN 和 CLKR 端外接电阻 R、电容 C，即可产生所需频率的时钟脉冲（图 11-51）。振荡频率 $f=1/(1.1RC)$。若采用外部时钟，则可从 CLKIN 管脚端直接加入，此时不接 R、C 元件。$\overline{CS}$ 为片选信号端，$\overline{WR}$ 为写入信号端，$\overline{RD}$ 为读出信号端，$\overline{INTR}$ 为转换结束信号端。后四个信号控制端相互配合完成写入和读出功能。

图 11-50　ADC0804 管脚排列图　　　　图 11-51　ADC0804 时钟接线

单元 11.10　只读存储器和随机存储器

在数字计算机和数字系统内部有大量的信息和数据需要永久或暂时地存储起来，这些信息、数据都是用二进制码来表示的。半导体存储器就是存放这些二进制码的逻辑部件，是一种大规模集成电路。半导体存储器具有集成度高、体积小、功耗低、存取速度快等优点，因而得到广泛应用。根据对存储器内容写入和读出操作功能的不同，半导体存储器分为两大类：只读存储器和随机存取存储器。

一、只读存储器

只读存储器（Read Only Memory，ROM）因在工作时只能从中读取数据，不能快速地随时修改或重新写入数据而得名。工作时它的存储内容是不变的，且所存储的信息在断电后仍能保持。其优点是所存信息稳定、结构简单、读出操作简便，常用于存储固定的专用程序和表格等。

常用的 ROM 有可编程只读存储器（Programmable Rom，PROM）和可擦除可编程只读存储器（Erasable Programmable Rom，EPROM）等类型。PROM 的内容可由用户编号后写入，但只能写一次，一经写入就不能再修改；EPROM 中存储的数据可以改写，通过紫外线或电擦除方式，在工作时也只能进行读出操作。

1. ROM 的基本结构

半导体存储器是由若干存储单元构成的整体，它由一个存放二进制码的存储矩阵和确定每一个二进制码的位置的地址译码器两个基本部分组成。

能存储四个 4 位二进制码的 ROM 的原理电路如图 11-52 所示。要求存储 4 位二进制码，因此该 ROM 对应有 4 条数据输出线 D_3、D_2、D_1、D_0，分别输出各位二进制码，这 4 条线称为位线或数据线。存储器中存储的每一位二进制码称为一个"字"。每一个字所包含的二进制码的位数称为"字长"，图示 ROM 的字长是 4 位。实际使用的存储器中字长多为 8 位、16 位、32 位。位线下端经过电阻 R 接负电源 $-U_{CC}$，上端是数据输出端。

图 11-52 4×4 ROM 原理电路

图 11-52 中地址译码器是一个 2 线－4 线译码器，它有两条输入线 A_1 和 A_0，称为地址线；4 条输出线，分别为 W_0、W_1、W_2、W_3，称为字选线或字线。一般情况下，地址译码器有 n 条地址线，2^n 条字选线。

字选线与位线的交叉处形成一个存储单元，存储器所包含交叉点的总数称为存储器的容量。如果二进制码的字长用 m 表示，则 $2^n \times m =$ 存储容量，存储容量是存储器的重要技术指标之一。图 11-52 所示就是一个 4×4 ROM 原理电路，容量是 16，即共包含 16 个存储单元。每个存储单元存放一位二进制码，在存储单元处接有二极管的存储得是二进制码 1，没有二极管的存储得是 0。根据需要，在相应存储单元处接入二极管，即可将确定的信息和数据写入存储器。

2. ROM 的工作原理

下面结合图 11-52 所示 4×4 ROM，介绍如何对 ROM 进行读取操作。

每输入一个地址码 $A_1 A_0$（00、01、10、11），经译码器译码后，可分别使一条字选线（W_0、W_1、W_2、W_3）成为高电平，其余是低电平。例如，输入地址码 $A_1 A_0 = 00$，则字选线 W_0 被选中，是高电平。这时接在位线 D_3、D_2、D_0 与 W_0 之间的二极管正偏导通，使这三条位线被钳位为高电平。而位线 D_1 与 W_0 之间未接入二极管，由于负电源 $-U_{CC}$ 的作用，仍为低电平。这时，4 条位线上的数据是 $D_3 D_2 D_1 D_0 = 1101$，在相关读取指令作用下，即可实现输出操作。

做一做

将图 11-52 中 ROM 全部地址中的存储内容列在表 11-23 中。

ROM 的存储内容 表 11-23

地址		存储内容			
A_1	A_0	D_3	D_2	D_1	D_0
0	0				
0	1				
1	0				
1	1				

通过以上介绍可知，ROM 存储器芯片一旦制造出来，用户就无法改变。

除了将二极管作为开关元件组成 ROM 的存储矩阵，还可以用晶体三极管或 MOS 管组成 ROM。

二、随机存储器

随机存储器（Random Access Memory，RAM）又称读写存储器。RAM 在工作时可随时对任意选中的存储单元进行信息的存入（写入）或取出（读出）操作。与只读存储器 ROM 相比，RAM 最大的优点是读写方便、使用灵活，既能不破坏地读出所存信息，又能随时写入新的内容。其缺点是一旦停电，所存内容便随之丢失。

1. RAM 的基本结构

RAM 由地址译码器、存储矩阵和读/写控制电路三部分组成，基本结构框图如图 11-53 所示。

地址译码器：作用与 ROM 中的地址译码器相同，根据输入的地址码 $A_{n-1}\cdots A_1 A_0$ 确定要进行读出或写入的地址单元。

存储矩阵：由字选线和位线交叉组成，每一交叉处形成一个存储单元。存储矩阵就是由这些存储单元构成的整体。在每一条字选线上有 m 个存储单元，便能够用来存放 m 位二进制码，其存储容量是 $2^n \times m$。

图 11-53　RAM 的基本结构框图

读/写控制电路：通过读/写控制（$R/\overline{W}$）信号决定对芯片实现读出或写入操作。

2. 静态 MOS RAM 存储单元的工作原理

存储单元是存储器的核心组成部分，因为正是存储单元的组成和结构决定了 RAM 具有既可读出又可写入的特点。存储单元的基本形式是触发器（双稳态触发器），按照触发器所用器件的不同，RAM 分为晶体管和 MOS 管两种类型。其中，晶体管 RAM 读、写速度快，但集成度较低，MOS 型 RAM 的集成度高，所以在大容量存储器中多采用 MOS 型 RAM。此外，按照工作方式的不同，RAM 还可分为静态和动态两类。

下面简要介绍静态 MOS RAM 存储单元的工作原理。

静态 MOS RAM 存储单元的原理电路如图 11-54 所示。其中，A、B 两个与非门的输入、输出端交叉耦合组成双稳态触发器，用于存储信息。V_1 和 V_2 是两个增强型 NMOS 管，它们的栅极与译码器输出的一条字选线 W_X 相连，W_X 电平的高、低决定了 V_1、V_2 的导通或截止，进而控制了该存储单元能否进行读或写操作。因此，V_1、V_2 称为门控管。当 $W_X = 0$ 时，字

图 11-54　静态 MOS RAM 存储单元的原理电路

选线 W_X 未被选中，门控管 V_1、V_2 截止，触发器保持原来的状态不变，用户不能对该存储单元进行读或写操作。当 $W_X = 1$ 时，字选线形 W_X 被选中，门控管 V_1、V_2 导通，此时用户可以对该存储单元进行读或写操作。门控管 V_1、V_2 的源极则分别与数据线 D 和 $\overline{D}$ 相连接。

当进行写操作时，读写控制线 $R/\overline{W}=0$，I/O 线上的输入信号经过读写控制电路送到数据线 D 和 $\overline{D}$ 上，再经过门控管 V_1 和 V_2 存入触发器，完成写入操作。当进行读操作时，读写控制线 $R/\overline{W}=1$，触发器所存储的信息经过门控管 V_1、数据线 $\overline{D}$，通过 I/O 线输出，完成读出操作。

显然，在发生断电事故时，这种用 MOS 管（或晶体管）组成的存储单元所存储的信息将会丢失。

知识链接

可编程逻辑器件（PLD）

数字集成电路因其逻辑功能固定且有限，所以使用灵活性差。例如，在构成数字系统时，需要进行复杂的非标准化的逻辑设计，还要有相应的外部电路的支持，且增加了芯片间的连线，导致系统体积大、耗能多、可靠性降低。

为了克服标准集成电路的缺点，20 世纪 80 年代以后迅速发展起来一种新型半导体数字集成电路——可编程逻辑器件（Programmable Logic Device，PLD），其主要特点是用户可以通过编程的方法自己设定 PLD 的逻辑功能。它具有性能优良、通用性强、使用灵活方便、成本低等优点，因而应用十分广泛。

本模块实验

通过本模块理论学习，完成以下实验，详见本书实验手册。

实验 10　集成基本门电路功能测试

实验 11　三人表决器逻辑电路的构成

复习与思考

11-1　题图 11-1 给出了输入信号 A 和 B 的波形，试画出与非门输出 $F=\overline{AB}$、异或门输出 $F=A\oplus B$ 的波形。

11-2　利用公式将下列函数化简成最简与或表达式。

（1）$F_1=A(\overline{A}+B)+B(B+C)+B$；

（2）$F_2=AB+A\overline{B}+\overline{A}B+\overline{A}\overline{B}$；

（3）$F_3=AB+\overline{A}C+B\overline{C}$。

11-3　写出题图 11-2 中所示电路输出变量的逻辑表达式，并判断电路的逻辑功能。

11-4　用与非门和反相器实现函数 $F=\overline{A}B+A\overline{B}$，画出逻辑图。

11-5　用异或门、与或非门和非门设计一个全加器。

11-6　设计三变量的判奇电路：三个输入变量中有奇数个 1 时，输出为 1，其余情况输出为 0。画出用与非门组成的逻辑电路。

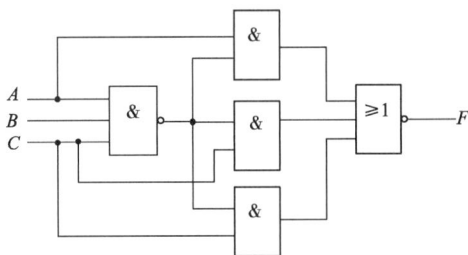

题图　11-1

题图　11-2

11-7　某机械生产装配线上有 A、B、C 三部机械手配合工作：当 A 工作时，B、C 必须工作；当 B 工作时，C 必须工作；C 可单独工作。除此之外，均为故障状态，报警指示灯亮。设计一个用与非门组成的故障报警指示电路。

11-8　8 线—3 线二进制编码器逻辑电路如题图 11-3 所示。$I_0 \sim I_7$ 是 8 个输入信号，高电平有效，输出是 3 位二进制码 $Y_1 Y_2 Y_3$。试分别写出 Y_1、Y_2、Y_3 的逻辑式，分析当 I_4 或 I_6 端有信号输入时，输出的二进制码 $Y_1 Y_2 Y_3$ 为何值。

11-9　由或非门组成的基本 RS 触发器的初始状态是 $Q=0$、$\overline{Q}=1$，S_D 和 R_D 的波形如题图 11-4 所示。对应画出 Q 端的波形。

11-10　触发型 JK 触发器（下降沿触发）的初始状态是 $Q=0$，输入信号及 CP 波形如题图 11-5 所示。对应画出 Q、$\overline{Q}$ 端波形。

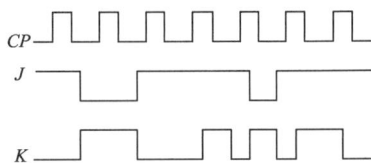

题图　11-3

题图　11-4

题图　11-5

11-11　D 触发器及输入信号波形如题图 11-6 所示，触发器初始状态是 $Q=0$，对应画出 Q 端波形。

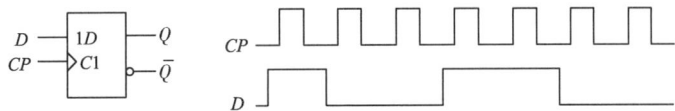

题图　11-6

11-12　JK 触发器及门电路组成的时序逻辑电路如题图 11-7 所示，触发器初始状态为 0，输入信号 A、B 和 CP 波形也表示在图中。对应画出输出端 Q 的波形。

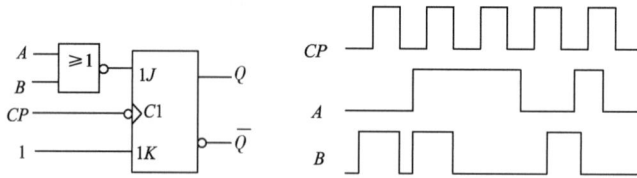

题图 11-7

11-13 D 触发器及门电路组成的时序逻辑电路如题图 11-8 所示，触发器初始状态为 0，输入信号 A、B 和 CP 波形也表示在图中。对应画出输出端 Q 的波形。

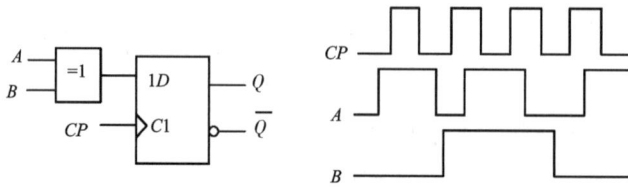

题图 11-8

11-14 题图 11-9 是由 JK 触发器组成的扭环形计数器，触发器的初始状态均为 0。

（1）在 CP 作用下，触发器的状态 $Q_1 \sim Q_3$ 如何变化？画出状态转换图，与 CP 对应画出 $Q_1 \sim Q_3$ 的波形图。

（2）经过多少个 CP 作用后，$Q_1 \sim Q_3$ 的状态重复变化一次？

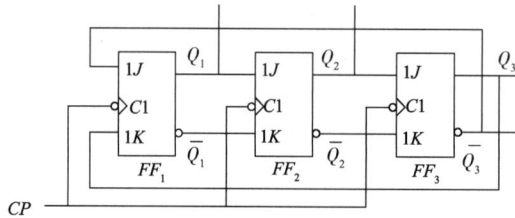

题图 11-9

11-15 题图 11-10 所示集成双向移位寄存器 CT4194 已被置数为 $Q_0Q_1Q_2Q_3 = 0001$。画出在 CP 作用下的状态转换图及 $Q_0Q_1Q_2Q_3$ 波形图。

题图 11-10

11-16 JK 触发器组成的逻辑电路如题图 11-11 所示，触发器的初态均为 0。画出在 CP 作用下的 Q_1、Q_2 波形图。试述该电路的功能。

11-17 用中规模集成计数器 CT4160 组成的计数器如题图 11-12 所示，分析该电路是几进制计数器。

题图　11-11

题图　11-12

11-18　集成 555 定时器组成的施密特触发器如题图 11-13 所示，已知电源电压 U_{CC} = 9V，输入信号 u_i 波形同时表示在图中，对应画出输出电压 u_o 的波形（输出电压的高电平 $U_{oH} = U_{CC} = 9V$，低电平 $U_{oL} = 0$）。

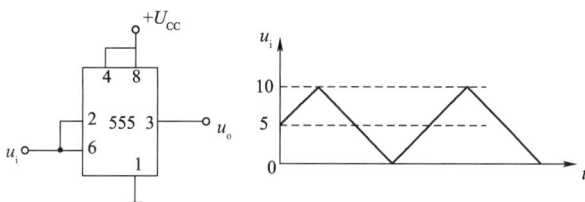

题图　11-13

11-19　12 位 DAC 的分辨率是多少？当输出模拟电压的满量程值是 10V 时，能够分辨出的最小模拟电压值是多少？当该 DAC 输入的数字量分别是 000000001111、000011111111 时，计算输出模拟电压的数值。

11-20　10 位 ADC 的输入模拟电压的满量程值是 15V，计算输出数字量的最低位代表几伏电压值。

参 考 文 献

［1］王慧玲．电路基础［M］．2版．北京：高等教育出版社，2007．

［2］张卫．电工电子技术［M］．长沙：国防科技大学出版社，2010．

［3］田玉．电工电子技术［M］．北京：电子工业出版社，2010．

［4］康华光．电子技术基础［M］．北京：高等教育出版社，1999．

［5］傅丰林．模拟电子线路基础［M］．天津：天津科学技术出版社，1993．

［6］王兆奇．电工基础［M］．北京：机械工业出版社，2005．

［7］秦曾煌．电工学［M］．北京：高等教育出版社，2004．

［8］赵承荻，姚和芳．电机与电气控制技术［M］．2版．北京：高等教育出版社，2006．

［9］郑瞳炽，张明锐．城市轨道交通牵引供电系统［M］．北京：中国铁道出版社，2005．

［10］李玉昆．供电设备运行与检修［M］．北京：中国铁道出版社，2005．

［11］全国安全生产教育培训教材编审委员会．低压电工作业［M］．江苏：中国矿业大学出版社有限责任公司，2018．

［12］马克联，张宏．电工基本技能项目化实训指导［M］．北京：化学工业出版社，2018．

［13］陈斗，刘志东．电工技术应用［M］．北京：化学工业出版社，2019．

［14］《牵引变电所运行检修作业》编委会．牵引变电所运行检修作业［M］．北京：中国铁道出版社有限公司，2021．

［15］鲍洁秋．电工实训教程［M］．北京：中国电力出版社，2022．

目　　录

实验1 电位和电位差的测量

一、实验目标

1. 理解电位、电位差（电压）的概念。
2. 进一步熟悉数字直流电压表的使用。
3. 能根据电路图连接电路。

二、实验准备

1. $0 \sim 30V$ 的直流稳压电源 1 台。
2. 数字直流电压表 1 块。
3. 200Ω、510Ω 电阻各 1 只。
4. 导线若干。

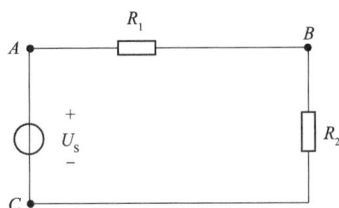

图 1-1　电位和电位差的测量电路图

三、电路图

电路图如图 1-1 所示。

参数选取 $U_S = 10V$，$R_1 = 200\Omega$，$R_2 = 510\Omega$。

四、实验任务及步骤

1. 调直流稳压电源输出电压 $U_S = 10V$，切断稳压电源备用。

将直流电压表的"＋"端与直流电源输出的"＋"端相连，将数字直流电压表的"－"端与直流电源输出的"－"端相连，开启稳压电源开关，观察电压表示数，调节电源的幅值旋钮，使输出电压为 10V，切断稳压电源备用。

2. 按照图 1-36 连接实验电路，检查线路是否正确。

3. 通电初试。观察现场，若有异常（如元件发热、电表指示异常等），应立即断电并再次检查。

4. 通电初试正常后，分别以 A、B、C 为参考点，测量各点电位，并记录数据，填入表 1-1。

注意：以 C 为参考，则电压表"－"端始终接在 C 点，若要测 A 点电位 V_A，则电压表"＋"端接在 A 点，以此类推。

5. 测量电路中各段电压，并将数据记入表 1-1。

测量数据 　　　　　　　　　　　　　　　　　　　　　　　　表 1-1

$U_S = 10V$	测量参数						计算		
	U_A	U_B	U_C	U_{AB}	U_{BC}	U_{AC}	$U_A - U_B$	$U_B - U_C$	$U_A - U_C$
C 为参考点									
A 为参考点									
B 为参考点									

注意： 电压测量时，若要测 U_{AB}，则电压表"+"端接在 A 点，电压表"−"端接在 B 点。以此类推。

五、实验小结

1. 电位与电压有何区别？

2. 当参考点改变时，各点的电位改变吗？两点间电位差改变吗？

3. U_{AC} 与 U_{AB}、U_{BC} 的关系如何？

4. 在测量电压和电位时，电压表有何使用技巧？

实验 2　叠加原理的验证

一、实验目标

1. 理解叠加原理的概念。
2. 熟悉用万用表测量直流电压、直流电流。
3. 用实验方法验证叠加原理。
4. 能根据电路图连接电路。

二、实验准备

1. 0～30V 的直流稳压电源 2 台。
2. 万用表 1 块。
3. 1kΩ、2kΩ、510Ω 电阻各 1 个。
4. 导线若干。

三、电路图

电路图如图 2-1 ～ 图 2-3 所示。

图 2-1　两个电源同时作用

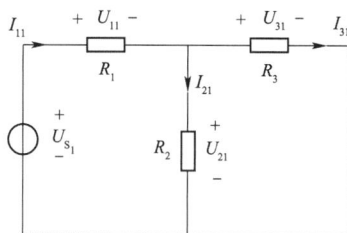

图 2-2　U_{S_1} 电源单独作用

参数选取 $U_{S_1} = 20V$、$U_{S_2} = 6V$、$R_1 = 1kΩ$、$R_2 = 2kΩ$、$R_3 = 510Ω$。

四、实验任务及步骤

1. 测量原电路两个电源同时作用的电参数。

（1）调节直流稳压电源输出电压，使 $U_{S_1} = 20V$、$U_{S_2} = 6V$，切断稳压电源备用。

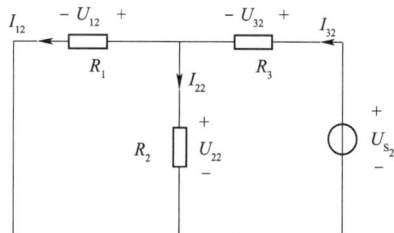

图 2-3　U_{S_2} 电源单独作用

（2）按照图 2-1 连接电路，并检查线路是否正确。

（3）通电初试。观察现场，若有异常（如元件发热、电表指示异常等），应立即断电并再次检查。

（4）通电初试正常后，按要求测量，并记录数据。

①测量各电压值，并将数据填入表 2-1。

②测量各电流值，并将数据填入表2-1。

测量数据 表2-1

项目	U_{S_1}	U_{S_2}	U_1	U_2	U_3	I_1	I_2	I_3
填入已计算值	—	—						
万用表挡位								
万用表量程								
测量值								

2. 测量 U_{S_1} 电源单独作用（U_{S_2} 视为短路）的电参数。

（1）调节直流稳压电源输出电压，使 $U_{S_1} = 20\text{V}$，切断稳压电源备用。

（2）按照图2-2连接电路，并检查线路是否正确。

（3）通电初试。观察现场，若有异常（如元件发热、电表指示异常等），应立即断电并再次检查。

（4）通电初试正常后，按要求测量，并记录数据。

①测量各电压值，并将数据填入表2-2。

②测量各电流值，并将数据填入表2-2。

测量数据 表2-2

项目	U_{S_1}	U_{11}	U_{21}	U_{31}	I_{11}	I_{21}	I_{31}
填入已计算值	—						
万用表挡位							
万用表量程							
测量值							

3. 测量 U_{S_2} 电源单独作用（U_{S_1} 视为短路）的电参数。

（1）调节直流稳压电源输出电压，使 $U_{S_2} = 6\text{V}$，切断稳压电源备用。

（2）按照图2-3连接电路，并检查线路是否正确。

（3）通电初试。观察现场，若有异常（如元件发热、电表指示异常等），应立即断电并再次检查。

（4）通电初试正常后，按要求测量，并记录数据。

①测量各电压值，并将数据填入表2-3。

②测量各电流值，并将数据填入表2-3。

测量数据 表2-3

项目	U_{S_2}	U_{12}	U_{22}	U_{32}	I_{12}	I_{22}	I_{32}
填入已计算值	—						
万用表挡位							
万用表量程							
测量值							

五、实验小结

1. 简述叠加原理的概念。

2. 根据本次实验数据分析两个电源共同作用的参数（表2-1）与分别单独作用的参数（表2-2、表2-3）之间有何联系。

（1）对于 R_1，其 I_1 与 I_{11}、I_{12} 有何关系？U_1 与 U_{11}、U_{12} 有何关系？

（2）对于 R_2，其 I_2 与 I_{21}、I_{22} 有何关系？U_2 与 U_{21}、U_{22} 有何关系？

（3）对于 R_3，其 I_3 与 I_{31}、I_{32} 有何关系？U_3 与 U_{31}、U_{32} 有何关系？

3. 在实际电路测量中，当一个电源单独作用时，电路中另外的电压源是如何处理的？

实验 3　戴维南定理的验证

一、实验目标

1. 理解戴维南定理的概念。
2. 进一步熟悉用万用表测量直流电压、直流电流、电阻。
3. 用实验方法验证戴维南定理。
4. 能根据电路图连接电路。

二、实验准备

1. $0 \sim 30V$ 的直流稳压电源 2 台。
2. 万用表 1 块。
3. $1k\Omega$、$2k\Omega$、510Ω 电阻各 1 个。
4. 导线若干。

三、电路图

电路图如图 3-1 ~ 图 3-4 所示。

图 3-1

图 3-2

图 3-3

图 3-4

参数选取 $U_{S_1} = 20V$、$U_{S_2} = 6V$、$R_1 = 1k\Omega$、$R_2 = 2k\Omega$、$R_3 = 510\Omega$。

实验电路图 3-1 中，虚线内的电路就是有源二端口网络。根据戴维南定理，其开路电压的测量电路如图 3-2 所示。因实验台稳压电源的内阻远小于电路中的电阻 R_1、R_2，可以忽略电压源内阻对戴维南等效电阻的影响，戴维南等效电阻的测量电路如图 3-3 所示，即 $R_0 = R_1 // R_2$；通过实验得到的戴维南等效电路如图 3-4 所示。

6

图 3-1 与图 3-4 中，若 U 与 U'、I 与 I' 非常接近，则图 3-1 与图 3-4 虚线框内的电路等效，即戴维南定理得到验证。

四、实验任务及步骤

1. 原电路中，元件 R 的电参数的测量。

（1）调节直流稳压电源输出电压，使 $U_{S_1} = 20V$、$U_{S_2} = 6V$，切断稳压电源备用。

（2）按照图 3-1 连接电路，并检查线路是否正确。

（3）通电初试。观察现场，若有异常（如元件发热、电表指示异常等），应立即断电并再次检查。

（4）通电初试正常后，测量 R 的电参数 U 和 I，并记录数据，填入表 3-1。

测量数据　　　　　　　　　　　　　　表 3-1

项目	U_{S_1}	U_{S_2}	U	I
填入已计算值	—	—		
万用表挡位				
万用表量程				
测量值				

2. 有源二端网络的开路电压 U_{OC} 的测量。

（1）切断稳压电源后，断开 R，完成图 3-2 的连接，并检查线路是否正确。

（2）通电初试。观察现场，若有异常（如元件发热、电表指示异常等），应立即断电并再次检查。

（3）通电初试正常后，测量 a、b 两点间的电压 U_{OC}，并记录数据，填入表 3-2。

3. 有源二端网络的等效电阻 R_0 的测量。

（1）完成图 3-3 的连接，并检查线路是否正确。

（2）使用万用表欧姆挡，测量 a、b 两点间的等效电阻 R_0，并记录数据，填入表 3-2。

4. 戴维南等效后，电路中 R 的电参数的测量。

（1）调节直流稳压电源，使输出电压为已测量的 U_{OC} 值，切断稳压电源备用。

（2）按照图 3-4 连接电路，并检查线路是否正确。

（3）通电初试。观察现场，若有异常（如元件发热、电表指示异常等），应立即断电并再次检查。

（4）通电初试正常后，测量戴维南等效电路中 R 的电参数 U' 和 I'，并记录数据，填入表 3-2。

测量数据   表 3-2

项目	U_{OC}	R_0	U'	I'
填入已计算值	—	—		
万用表挡位				
万用表量程				
测量值				

五、实验小结

1. 简述戴维南定理的概念。

----

2. 根据本次实验数据分析，原电路中 R 的参数 U 和 I 与戴维南等效后电路中 R 的参数 U' 和 I' 有何关系？

----

3. 在实际测量 a、b 间等效电阻时，电路中的电压源是如何处理的？

实验 4　函数信号发生器的使用

一、实验目标

1. 掌握函数信号发生器的使用。
2. 能根据要求调节函数信号发生器。
3. 能用交流毫伏表测量函数信号发生器输出电压的有效值。

二、实验准备

1. 函数信号发生器 1 台（信号频率范围为 1~159000Hz，振幅≥5V，如数控智能函数信号发生器）。
2. 交流毫伏表一台。
3. 信号通道线 2 路，导线若干。

三、仪器介绍

1. 函数信号发生器面板介绍。

数控智能函数信号发生器面板如图 4-1 所示。

图 4-1　数控智能函数信号发生器面板

2. 交流毫伏表面板介绍及使用。

交流毫伏表面板如图 4-2 所示。

交流毫伏表面板使用：

（1）开启电源；

（2）选择量程开关；

（3）面板正确读数。

四、实验任务及步骤

1. 开启实验台电源，然后开启数控智能函数信号发生器的电源开关（图 4-1）。

2. 调节数控智能函数信号发生器的"波形"选择，使得 A 口显示为正弦波形。

3. 调整"粗、中、细"三组调整按钮，改变输出的频率，其大小显示在左上方的

图 4-2　交流毫伏表面板

"频率显示"上。

4. 调节"主调"和"辅调"旋钮，改变信号输出的大小。用交流毫伏表测量 A 口输出交流信号的有效值为2V。

5. 改变输出信号波形（三角波或方波等）及频率，重复上述步骤，并填写表4-1。

测量数据 表4-1

波形种类	频率（f）	有效值	应操作哪些旋钮
正弦波	500Hz	2V	
三角波	1000Hz	2V	
方波	100Hz	1V	

五、实验小结

1. A 口的输出信号有几种波形？若需要输出信号为矩形波形，则信号输出选择哪个口？

....

....

....

....

....

....

....

....

2. 若需要输出幅值大小为3V、频率为1000Hz的交流正弦波，试说明调整哪些旋钮。

....

....

....

....

....

....

....

....

实验 5　用示波器测量单相正弦交流电的参数

一、实验目标

1. 熟悉单相交流电的峰-峰值、最大值、周期、频率等参数。
2. 会用示波器测试单相正弦交流电的上述参量。
3. 进一步熟悉示波器的使用。

二、实验准备

1. 函数信号发生器 1 台（信号频率范围为 1~159000Hz，振幅≥5V）。
2. 双踪示波器 1 台。
3. 信号通道线 2 路，导线若干。

三、示波器的介绍

某示波器面板如图 5-1 所示。

图 5-1　某示波器面板

四、实验任务及步骤

1. 开启函数信号发生器电源。
2. 示波器的使用步骤：
（1）开启示波器电源开关预热；
（2）低频信号函数发生器使其输出信号频率为 1000Hz，幅度为 5mV；
（3）按下垂直方式选择开关 CH1，触发扫描方式为 AUTO；
（4）将电压/度旋钮置于 $V_1/\text{div}=2\text{mV}$，时间/度旋钮置于 $t_1/\text{div}=0.5\text{ms}$（同时应将电压/度和时间/度校准旋钮顺时针旋转到底）；
（5）耦合方式选择交流耦合方式（AC）；
（6）信通 CH1 接到信号函数发生器的两端；
（7）光屏上应显示约 5 个周期的正弦波；
（8）若波形不稳定，调节触发电平控制旋钮（LEVEL 旋钮）。

3. 单相正弦交流电的周期测试。

（1）将示波器的 CH1 通道勾在函数信号发生器输出端的红色夹子端，接地夹子（黑色夹子）与函数信号发生器的接地端接在一起，光屏上应显示一定个数的正弦波。

（2）读出水平方向一个周期正弦信号格数为_____格，则周期 $T =$ _____$t/\text{div} \times$ _____格 = _____s，如 $f = 1000\,\text{Hz}$，则 $T = 0.5\,t/\text{div} \times 2$ 格 $= 1\,\text{ms}$。

4. 单相正弦交流电的峰-峰值、最大值测试。

读出垂直方向正弦信号格数为_____格，则

峰-峰值 $U_{\text{p-p}} =$ _____$v/\text{div} \times$ _____格 = _____v，最大值 $U_{\text{m}} = U_{\text{p-p}}/2$，如格数为 2.5 格，$v/\text{div} = 2\,\text{mV}$，则 $U_{\text{p-p}} = 2\,\text{mV/div} \times 2.5$ 格 $= 5\,\text{mV}$

$$U_{\text{m}} = 2.5\,\text{mV}$$

五、实验小结

1. 怎样定义正弦波交流电的周期？正弦波交流电的频率又是什么含义？若 $T = 1\,\text{ms}$，则 $f = ?$

----

2. 什么是正弦波交流电的峰-峰值？什么是正弦波交流电的最大值？两者存在什么样的关系？

----

3. 说出正弦波交流电的 $U_{\text{p-p}}$、U_{m} 的测量步骤。

----

4. 说出正弦波交流电的周期的测量步骤。

----

5. 交流电除了正弦波以外，还有其他波形的交流电吗？请说明。

实验 6　日光灯电路的连接与测量

一、实验目标

1. 了解日光灯电路的组成及各部分的作用。
2. 理解日光灯电路的工作原理。
3. 能连接日光灯电路。
4. 会正确使用功率表，并正确读数。

二、实验准备

1. 自耦变压器一台（电压可调范围 0～400V）。
2. 交流电压表一个（0～300V），交流电流表一个（0～1A）。
3. 功率表一个（如 D26-W）。
4. 30W（其他功率也可以）日光灯一个，镇流器一个（与 30W 灯管配用），启辉器一个（与 30W 灯管配用）。
5. 导线若干。

三、电路图

日光灯电路如图 6-1 所示。

图 6-1　日光灯电路

四、实验任务及步骤

1. 在接通电源前，先将自耦调压器手柄置在零位上。
2. 按照电路图 6-1 正确接线，并查线。
3. 通电初试，并观察现场有无异常情况（如冒烟等）；若有异常，应立即切断电源。
4. 通电后情况正常，调节自耦调压器，使其输出电压缓慢增大，直到日光灯刚启辉点亮为止。
5. 将自耦变压器电压调至 220V（电压表读数为 220V），观察日光灯点亮情况，测试参数并将其记录于表 6-1；若日光灯不亮，调节启辉器即可。如线路接线正确，日光灯不能启辉，应检查启辉器及其接触是否良好。
6. 若遇故障，请在教师指导下排除故障。

测量数据   表 6-1

测量值			计算值	
P（W）	I（A）	U（V）	$S = U \cdot I$（$V \cdot A$）	$\cos\varphi = \dfrac{P}{S}$

五、实验小结

1. 日光灯的启辉原理是什么？

2. 在日常生活中，当日光灯缺少了启辉器时，人们通常用一根导线将启辉器的两端短接一下，然后迅速断开，使日光灯点亮，这是为什么？

3. 为什么可以用一只启辉器去点亮多只同类型的日光灯？

4. 从表 6-1 中的数据可以得出该电路的 $\cos\varphi$ 是否合理。讨论改善功率因数的意义和方法。

5. 功率表使用过程中遇到什么问题？如何解决？

14

实验 7　三极管的电流放大作用测试

一、实验目标

1. 认识三极管外形、引出端。
2. 用万用表检测三极管的质量（3DG6、9013 都可以）。
3. 会用电流表测试三极管电流放大作用。

二、实验准备

1. 实验台（配有直流电源）、电流毫安表两只、直流电压表一只。
2. 三极管（3DG6 或 9013）一个。
3. 电阻 10kΩ 一个，电位器 100kΩ 一个，电阻 1kΩ 一个。

三、实验及步骤

1. 用万用表实测使用三极管的质量。
2. 按图 7-1 接线。

图 7-1　实验接线

3. 电路接线检查正确后，打开 5V 直流稳压电源开关，调节 100kΩ 电位器，立即观察两个毫安表电流指示情况。基极回路串入指针式毫安表指示约为_____，集电极回路串入直流数字式电流表（20mA 挡）的指示为 3 ~ 4mA。

4. 调节 100kΩ 电位器，按表 7-1 次序进行测量。

测量数据　　　　　　　　　　　　　　　　　　　　　　　表 7-1

次序	1 次	2 次	3 次	4 次
I_B				

15

次序	1次	2次	3次	4次
I_C				
I_E				
$\bar{\beta}$				
ΔI_B				
ΔI_C				
β				
U_{BE}				

四、分析实验数据

1. 当 $I_B = 0$ 时，$I_c = ?$ $I_E = 0$，为什么？（提示 $I_E = I_B + I_c$）

....

....

....

....

2. I_C 比 I_B 大还是小，大多少？$\left(用 \bar{\beta} = \dfrac{I_C}{I_B} 估算\right)$。

....

....

....

....

3. 估算：ΔI_B、ΔI_c，将结果填入表中，然后按 $\beta = \dfrac{\Delta I_C}{\Delta I_B}$ 估算填入表中。什么是三极管的电流控制作用（电流放大作用）？估算 4 次测量后电流放大系数 $\beta = ?$

....

....

....

4. U_{BE} 增大，I_B 增加，这是为什么？

....

....

....

....

16

实验 8　集成运放构成的放大电路测试

一、实训目标

1. 了解集成运放线性应用必须接成闭环负反馈。
2. 显示反相输入和同相输入时输入输出电压波形,并测出其闭环电压放大倍数。
3. 进一步熟悉示波器使用。

二、实验准备

1. 直流稳压电源采用 ±5V。
2. 集成运放 LM358 一块。
3. 电阻 10kΩ 一个,1 kΩ 两个。
4. 函数信号发生器一台,输出 $f=1000\mathrm{Hz}$ 正弦信号,幅度较小($U_{\mathrm{ip-p}}$ 约 0.1V)。
5. 示波器一台(双踪显示)。
6. 频率计一台。
7. 万用表一只。
8. 导线若干。

三、实验任务及步骤

1. 用直流电压表检测直流稳压电源是否为 ±5V,若正确,断电备用。
2. 将函数信号发生器电源开关打开,幅度调节旋钮旋至较小,频率计打到内测(也可以用其他办法测其频率),频率计显示 1000Hz,断电备用。
3. 打开示波器预热,按扫描工作方式,使示波器光屏上显示两条光迹(示波器不要断电)。
4. 按图 8-1a)所示电路接线(断电接线)。
5. 查线。
6. 通电测试(主要调节示波器各旋钮位置),使光屏上显示两个反相幅度不同的正弦波(建议 $V_1/\mathrm{div}=50\mathrm{mV}$,$V_2/\mathrm{div}=0.5\mathrm{V}$)。
7. 测试记录:$U_{\mathrm{im}}=$ _____ ,$U_{\mathrm{om}}=$ _____ ,估算闭环电压放大倍数 $A_{\mathrm{uF}}=$ _____ 。
8. 按图 8-1b)接线,完成步骤 5 ~ 7。

图　8-1

四、实验小结

1. 为什么图 8-1a) 中，u_o 与 u_i 波形相位相反？

----

2. 集成运放图 8-1a) 中，UN 端（反相输入端）呈现什么特征？

----

3. 为什么图 8-1b) 中，u_o 与 u_i 波形相位相同？

----

4. 图 8-1a) 中，若 $R_F = R_1$，写出 u_o 与 u_i 的关系式。

----

5. 图 8-1b) 中，若 $R_F = 0$，$A_{uF} = ?$

实验9　二极管单相半波整流电路测试

一、实验目标

1. 认识半波整流电路。
2. 会用万用表测电路参数。
3. 初步体验用示波器显示半波整流输入、输出电压波形,正确读出波形峰值、周期等参数,并换算电压有效值、频率。

二、实验准备

1. 实验台(配有交流电源、直流电压表、直流毫安表)。
2. 二极管 1N4007 一个(或其他型号也可以),1kΩ 电阻器一个。
3. 连接导线若干。
4. 指针式万用表一只(型号 MF47,其他型号也可)。
5. 双踪示波器一台。
6. 双踪示波器 XJ4632 面板图一张。

三、实验任务及步骤

1. 按图 9-1 接线,输入端接交流电压 u_2 的有效值为 10V 两端。

2. 电路接线检查正确后,用万用表测量电路参数(记录时,需写明单位)。

(1)用万用表交流电压挡测输入交流电压有效值 $U_2 =$ _____。

(2)用万用表直流电压挡测输出直流电压有效值 $U_o =$ _____。

图　9-1

(3)用直流毫安表测负载流过直流电流 $I_o =$ _____。

3. 将 u_2 接入示波器信号通道1(CH1),将输出电压 u_0 接入示波器信号通道2(CH2),在示波器 XJ4632 型面板图已发下的情况下,仿照教师演示实样或在教师的指导下调节示波器相关旋钮、开关,使示波器屏幕上出现两个稳定的、幅度合适的、便于测量的电压信号波形。

示波器 XJ4632 型面板上各主要旋钮、开关位置建议如下(若用其他型号示波器,同样可以类似介绍):

(1)垂直方式选择开关选择 CHOP,即将 CHOP 按钮按下;

(2)时间/度旋钮即 t/div 开关置于 10ms 或 5ms 挡,t/div 的微调旋钮(序号 14)置于校准位置;

(3)触发方式选择开关置于 AUTO(自动扫描)位置;

(4)触发源选择开关置于 CH1 位置;

（5）信号通道 1、2 耦合开关置于 DC 位置；

（6）信号通道 1、2 电压/度即 V/DIV 开关置于 1V 挡；

（7）信号通道 1、2 电压/度微调旋钮置于校准位置；

（8）水平移位旋钮、信号通道 1 移位旋钮、信号通道 2 移位旋钮临场控制在合适位置。

4. 根据示波器显示屏幕上显示的波形，读出输入电压 u_2 的峰-峰值 $U_{2p-p}=$ _____ V，负载上的电压 u_0 的周期 $T=$ _____ ms，u_0 的峰-峰值 $U_{op-p}=$ _____ V，并计算出 u_0 的有效值 $U_o=$ _____ V。

四、实验小结

1. 二极管在整流电路中起什么作用？

----

2. 二极管 1N4007 在该实验电路中能安全使用吗？说明其依据。

----

3. 单相半波整流电路利用率较低，如何改进？

实验 10　集成基本门电路功能测试

一、实验目标

1. 认识集成与门、或门、非门外形、引出端。
2. 熟悉数字电路实验有关设施(电平开关、电平显示等)。
3. 测试与门、或门、非门功能。

二、实验准备

1. 十六位逻辑电平开关:往上供高电平,即 1 态;往下供低电平,即 0 态(用于电路输入端)。
2. 十六位逻辑电平显示:发光二极管亮表示 1 态,高电平(用于电路输出端)。
3. 万用表(直流数字电压表也可以)。
4. 导线若干。
5. 集成块 74LS08、CC4071、CC4069 各一块(其他型号也可以)。

三、实验任务及步骤

1. 测试 74LS08 与门的功能。
(1)会认识 74LS08 引出端排列图。
(2)将 74LS08 的 14 端接 +5V,7 端接地。
(3)将实验台上 +5V 与 −5V 连接(实验台的要求)。
(4)将 74LS08 的 1 端、2 端接十六位电平开关中任意两个;将 74LS08 的 3 端接逻辑电平显示。

按真值表(图 10-1)要求操作电平开关(做 4 次,即 4 个与门功能都要测),并将测试结果 Y 的状态填入表 10-1 中。

图 10-1　74LS08 真值表

测试结果　　　　　　　　　　　　　　　　　　　　　　　表 10-1

1A　　1B	1Y(LED 灯)	2A　　2B	2Y(LED 灯)
0 下　　0 下	0　暗	0 下　　0 下	
0 下　　1 上	0　暗	0 下　　1 上	
1 上　　0 下	0　暗	1 上　　0 下	
1 上　　1 上	1　亮	1 上　　1 上	

3A 3B	3Y(LED 灯)	4A 4B	4Y(LED 灯)
0下 0下		0下 0下	
0下 1上		0下 1上	
1上 0下		1上 0下	
1上 1上		1上 1上	

2. 测试 CC4071(CD4071)或门的功能。

(1)会认识 CC4071 引出端排列图。

(2)将 CC4071 的 14 端接 +5V,7 端接地。

(3)将 CC4071 的 1 端、2 端接十六位电平开关中任意两个。

(4)将 CC4071 的 3 端接逻辑电平显示。

(5)按真值表(图 10-2)要求操作电平开关,并将测试结果 Y 的状态填入表 10-2 中。

(6)做 4 次,即 4 个或门功能都要测。

图 10-2 CC4071 真值表

测试结果   表 10-2

1A 1B	1Y(LED 灯)	2A 2B	2Y(LED 灯)
0下 0下	0 暗	0下 0下	0 暗
0下 1上	1 亮	0下 1上	1 亮
1上 0下	1 亮	1上 0下	1 亮
1上 1上	1 亮	1上 1上	1 亮
3A 3B	3Y(LED 灯)	4A 4B	4Y(LED 灯)
0下 0下	0 暗	0下 0下	0 暗
0下 1上	1 亮	0下 1上	1 亮
1上 0下	1 亮	1上 0下	1 亮
1上 1上	1 亮	1上 1上	1 亮

3. 测试 CC4069 非门的功能。

(1)认识 CC4069 引出端排列图。

(2)将 CC4069 的 14 端接 +5V,7 端接地。

(3)将 CC4069 的 1 端接十六位电平开关中任意一个。

(4)将 CC4069 的 2 端接逻辑电平显示。

(5)按真值表(图 10-3)要求操作电平开关,并将测试结果 Y 的状态填入表 10-3 中。

(6)做 6 次,即 6 个非门功能都要测。

14	13	12	11	10	9	8
V_{DD}	6A	6Y	5A	5Y	4A	4Y

CC4069

1A	1Y	2A	2Y	3A	3Y	GND
1	2	3	4	5	6	7

图 10-3　CC4069 真值表

测试结果　　　　　　　　　　　　　　　　　　　表 10-3

1A	1Y(LED 灯)	1A	1Y(LED 灯)
0 下	0 亮	0 下	
1 上	1 暗	1 上	

四、实验小结

1. 从 74LS08、CD4071、CD4069 的功能测试中回答与门、或门、非门的功能口诀。

----

2. 如果将与门($Y_1 = A \cdot B$)的输出再接到非门,则非门输出与 AB 的逻辑关系式如何?说明一下功能口诀。

----

3. 如果将或门($Y_2 = A + B$)的输出再接到非门,则非门输出与 AB 的逻辑关系式如何?说明一下功能口诀。

实验 11　三人表决器逻辑电路的构成

一、实验目标

1. 能按三人表决器的功能要求,勾画逻辑电路。
2. 会检测所用元器件的质量。
3. 会连接三人表决器电路。
4. 会验证电路实现逻辑功能。

二、实验准备

1. 直流稳压电源一台(或用实验台上的稳压源)。
2. 集成块 74LS00、74LS20 各一块。
3. 万用表一只。
4. 三位开关信号提供(实验箱或实验台提供)。
5. 导线若干。

三、实验任务及步骤

1. 用直流电压表测直流稳压电源电源 +5V 供电正常否? 若正常即断电备用。
2. 将实验台上电源的 +5V 与显示部分电源的 +5V 连接。
3. 按功能要求构思电路。

(1)设 A、B、C 为三人操作的开关,按下开关(电路输入 1,高电平)表示同意,不按开关(开关拨在下,低电平)表示不同意,Y 为表决结果(按少数服从多数原则表决),用灯显示,灯亮(输出为 1)为通过,灯暗为否决。

(2)列写真值表见表 11-1。

列写真值表　　　　　　　　　　　　　　　　　　　　　　　表 11-1

输入			输出
A	B	C	Y
0	0	0	
0	0	1	
0	1	0	
0	1	1	
1	0	0	
1	0	1	
1	1	0	
1	1	1	

(3)由真值表写出逻辑函数或表达式。

Y = _____

(4)化简逻辑函数表达式,本实验要求用与非——与非表达式(尽可能根据自己已有的元器件进行化简)。

Y = _____

4. 实验电路(完成该功能的电路有多种,不唯一。现以 74LS00 和 74LS20 为例)。

(1)电路图如图 11-1a)所示。

(2)按图 11-1b)连接电路,并查线。

(3)通电测试,能否按图 11-1c)实现功能。

图 11-1 三人表决器

四、课后作业

参与表决 A、B、C 三人中 A 为主评委,只要主评委不同意,则表决不通过($Y=0$),试重新构思该电路并列写真值表,化简并画逻辑电路。